해커스변호사

Law Man

형사소송법

Criminal Procedure Law

최근 3개년
판례정리

 해커스변호사

서문

먼저 2023년에 발간된「Law Man 형사소송법 최신 5개년 판례정리」교재에 많은 성원을 보내주신 독자분들에게 감사의 말을 전합니다. 이에 힘입어 2025년도 변호사시험을 대비하기 위한 2024년판「Law Man 형사소송법 최근 3개년 판례정리(2025 변호사시험 대비 최신판)」교재를 출간합니다.

2024년부터 한림법학원에서 해커스변호사 학원으로의 이적이 있게 되어 출판사도 윌비스 출판사에서 해커스변호사 출판사로 변경하여 출판을 하게 되었고, 이러한 출판사의 변경으로 인하여 교재의 제목과 내용에도 어느 정도 변화가 있게 되었습니다. 그리고 종래에는 최신 5개년 판례를 수록하였으나, 교재의 양적 부담을 고려하여 최신 3개년 판례만 수록하도록 하였습니다.

이와 같은 사정으로 종래에는「Law Man 형사소송법 최신 5개년 판례(전면개정판)」등으로 교재의 명칭을 표기하였으나, 앞으로는 해커스변호사 출판사에서 공통으로 사용하는「Law Man 형사소송법 최근 3개년 판례정리(2025 변호사시험 대비 최신판)」등으로 표기하게 되었습니다.

주지하다시피 최신 판례의 중요성은 아무리 강조해도 지나치지 않습니다. 그러나 최신 판례를 정리한다고 하더라도 너무 간략하여 판례에 대한 정확한 이해를 하지 못하거나, 때로는 너무 필요 이상 많은 내용으로 시간을 낭비하는 것은 바람직하지 않습니다.

따라서 본 교재는 시험을 앞둔 수험생들에게 가장 적절한 내용으로 최신 판례를 정리하여 가장 효율적인 최신 판례 교재가 되도록 하였습니다.

2024년판「Law Man 형사소송법 최근 3개년 판례정리」교재는 기본적으로 2023년판「Law Man 형사소송법 최신 5개년 판례」교재와 같이 ① [사실관계]와 [Question]란을 보다 충실하게 정리하였으며, 여기에 더하여 ② 판례의 정확한 이해를 돕기 위하여 [사건의 경과] 등의 란을 설정하였으며, ③ 보다 가독성 높은 최신판례교재가 될 수 있도록 밑줄부분에서 중요한 내용을 고딕으로 처리하였으며, ④ 보다 효율적인 판례 교재가 될 수 있도록 각 판례에 대하여 ★표시를 사용하여 중요도를 표시하였습니다.

즉 각 판례들에 대하여 시험출제 가능성 여부에 따라 ① ★표시가 없는 판례는 간단히 확인하고 결론만 정리할 판례 ② ★표가 하나 있는 판례는 반드시 정리해야 할 기본적인 판례 ③ ★★표시가 있는 판례는 출제가능성이 가장 높은 중요한 판례를 의미하므로 독자분들이 보다 효율적인 학습을 할 수 있도록 하였습니다.

본 교재의 내용을 간단히 살펴보면

1. 2021년부터 2024년 6월까지의 형사소송법 판례를 기본서의 순서대로 정리하고

2. 판례마다 판례의 제목을 설정하여 기억을 용이하게 하였으며

3. 판례의 정확한 이해를 위하여 [사실관계], [사건의 경과], Q 등을 적시하고

4. 가독성을 높이기 위하여 중요 문장을 밑줄 표시하면서 키워드를 고딕처리 하였으며

5. 각 판례마다 중요도 표시(★,★★)를 하여 보다 효율적인 교재가 되도록 하였습니다.

본 교재 출간 이후에 새로이 나오는 최신 판례는 적절한 시기마다 저의 카페(http://cafe.daum.net/ljc7329)에 올려놓을 예정이니 이를 참조하시기 바랍니다.

마지막으로 본서가 출간됨에 있어 해커스 출판사 임직원분들에게도 감사의 말을 전합니다. 그럼 본 교재가 변호사 시험이나, 5급공채, 법원행정고시, 법무사시험 등의 국가고시를 대비하는 독자분들에게 도움이 되기를 바라며 이만 줄입니다.

2024.7.1.

우정에서 이 재 철

목차

제1편

형사소송법 서론

제2편

형사소송의 주체와 소송행위

제1장   형사소송의 주체

제1절 | 법 원
제2절 | 검 사
제3절 | 피고인
제4절 | 변호인

제33조 제1항 제5호의 의미

1. 〈제33조 제1항 제1호의 '피고인이 구속된 때'의 의미를 변경한 전합 판례〉★★

[1] 형사소송법 제33조 제1항 제1호의 문언, 위 법률조항의 입법 과정에서 고려된 '신체의 자유', '변호인의 조력을 받을 권리', '공정한 재판을 받을 권리' 등 헌법상 기본권 규정의 취지와 정신 및 입법 목적 그리고 피고인이 처한 입장 등을 종합하여 보면, 형사소송법 제33조 제1항 제1호의 '피고인이 구속된 때'라고 함은 피고인이 해당 형사사건에서 구속되어 재판을 받고 있는 경우에 한정된다고 볼 수 없고, 피고인이 별건으로 구속영장이 발부되어 집행되거나 다른 형사사건에서 유죄판결이 확정되어 그 판결의 집행으로 구금 상태에 있는 경우 또한 포괄하고 있다고 보아야 한다.

[2] 이와 달리 형사소송법 제33조 제1항 제1호의 '피고인이 구속된 때'라고 함은 피고인이 해당 형사사건에서 구속되어 재판을 받고 있는 경우를 의미하고, 피고인이 별건으로 구속되어 있거나 다른 형사사건에서 유죄로 확정되어 수형 중인 경우는 이에 해당하지 않는다고 판시한 앞서 본 대법원판결을 비롯한 같은 취지의 대법원판결은 이 판결의 견해에 배치되는 범위 내에서 모두 변경하기로 한다(대판 2024.5.23. 2021도6357 전합).

변호인의 접견교통권 관련 판례

2. 〈집사 변호사 사건〉★

[사실관계]

피고인은 2016. 11. 24. 구속되어 서울구치소에 수감된 후에, 소위 '집사변호사'를 고용하여 변호인 접견을 가장하여 개인적인 연락업무를 하고 회사 운영 서류를 수수하기로 마음먹고 A 변호사를 '집사변호사'로 고용하여 위와 같은 행위를 하였다.

Q 변호인 또는 변호인이 되려는 자의 접견교통권은 한계가 있는가?

[1] **변호인 또는 변호인이 되려는 자의 접견교통권은 신체구속제도 본래의 목적을 침해하지 아니하는 범위 내에서 행사되어야 하므로**, 변호인 또는 변호인이 되려는 자가 구체적인 시간적 · 장소적 상황에 비추어 현실적으로 보장할 수 있는 한계를 벗어나 피고인 또는 피의자를 접견하려고 하는 것은 정당한 접견교통권의 행사에 해당하지 아니하여 허용될 수 없다.

[2] 다만 접견교통권이 그와 같은 한계를 일탈한 것이어서 허용될 수 없다고 판단함에 있어서는 신체구속을 당한 사람의 헌법상 기본적 권리인 **변호인의 조력을 받을 권리의 본질적인 내용이 침해되는 일이 없도록 신중을 기하여야 한다.**

Q 피고인의 변호인 접견교통권 행사가 한계를 일탈한 규율위반행위에 해당하는 경우에는 위계공무집행방해죄의 '위계'에 해당하는가?

[3] 한편 **피고인의 변호인 접견교통권 행사가 한계를 일탈한 규율위반행위에 해당하더라도** 그 행위가 위계공무집행방해죄의 '위계'에 해당하려면 행위자가 상대방에게 오인, 착각, 부지를 일으키게 하여 그 오인, 착각, 부지를 이용함으로써 상대방이 이에 따라 그릇된 행위나 처분을 하여야만 한다. 만약 그러한 행위가 구체적인 직무집행을 저지하거나 현실적으로 곤란하게 하는 데까지는 이르지 않은 경우에는 위계에 의한 공무집행방해죄로 처벌할 수 없다.

Q 위와 같은 사실관계를 전제로 할 때 피고인에게 위계공무집행방해죄가 성립하는가?

[4] 접견변호사들이 미결수용자인 피고인의 개인적인 업무나 심부름을 위해 접견신청행위를 한 후 피고인과 소송서류 이외의 서류를 주고받고 피고인의 개인적인 연락업무 등을 수행한 것이 교도관들에 대한 위계에 해당한다거나 그로 인해 교도관의 직무집행이 구체적이고 현실적으로 방해되었다고 할 수 없으므로, 피고인이 지시한 접견이 접견교통권의 남용에 해당할 수는 있겠지만 위계공무집행방해죄를 구성하지는 않는다 (대판 2022.6.30. 2021도244).

[원심의 판단]
원심은, 피고인이 미결수용 중에 이른바 '집사변호사'를 고용한 후 변호인 접견을 가장하여 형사사건 변호활동이 아닌 개인 업무 처리 등을 하게 한 행위가 위계공무집행방해죄에 해당한다고 판단하였음

[대법원의 판단]
그러나 대법원은, 접견변호사들이 미결수용자인 피고인의 개인적인 업무나 심부름을 위해 접견신청행위를 한 후 피고인과 소송서류 이외의 서류를 주고받고 피고인의 개인적인 연락업무 등을 수행한 것이 교도관들에 대한 위계에 해당한다거나 그로 인해 교도관의 직무집행이 구체적이고 현실적으로 방해되었다고 할 수 없으므로, 피고인이 지시한 접견이 접견교통권의 남용에 해당할 수는 있겠지만 위계공무집행방해죄를 구성하지는 않는다고 판단하여, 원심판결 중 유죄 부분을 파기환송하였음

제1절 l 소송행위의 의의와 종류
제2절 l 소송행위의 일반적 성립요소

소송기록의 열람등사 관련 판례

---

3. 〈약식명령이 확정된 소송기록에 대한 열람등사 거부처분에 대한 취소를 구하는 사건〉★

Q 형사재판확정기록의 공개에 관하여는 정보공개법에 의한 공개청구가 허용되는가? 형사재판확정기록의 공개가 거부되거나 제한되는 경우에 불복방법은 무엇인가?

Q 형사재판확정기록이 아닌 불기소처분으로 종결된 기록에 관해서는 정보공개법에 따른 정보공개청구가 허용되는가? 불기소처분으로 종결된 기록의 공개의 거부나 제한 등에 대한 불복방법은 무엇인가?

[1] 2007. 6. 1. 신설되어 2008. 1. 1.부터 시행된 형사소송법 제59조의2의 내용과 취지 등을 고려하면, 형사소송법 제59조의2는 재판이 확정된 사건의 소송기록, 즉 형사재판확정기록의 공개 여부나 공개 범위, 불복절차 등에 관하여 「공공기관의 정보공개에 관한 법률」(이하 '정보공개법'이라 한다)과 달리 규정하고 있는 것으로 정보공개법 제4조 제1항에서 정한 '정보의 공개에 관하여 다른 법률에 특별한 규정이 있는 경우'에 해당한다. 따라서 **형사재판확정기록의 공개에 관하여는 정보공개법에 의한 공개청구가 허용되지 않는다.** 따라서 **형사재판확정기록**에 관해서는 형사소송법 제59조의2에 따른 열람·등사신청이 허용되고 그 거부나 제한 등에 대한 불복은 준항고에 의하며, **형사재판확정기록이 아닌 불기소처분으로 종결된 기록**(이하 '불기소기록'이라 한다)에 관해서는 정보공개법에 따른 정보공개청구가 허용되고 그 거부나 제한 등에 대한 불복은 항고소송절차에 의한다.

[2] 한편, 형사소송법 제59조의2의 '재판이 확정된 사건의 소송기록'이란 특정 형사사건에 관하여 법원이 작성하거나 검사, 피고인 등 소송관계인이 작성하여 법원에 제출한 서류들로서 재판확정 후 담당 기관이 소정의 방식에 따라 보관하고 있는 서면의 총체라 할 수 있고, 위와 같은 방식과 절차에 따라 보관되고 있는 이상 해당 형사사건에서 증거로 채택되지 아니하였거나 그 범죄사실과 직접 관련되지 아니한 서류라고 하여 재판확정기록에 포함되지 않는다고 볼 것은 아니다(대결 2022.2.11. 2021모3175).

[사건의 경과]

(1) 고소인은 '운송인이 고소인의 차량을 운송하다가 부주의로 파손시킨 후 이를 무마하기 위하여 보험회사에 마치 고소인이 차량을 운행하다가 사고가 나서 파손된 것처럼 진술하였다'는 등의 사실에 대해 다수의 죄명을 기재한 고소장을 제출하였고, 운송인에 대해 사기미수의 약식기소가 이루어져(나머지 죄명에 대해서는 혐의없음의 불기소처분이 있었음) 약식명령이 발령·확정된 후 그 수사기록(이 사건 수사기록)에 대해 열람·등사를 신청한 사안임.

(2) 검찰은 불기소기록에 대한 정보공개청구로 보아 정보공개법이 정한 일정한 사유 등을 들어 이 사건 수사기록의 일부에 대한 열람·등사를 제한하는 처분을 하였는데, 고소인이 이에 대해 준항고하자, 원심은 재판확정기록이 아니므로 준항고로 다툴 수 없다고 판단하여 준항고를 기각하였음.

(3) 대법원은 이 사건 수사기록은 운송인의 일련의 행위에 대해 전체적으로 수사가 이루어진 후 적합한 죄명에 따른 약식기소가 이루어져 약식명령이 발령·확정된 것이어서 형사재판확정기록으로 보아야 하므로, 원심이 이 사건 수사기록이 불기소기록에 해당한다고 보아 그 열람·등사에 관한 검사의 거부처분에 대하여 준항고로 다툴 수 없다고 단정한 것은 잘못이라고 판단함.

(4) 다만 대법원은, 검사가 이 사건 수사기록의 일부에 대해 열람·등사를 거부한 사유는 재판확정기록에 대한 열람·등사를 제한할 수 있는 형사소송법 제59조의2 제2항 제3호, 제6호의 사유와 실질적으로 동일한 내용에 해당되므로, 결국 이 사건 수사기록 중 일부에 대해 불허가처분을 한 검사의 처분은 그 결과에 있어 정당하고 원심의 판단에 재판에 영향을 미친 헌법·법률·명령 또는 규칙 위반의 잘못이 있다고 보기 어렵다는 이유로, 재항고를 기각함.

4. 〈정보공개법의 적용을 배제하기 위한 요건〉

[1] 「공공기관의 정보공개에 관한 법률」(이하 '정보공개법'이라 한다) 제4조 제1항은 "정보의 공개에 관하여는 다른 법률에 특별한 규정이 있는 경우를 제외하고는 이 법이 정하는 바에 의한다."라고 규정하고 있다. 여기서 '정보의 공개에 관하여 다른 법률에 특별한 규정이 있는 경우'에 해당한다고 하여 정보공개법의 적용을 배제하기 위해서는, 그 특별한 규정이 법률 규정으로 그 내용이 정보공개의 대상 및 범위, 정보공개의 절차, 비공개대상정보 등에 관하여 정보공개법과 달리 규정하고 있는 것이어야 한다.

[2] 군검사가 공소제기된 사건과 관련하여 보관하고 있는 서류 또는 물건의 열람·복사에 관하여 군사법원법 제309조의3은 제1항에서 "피고인이나 변호인은 군검사에게 공소가 제기된 사건에 관한 서류 또는 물건(이하 "서류등"이라 한다)의 목록과 공소사실의 인정 또는 양형(量刑)에 영향을 미칠 수 있는 다음 각 호의 서류등의 열람, 복사 또는 서면의 발급을 신청할 수 있다. 다만, 피고인에게 변호인이 있는 경우에는 피고인은 열람만을 신청할 수 있다."라고 정하고 있고, 제2항 본문에서 "군검사는 국가안보, 증인보호의 필요성, 증거인멸의 우려, 관련 사건의 수사에 장애가 될 것으로 예상되는 구체적인 사유 등 상당한 이유가 있다고 인정하면 열람·복사 또는 서면의 발급을 거부하거나 그 범위를 제한할 수 있다."라고 규정하고 있다. 나아가 군사법원법 제309조의4는 제1항에서 "피고인이나 변호인은 군검사가 서류등의 열람·복사 또는 서면의 발급을 거부하거나 그 범위를 제한하였을 때에는 군사법원에 그 서류등의 열람·복사 또는 서면의 발급을 허용하도록 할 것을 신청할 수 있다."고 정하고 있고, 제2항에서 "군사법원은 제1항의 신청을 받으면 열람·복사 또는 서면의 발급을 허용하는 경우에 생길 폐해의 유형·정도, 피고인의 방어 또는 재판의 신속한 진행을 위한 필요성 및 해당 서류등의 중요성 등을 고려하여 군검사에게 열람·복사 또는 서면의 발급을 허용할 것을 명령할 수 있다. 이 경우 열람 또는 복사의 시기와 방법을 지정하거나 조건 또는 의무를 부과할 수 있다."고 규정하고 있다. 한편 군사법원법 제309조의16은 제1항에서 "피고인이나 변호인(피고인이나 변호인이었던 사람을 포함한다. 이하 이 조에서 같다)은 군검사가 열람 또는 복사하도록 한 서류등의 사본을 해당 사건 또는 관련 소송의 준비에 사용할 목적이 아닌 다른 목적으로 다른 사람에게 주거나 제시(전기통신설비를 이용하여 제공하는 것을 포함한다)하여서는 아니 된다."고 정하고 있고, 제2항에서 "피고인이나 변호인이 제1항을 위반하면 1년 이하의 징역 또는 1천만 원 이하의 벌금에 처한다."고 규정하고 있다.

[3] 위와 같은 군사법원법 제309조의3 등의 내용·취지 등을 고려하면, 군사법원법 제309조의3은 군검사가 공소제기된 사건과 관련하여 보관하고 있는 서류 또는 물건의 공개 여부나 공개 범위, 불복절차 등에 관하여 정보공개법과 달리 규정하고 있는 것으로 볼 수 있다. 결국 정보공개법 제4조 제1항에서 정한 '정보의 공개에 관하여 다른 법률에 특별한 규정이 있는 경우'에 해당한다. 따라서 군검사가 공소제기된 사건과 관련하여 보관하고 있는 서류 또는 물건에 관하여는 피고인이나 변호인의 정보공개법에 의한 정보공개청구가 허용되지 아니한다(대판 2024.5.30. 2022두65559).

[사건의 경과]

(1) 원고가 피고를 상대로 변호인으로서 참여한 피의자신문절차를 촬영한 영상녹화물에 대하여 정보공개법에 따라 공개청구를 하였는데, 피고가 위 영상녹화물은 진행 중인 재판과 관련된 정보 및 수사에 관한 사항에 해당된다는 이유로 정보공개거부처분을 하자, 원고가 피고를 상대로 그 처분의 취소를 청구함

(2) 원심은, 영상녹화물이 정보공개법상 비공개대상정보에 해당하지 않는다는 이유로 정보공개거부처분이 위법하다고 판단하였음

(3) 대법원은 위와 같은 법리를 설시하여 피고인이나 변호인의 정보공개법에 의한 정보공개청구가 허용되지 않는다고 보아, 이와 달리 판단한 원심을 파기·환송함

5. 〈성년후견인이 의사무능력인 피해자를 대리하여 반의사불벌죄의 처벌불원의사를 결정하거나 처벌희망의사를 철회할 수 있는지 여부〉

Q 성년후견인이 의사무능력인 피해자를 대리하여 반의사불벌죄의 처벌불원의사를 결정하거나 처벌희망의사를 철회할 수 있는가?

반의사불벌죄에서 성년후견인은 명문의 규정이 없는 이상 의사무능력자인 피해자를 대리하여 피고인 또는 피의자에 대한 처벌불원의사를 결정하거나 처벌희망 의사표시를 철회할 수 없다. 성년후견인의 법정대리권 범위에 통상적인 소송행위가 포함되어 있거나 성년후견개시심판에서 정하는 바에 따라 성년후견인이 가정법원의 허가를 얻었더라도 마찬가지이다.

그 이유는 다음과 같다.

(가) 형사소송절차에 관한 규정을 해석·적용할 때에는 절차적 안정성과 명확성이 무엇보다 중요하므로 문언의 객관적 의미에 충실한 해석이 필수적이고, 특히 반의사불벌죄에서 처벌불원의사와 같이 소송조건과 관련된 규정은 국가소추권·형벌권 발동의 기본전제가 되므로 법문에 충실한 해석의 필요성이 무엇보다 크다.

교통사고처리 특례법 제3조 제2항은 '피해자의 명시적인 의사'에 반하여 공소를 제기할 수 없다고 규정하므로 문언상 그 처벌 여부는 피해자의 명시적 의사에 달려있음이 명백하고, 제3자가 피해자를 대신하여 처벌불원의사를 형성하거나 결정할 수 있다고 해석하는 것은 법의 문언에 반한다.

교통사고처리 특례법이나 형법, 형사소송법에 처벌불원의사의 대리를 허용하는 규정을 두고 있지 않으므로 원칙적으로 그 대리는 허용되지 않는다고 보아야 한다.

(나) 형사사법의 목적과 보호적 기능, 반의사불벌죄의 취지 등을 감안하면, 반의사불벌죄에서 처벌불원의사나 처벌희망 의사표시의 철회는 특별한 사정이 없는 한 피해자 본인이 하여야 한다.

범죄에 대하여는 그에 상응한 처벌이 이루어져야 함이 원칙이고 이러한 형사사법의 보호적 기능을 담보하기 위해 현행법은 국가소추주의 내지 국가형벌독점주의를 원칙으로 정하고 있다.

반의사불벌죄는 일부 유형의 범죄에 대하여 피해자의 의사를 최대한 존중한다는 취지에서 특별히 피해자의 명시적 의사를 소극적 소송조건으로 규정함으로써 형사사법절차에 관한 사인의 개입을 예외적으로 인정한 것이다.

따라서 그 예외를 명시적 근거 없이 과도하게 확대하면 형사사법의 보호적 기능이 약화되고 국가형벌권이 불공평하게 행사되는 결과가 초래될 수 있다.

피해자의 일방적 의사표시만으로 이미 개시된 국가의 형사사법절차가 중단된다는 면에서 처벌불원의사는 피해자의 진실한 의사에 기한 것이어야 한다. 피해자가 의사무능력인 경우 성년후견인의 대리에 의한 처벌불원 의사표시는 피해자의 진실한 의사에 부합하는 것이라고 단정할 수 없다.

(다) 형사소송법은 친고죄의 고소·고소취소와 반의사불벌죄의 처벌불원의사를 달리 규정하고 있으므로 반의사불벌죄의 처벌불원의사를 친고죄의 고소·고소취소와 동일하게 취급할 수 없다.

형사소송법은 친고죄의 고소·고소취소에 관하여 다수의 조문을 두고 있고 특히 제236조에서 대리를 명시적으로 허용하고 있으나 이와 달리 반의사불벌죄의 처벌불원의사에 관하여는 대리에 관한 명시적 규정을 두지 않고 고소·고소취소의 대리규정을 준용하지도 않았다.

친고죄와 반의사불벌죄는 피해자의 의사가 소송조건이 된다는 점에서는 비슷하지만 이를 소송조건으로 하는 이유·방법·효과는 같다고 할 수 없다. 반의사불벌죄에서 처벌불원의사는 피해자 본인이 하여야 하고 그 대리는 허용되지 않는다는 것이 입법자의 결단으로 이해할 수 있다.

(라) 민법상 성년후견인이 형사소송절차에서 반의사불벌죄의 처벌불원 의사표시를 대리할 수 있다고 보는 것은 피해자 본인을 위한 후견적 역할에 부합한다고 볼 수 없다.

성년후견개시심판과 형사소송절차는 완전히 별개의 것으로, 가정법원에 의한 성년후견인 선임은 형사소송절차에 대한 별도의 고려 없이 가사재판이 추구하는 가치를 구현할 수 있는 관점에서 이루어진다. 피해자 본인의 의사가 무엇보다 중요한 형사소송절차에서 반의사불벌죄의 처벌불원의사에 있어서까지 성년후견인의 대리를 허용하는 것은 형사사법의 보호적 기능과 무관하고 오히려 이에 역행한다고 볼 여지도 있다. 반의사불벌죄에서 처벌불원의사로 국가의 형사사법기능이 중단되는 것은 그것이 '피해자'의 의사라는 점에서 정당성을 찾을 수 있으므로, 피해자가 의사무능력이어서 그 진실한 의사를 확인할 수 없음에도 성년후견인에 의한 처벌불원의사의 대리를 허용하는 것이 피해자의 보호나 복리에 부합하는 것이라고 단정할 수 없다. 반의사불벌죄의 소송조건을 흠결시킴으로써 피고인 또는 피의자의 이익·관점에 지나치게 경도된 것으로 볼 수 있다.

(마) 성년후견인이 의사무능력인 피해자를 대리하여 피고인 또는 피의자와 합의를 한 경우에는 이를 반의사불벌죄에서의 소극적 소송조건이 아니라 양형요소로 고려하면 충분하다. 피해자의 처벌불원의사를 지나치게 강조하게 되면 처벌불원의사를 표시하지 않는 행위가 피고인 또는 피의자에 대한 가혹함으로 치부되어 피해자가 원치 않는 의사표시를 강요당하는 상황에 처할 위험도 있다.

대법원 양형기준이나 새로 도입된 형사공탁제도의 취지 등을 고려하면 성년후견인이 피해자를 대리하여 한 형사합의를 소극적 소송조건이 아닌 양형요소로 고려하는 것은 현행 형사사법 체계에 부합한다고 볼 수 있다(대판 2023.7.17. 2021도11126).

[사실관계]

피고인이 자전거를 운행하던 중 전방주시의무를 게을리한 과실로 전방에서 보행 중이던 피해자를 들이받아 피해자에게 뇌손상 등의 중상해를 입게 한 사안임

[원심의 판단]

원심은, 형사소송절차에서 명문의 규정이 없으면 소송행위의 법정대리가 허용되지 않는다는 이유로 피해자가 의사능력이 없더라도 피해자의 성년후견인이 반의사불벌죄에 관해서 피해자를 대리하거나 독립하여, 처벌불원의사를 표시하는 것은 허용되지 않는다면서 공소사실을 유죄로 인정한 제1심 판결을 그대로 유지하였음

[대법원의 판단]

대법원은, 피해자가 의사무능력인 경우 성년후견인이 피해자를 대리하여 처벌불원 의사표시를 할 수 없다고 보아 같은 취지의 원심을 수긍하였음

[반대의견]

반대의견의 요지는 다음과 같음

⑴ 피해자가 의사능력을 결여한 경우, 형사소송법 제26조의 유추적용과 성년후견제도의 활용을 통해 가정법원이 선임한 성년후견인이 가정법원의 허가를 받아 반의사불벌죄에 관한 처벌불원 의사표시를 할 수 있다고 보아야 함

⑵ 형사소송법은 반의사불벌죄에서 피해자의 의사능력이 결여된 경우 처벌불원 의사표시에 관하여 명시적인 규정을 두고 있지 않은 법률 흠결상태임. 피해자가 의사무능력인 경우에도 피해자의 자기결정권을 구현하고 피해자의 복리·보호를 위하여 제3자가 피해자의 의사를 지원·보완하는 방법을 통해 처벌불원 의사표시를 할 수 있도록 하는 것이 필요함

⑶ 형사소송법이 명시적으로 규정하고 있지 않으나 이를 금지하는 규정 또한 존재하지 않음. 피고인 또는 피의자가 의사무능력일 경우 일정한 범위에서 법정대리인에 의한 소송행위 대리를 규정한 형사소송법 제26조를 유추적용하고 성년후견제도를 활용함으로써 피해자가 의사무능력인 경우 피해자의 처벌불원 의사표시를 지원·보완할 수 있음. 이러한 유추해석은 처벌조각사유를 확대하는 것으로 피고인에게 불리하지 않으므로 죄형법정주의에 반하지 않음

⑷ 또한 본인의 의사와 잔존능력을 존중하여 정상적인 사회 구성원으로 활동할 수 있도록 도입된 성년후견제도의 취지를 반영하는 해석이기도 함

6. 〈피고인에 대한 적법한 소송기록접수통지가 이루어지지 않은 상태에서 선임된 사선변호인에 대한 소송기록접수통지의 필요성 문제〉

Q 피고인에 대한 적법한 소송기록접수통지가 이루어지지 않은 상태에서 선임된 사선변호인에게도 소송기록접수통지를 하여야 하는가?

[1] 형사소송법 제65조에 의하여 준용되는 민사소송법 제183조 제1항, 제184조에 의하면, 송달은 송달받을 사람의 주소·거소·영업소 또는 사무소 등의 송달장소에서 하여야 하고, 당사자·법정대리인 또는 변호인은 주소 등 외의 장소를 송달받을 장소로 정하여 법원에 신고할 수 있으며, 이 경우에는 송달영수인을 정하여 신고할 수 있다.

[2] 송달영수인의 신고가 있으면 송달은 신고된 장소와 영수인에게 하여야 하고, 송달영수인이 송달받은 때에 송달의 효력이 발생하나, 송달영수인 신고의 효력은 그 심급에만 미치므로, 상소 또는 이송을 받은 법원의 소송절차에서는 그 신고의 효력이 없다.

[3] 또한 항소법원이 기록의 송부를 받은 때에는 즉시 항소인과 상대방에게 그 사유를 통지하여야 하고, 그 통지 전에 변호인의 선임이 있는 때에는 변호인에게도 소송기록접수통지를 하여야 하며(형사소송법 제361조의2 제1항, 제2항), 항소인 또는 변호인은 그 통지를 받은 날부터 20일 이내에 항소이유서를 항소법원에 제출하여야 한다(제361조의3 제1항).

[4] 항소심의 구조는 피고인 또는 변호인이 법정기간 내에 제출한 항소이유서에 의하여 심판되는 것이므로 항소이유서 제출기간의 경과를 기다리지 않고는 항소사건을 심판할 수 없다(대판 2024.5.9. 2024도3298).

[사실관계]

원심에서 국선변호인선정결정을 한 후 국선변호인에게 소송기록접수통지서 등을 송달하고, 제1심에서 송달영수인으로 신고된 제1심 변호인의 사무소로 피고인 1에 대한 소송기록접수통지서 등을 송달한 후, 피고인 1이 사선변호인을 선임하여 그 변호인 선임서를 원심에 제출하자 원심이 국선변호인 선정을 취소하면서 사선변호인에게는 새로이 소송기록접수통지를 하지 않은 사안임

[대법원의 판단]

제1심 변호인의 사무소는 피고인의 주소·거소·영업소 또는 사무소 등의 송달장소가 아니고, 제1심에서 한 송달영수인 신고의 효력은 원심법원에 미치지 않으므로, 피고인 1에게 소송기록접수통지서가 적법하게 송달되었다고 볼 수 없으며, 이와 같이 피고인 1에 대한 적법한 소송기록접수통지가 이루어지지 않은 상태에서 사선변호인이 선임되고 국선변호인 선정이 취소되었으므로 원심으로서는 피고인 1과는 별도로 원심에서 선임된 변호인에게도 소송기록접수통지를 하여야 하는데, 그럼에도 원심은 피고인 1에 대한 적법한 소송기록접수통지가 이루어지지 않은 상태에서 원심에서 선임된 변호인에게도 소송기록접수통지를 하지 아니한 채 판결을 선고하였으므로, 소송절차의 법령위반으로 인하여 판결에 영향을 미친 위법이 있다는 이유로 원심을 파기·환송함

7. 〈형사소송절차에서 외국에서 하는 공시송달의 효력 발생 시기〉

Q 형사소송절차에 외국에서 하는 공시송달의 효력 발생 시기에 관한 민사소송법 제196조 제2항이 준용될 수 있는가?

[1] 형사소송법 제370조, 제276조에 의하면 항소심에서도 피고인의 출석 없이는 개정하지 못하고, 다만 같은 법 제365조에 의하면 피고인이 항소심 공판기일에 출정하지 아니한 때에는 다시 기일을 정하고 피고인이 정당한 사유 없이 다시 정한 기일에도 출정하지 아니한 때에는 피고인의 진술 없이 판결을 할 수 있게 되어 있으나, 이와같이 피고인의 진술 없이 판결할 수 있기 위해서는 피고인이 적법한 공판기일 소환장을 받고 정당한 이유 없이 출정하지 아니할 것을 필요로 한다.

[2] 한편 형사소송법 제63조 제2항에 의하면 피고인이 재판권이 미치지 아니하는 장소에 있는 경우에 다른 방법으로 송달할 수 없는 때에 공시송달을 할 수 있고, 피고인이 재판권이 미치지 아니하는 외국에 거주하고 있는 경우에는 형사소송법 제65조에 의하여 준용되는 민사소송법 제196조 제2항에 따라 첫 공시송달은 실시한 날부터 2월이 지나야 효력이 생긴다고 볼 것이다(대판 2023.10.26. 2023도3720).

[원심의 판단]

원심이 베트남으로 출국한 피고인에 대하여 사법공조절차를 통해 피고인의 베트남 주소지로 2회 송달을 시도하여 베트남최고인민검찰청으로부터 송달불능 되었다는 회신을 받자, 피고인에 대한 송달을 공시송달로 할 것을 명하면서 같은 날 피고인 소환장을 공시송달 하였고, 그로부터 2개월이 경과하기 전에 피고인의 출석 없이 공판기일을 개정하여 제1심판결을 파기하고 유죄를 선고하였음

[대법원의 판단]

대법원은, 위와 같이 판시하면서 피고인이 공시송달에 의한 소환을 받고서도 2회 연속 불출석하였다고 인정하기 위해서는 첫 공시송달을 한 날부터 2개월의 기간이 지난 이후 진행된 2회의 공판기일에 연속하여 불출석하였어야만 할 것임에도, 원심이 첫 공시송달일로부터 2개월이 지나기 전에 공판기일을 개정하여 피고인의 출석 없이 판결을 선고한 것은 형사소송법 제365조에 어긋나고 형사소송법 제370조, 제276조가 규정한 피고인의 출석권을 침해하였다고 보아, 원심판결을 파기·환송함

제3절 | 소송행위의 해석
제4절 | 소송조건

제3편

수사와 공소

제1장 수 사

제1절 | 수사론 서론

함정수사 관련 판례

8. 〈게임장 불법 환전 사건〉★

[수사 과정]

(1) 경찰관 P는 A가 운영하는 B게임장에서 불법 환전이 이루어지고 있다는 신고를 받고 2016. 7. 9.경부터 위 게임장에 손님으로 가장하여 잠입수사를 하던 중, 2016. 7. 10.경 성명불상의 남성으로부터 B게임장에서 발급하여 주는 회원카드에 적립한 게임점수를 다른 손님으로부터 매입할 수 있다는 이야기를 듣고 B게임장 내에서 게임점수 거래 등의 사행행위가 이루어지고 있는 정황을 포착하였다.

(2) 그 후에도 경찰관 P는 A의 게임 결과물 환전행위를 적발하기 위해 B게임장에 여러 차례에 걸쳐 잠입수사를 하였는데, 그 과정에서 2016. 7. 19.경 B게임장 종업원의 제안에 따라 회원카드를 발급받아 게임점수를 적립하였을 뿐 A에게 회원카드 발급 및 게임점수 적립을 적극적으로 요구하거나 다른 손님들과 게임점수의 거래를 시도한 적은 없었다.

(3) 그 후 B게임장에 잠복근무 중이던 경찰관 P는 2016. 9. 10. A에게 게임점수를 환전해 줄 것을 요구하였으나, A가 거절하였음에도 경찰관 P가 지속적인 요구를 하자 A는 어쩔 수 없이 게임점수를 현금으로 환전해 주었다.

(4) 그 후 경찰관 P는 함정수사가 이루어진 2016. 9. 10.에도 A에게 게임점수의 환전을 요구하였을 뿐 A에게 위와 같은 회원카드 발급 및 게임점수 적립 등을 통한 사행행위의 조장을 요구하거나 종용한 사실이 없다.

Q 위와 같은 경찰관 P의 수사에 기하여 검사가 ① 게임 결과물 환전으로 인한 게임산업진흥에관한법률위반과 ② 사행행위 조장으로 인한 게임산업진흥에관한법률위반으로 기소한 경우에 법원의 조치는?

[1] 본래 범의를 가지지 아니한 사람에 대하여 수사기관이 사술이나 계략 등을 써서 범의를 유발하게 하여 범죄인을 검거하는 함정수사는 위법하고, 이러한 함정수사에 기한 공소제기는 그 절차가 법률의 규정에 위반하여 무효인 때에 해당한다.

[2] 수사기관이 사술이나 계략 등을 써서 피고인의 범의를 유발한 것이 아니라 이미 이루어지고 있던 범행을 적발한 것에 불과하므로, 이에 관한 공소제기가 함정수사에 기한 것으로 볼 수 없다(대판 2021.7.29. 2017도16810).

[사건의 경과]

(1) 경찰관이 피고인 운영의 게임장에 대한 잠입수사 과정에서 게임물을 이용한 사행행위를 조장하고 있는 피고인을 적발하고, 피고인에게 게임 결과물 환전을 적극적으로 요구한 사안임.

(2) **게임 결과물 환전으로 인한 게임산업법위반 범행**은 경찰관의 위법한 함정수사로 인하여 범의가 유발된 때에 해당하므로 이에 관한 공소를 기각한 원심의 판단은 정당하나, **사행행위 조장으로 인한 게임산업법위반 범행**은 수사기관이 이미 이루어지고 있던 범행을 적발한 것에 불과할 뿐 이에 관한 공소제기가 함정수사에 기한 것으로 볼 수 없다고 보아 이 부분 공소를 기각한 원심의 판단에 함정수사에 관한 법리를 오해하여 판결에 영향을 미친 잘못이 있다고 본 사례.

제2절 | 수사의 단서

고소 관련 판례

9. 〈법원이 선임한 부재자 재산관리인 사건〉★

Q 법원이 선임한 부재자 재산관리인이 그 관리대상인 부재자의 재산에 대한 범죄행위에 관하여 법원으로부터 고소권 행사에 관한 허가를 얻은 경우, 형사소송법 제225조 제1항에서 정한 법정대리인으로서 적법한 고소권자에 해당하는가?

법원이 선임한 부재자 재산관리인이 그 관리대상인 **부재자의 재산에 대한 범죄행위에 관하여 법원으로부터 고소권 행사에 관한 허가를 얻은 경우** 부재자 재산관리인은 형사소송법 제225조 제1항에서 정한 법정대리인으로서 적법한 고소권자에 해당한다고 보아야 한다.

그 이유는 다음과 같다.

(가) 형사소송법은 "피해자의 법정대리인은 독립하여 고소할 수 있다."라고 정하고 있다(제225조 제1항 참조). 법정대리인이 갖는 대리권의 범위는 법률과 선임 심판의 내용 등을 통해 정해지므로 독립하여 고소권을 가지는 법정대리인의 의미도 법률과 선임 심판의 내용 등을 통해 정해진다.

법원이 선임한 부재자 재산관리인은 법률에 규정된 사람의 청구에 따라 선임된 부재자의 법정대리인에 해당한다. 부재자 재산관리인의 권한은 **원칙적으로 부재자의 재산에 대한 관리행위에 한정**되나, 부재자 재산관리인은 재산관리를 위하여 필요한 경우 법원의 허가를 받아 관리행위의 범위를 넘는 행위를 하는 것도 가능하고, **여기에는 관리대상 재산에 관한 범죄행위에 대한 형사고소도 포함**된다. 따라서 부재자 재산관리인은 관리대상이 아닌 사항에 관해서는 고소권이 없겠지만, 관리대상 재산에 관한 범죄행위에 대하여 법원으로부터 고소권 행사 허가를 받은 경우에는 독립하여 고소권을 가지는 법정대리인에 해당한다.

(나) 고소권은 일신전속적인 권리로서 피해자가 이를 행사하는 것이 원칙이나, 형사소송법이 예외적으로 법정대리인으로 하여금 독립하여 고소권을 행사할 수 있도록 한 이유는 피해자가 고소권을 행사할 것을 기대하기 어려운 경우 피해자와 독립하여 고소권을 행사할 사람을 정하여 피해자를 보호하려는 데 있다.

부재자 재산관리제도의 취지는 부재자 재산관리인으로 하여금 부재자의 잔류재산을 본인의 이익과 더불어 사회경제적 이익을 기하고 나아가 잔존배우자와 상속인의 이익을 위하여 관리하게 하고 돌아올 부재자 본인 또는 그 상속인에게 관리해 온 재산 전부를 인계하도록 하는 데 있다. 부재자는 자신의 재산을 침해하는 범죄에 대하여 처벌을 구하는 의사표시를 하기 어려운 상태에 있다. 따라서 <u>부재자 재산관리인에게 법정대리인으로서 관리대상 재산에 관한 범죄행위에 대하여 고소권을 행사할 수 있도록 하는 것이 형사소송법 제225조 제1항과 부재자 재산관리제도의 취지에 부합한다</u>(대판 2022.5.26. 2021도2488).

처벌불원의 의사표시 관련 판례

10. 〈반의사불벌죄에서 합의서가 제출된 사건〉★

[1] 폭행죄는 피해자의 명시한 의사에 반하여 공소를 제기할 수 없다(형법 제260조 제3항). 반의사불벌죄에서 처벌을 희망하는 의사표시의 철회 또는 처벌을 희망하지 않는 의사표시는 제1심 판결 선고 전까지 할 수 있다(형사소송법 제232조 제1항, 제3항). 피해자가 처벌을 희망하지 않는 의사표시나 처벌을 희망하는 의사표시의 철회를 하였다고 인정하기 위해서는 피해자의 진실한 의사가 명백하고 믿을 수 있는 방법으로 표현되어야 한다. **처벌을 희망하지 않는 의사표시의 부존재는 소극적 소송조건으로서 직권조사사항에 해당**하므로 당사자가 항소이유로 주장하지 않았더라도 원심은 이를 직권으로 조사·판단해야 한다.

[2] <u>피고인이 제1심 판결 선고 전에 제출한 제1심 법원에 제출한 '합의서'에 피해자가 처벌을 희망하지 않는다는 내용이 기재되어 있고, 원심 법원에 제출한 '합의서 및 처벌불원서'에는 피해자가 제1심에서 피고인을 용서하고 합의서를 작성하여 주었다는 내용이 기재되어 있는 사건에서, 피해자가 제1심 판결 선고 전에 처벌희망 의사표시를 철회하였다고 볼 여지가 있으므로 원심은 제1심 판결 선고 전에 피해자의 처벌희망 의사표시가 적법하게 철회되었는지를 직권으로 조사하여 반의사불벌죄의 소극적 소송조건을 명확히 심리·판단할 필요가 있었다</u>고 판단하여 원심판결을 파기환송한 사례(대판 2021.10.28. 2021도10010).

고발 관련 판례

11. 〈출입국사범 사건에서 적법한 고발이 있었는지 문제된 사건〉

[1] 출입국사범 사건에서 지방출입국·외국인관서의 장의 적법한 고발이 있었는지 여부가 문제 되는 경우에 법원은 증거조사의 방법이나 증거능력의 제한을 받지 아니하고 <u>제반 사정을 종합하여 적당하다고 인정되는 방법에 의하여 자유로운 증명으로 그 고발 유무를 판단하면 된다.</u>

[2] <u>피고인이 취업활동을 할 수 있는 체류자격을 가지지 아니한 외국인을 고용하여 출입국관리법을 위반하였다는 공소사실이 제1심에서 유죄로 인정되고, 검사가 이에 대해 양형부당을 이유로 항소하였는데, 원심이 직권으로 출입국관리법 제101조 제1항에 따른 지방출입국·외국인관서의 장의 고발이 없었음을 이유로 제1심판결을 파기하고 공소를 기각한 사안에서, 기록에 의하면 피고인에 대한 공소가 이루어지기 전에 이미 공소사실에 관한 적법한 고발이 있었음을 알 수 있으므로</u>, 원심이 그와 같은 사정에 관하여 추가로 조사하여 확인하지 아니한 채 막연히 위와 같은 고발이 없었다고 단정한 것에 출입국사범 사건에서 고발 유무의 조사에 관하여 필요한 심리를 다하지 아니하거나 적당하다고 인정되는 방법에 의하여 자유로운 증명으로 고발 유무를 판단하도록 한 법리를 오해한 잘못이 있다고 한 사례(대판 2021.10.28. 2021도404).

[사건의 경과]

(1) 검사가 양형부당을 이유로 항소한 출입국사범 사건에서 원심은, 검사의 양형부당 주장에 관한 판단을 생략한 채 적법한 고발이 없었다고 단정하고 제1심을 파기한 다음 공소기각판결을 함. 그러나 사실은 피고인에 대한 고발은 있었지만, 그 고발장이 제출되지 아니한 상황이었음.

(2) 원심은 그와 같은 사정에 관하여 추가로 조사하였더라면 이를 쉽게 확인할 수 있었음에도 막연히 위와 같은 고발이 없었다고 단정하고 말았음.

(3) 이러한 원심의 판단에는 출입국사범 사건에서 고발 유무의 조사에 관하여 필요한 심리를 다하지 아니하거나 적당하다고 인정되는 방법에 의하여 자유로운 증명으로 고발 유무를 판단하도록 한 법리를 오해하였다는 이유로 원심을 파기환송한 사례.

12. 〈조세범 처벌법상 고발 사건〉★

Q 고발장의 범칙사실의 기재는 반드시 공소장 기재요건과 동일하게 범죄의 일시·장소를 표시하여 사건의 동일성을 특정할 수 있을 정도로 표시하여야 하는가?

[1] 「조세범 처벌법」에 의한 고발은 고발장에 범칙사실의 기재가 없거나 특정이 되지 아니할 때에는 부적법하나, 반드시 공소장 기재요건과 동일한 범죄의 일시·장소를 표시하여 사건의 동일성을 특정할 수 있을 정도로 표시하여야 하는 것은 아니고, 「조세범 처벌법」이 정하는 어떠한 태양의 범죄인지를 판명할 수 있을 정도의 사실을 일응 확정할 수 있을 정도로 표시하면 족하고, 고발사실의 특정은 고발장에 기재된 범칙사실과 세무공무원의 보충진술 기타 고발장과 함께 제출된 서류 등을 종합하여 판단하여야 한다.

Q 고발에 대하여는 객관적 불가분의 원칙이 인정되는가?

[2] 그리고 고발은 범죄사실에 대한 소추를 요구하는 의사표시로서 그 효력은 고발장에 기재된 범죄사실과 동일성이 인정되는 사실 모두에 미친다(대판 2022.6.30. 2018도10973).

제3절 | 임의수사

13. 〈수사기관이 영장 없이 음식점에 출입하여 위법행위를 확인하고 촬영한 촬영물의 증거능력이 문제된 사건〉

Q 수사기관이 영장 없이 음식점에 출입하여 위법행위를 확인하는 것이 위법한가?

[1] 수사기관이 범죄를 수사하면서 불특정, 다수의 출입이 가능한 장소에 통상적인 방법으로 출입하여 아무런 물리력이나 강제력을 행사하지 않고 통상적인 방법으로 위법행위를 확인하는 것은 특별한 사정이 없는 한 임의수사의 한 방법으로서 허용되므로 영장 없이 이루어졌다고 하여 위법하다고 할 수 없다.

Q 수사기관의 영장 없는 범행장면 촬영이 위법한지 여부를 판단하는 기준은 무엇인가?

[2] 또한 수사기관이 범죄를 수사하면서 현재 범행이 행하여지고 있거나 행하여진 직후이고, 증거보전의

필요성 및 긴급성이 있으며, 일반적으로 허용되는 상당한 방법으로 촬영한 경우라면 위 촬영이 영장 없이 이루어졌다 하여 이를 위법하다고 할 수 없다.

[3] 다만, 촬영으로 인하여 초상권, 사생활의 비밀과 자유, 주거의 자유 등이 침해될 수 있으므로 수사기관이 일반적으로 허용되는 상당한 방법으로 촬영하였는지 여부는 수사기관이 촬영장소에 통상적인 방법으로 출입하였는지 또 촬영장소와 대상이 사생활의 비밀과 자유 등에 대한 보호가 합리적으로 기대되는 영역에 속하는지 등을 종합적으로 고려하여 신중하게 판단하여야 한다(대판 2023.7.13. 2019도7891).

[사건의 경과]

(1) 사실관계

일반음식점영업자인 피고인이 음향시설을 갖추고 손님이 춤을 추는 것을 허용하여 영업자가 지켜야 할 사항을 지키지 않았다는 이유로 식품위생법 위반으로 기소된 사안임

(2) 원심의 판단

원심은, 경찰관들이 범죄혐의가 포착된 상태에서 그에 관한 증거를 보전하기 위하여, 불특정, 다수가 출입할 수 있는 이 사건 음식점에 통상적인 방법으로 출입하여 음식점 내에 있는 사람이라면 누구나 볼 수 있었던 손님들의 춤추는 모습을 확인하고 이를 촬영한 것은 영장 없이 이루어졌다 하여 위법하다고 볼 수 없다는 이유로, 경찰관들이 촬영한 촬영물의 증거능력을 인정하였음

(3) 대법원의 판단

대법원은, 위와 같은 법리를 판시하고, 원심 판단을 수긍하여 상고를 기각함

14. 〈특별사법경찰관리로 지명된 공무원이 범죄수사를 위하여 음식점 등 영업소에 출입한 사건〉

Q 특별사법경찰관리로 지명된 공무원이 범죄수사를 위하여 음식점 등 영업소에 출입하여 증거수집 등 수사를 하는 경우에는 식품위생법 제22조 제3항이 정한 절차를 준수하여야 하는가?

[1] 식품위생법은 제22조 제1항 제2호에서 '식품의약품안전처장, 시·도지사 또는 시장·군수·구청장은 식품 등의 위해방지·위생관리와 영업질서의 유지를 위하여 필요하면 관계 공무원으로 하여금 다음 각 목에 해당하는 출입·검사·수거 등의 조치를 하도록 할 수 있다.'라는 취지로 규정하면서, 그 (가)목에서 "영업소에 출입하여 판매를 목적으로 하거나 영업에 사용하는 식품 등 또는 영업시설 등에 대하여 하는 검사", 그 (나)목에서 "(가)목에 따른 검사에 필요한 최소량의 식품 등의 무상 수거", 그 (다)목에서 "영업에 관계되는 장부 또는 서류의 열람"이라고 규정하고 있다. 한편 식품위생법 제22조 제3항은 "제1항 및 제2항의 경우에 출입·검사·수거 또는 열람하려는 공무원은 그 권한을 표시하는 증표 및 조사기간, 조사범위, 조사담당자, 관계 법령 등 대통령령으로 정하는 사항이 기재된 서류를 지니고 이를 관계인에게 내보여야 한다."라고 규정하고 있다.

[2] 위와 같은 식품위생법 제22조 제3항의 문언에 비추어 보면, 식품위생법 제22조 제3항에 따라 '권한을 표시하는 증표 및 조사기간 등이 기재된 서류를 제시하여야 하는 경우'는 식품위생법 제22조 제1항 제2호에 따라 영업소에 출입하여 식품 등 또는 영업시설 등에 대하여 검사하거나, 식품 등의 무상 수거, 장부 또는 서류를 열람하는 등의 행정조사를 하려는 경우에 한정된다. 따라서 구 형사소송법(2020. 2. 4. 법률 제16924호로 개정되기 전의 것) 제197조, 구 사법경찰관리의 직무를 수행할 자와 그 직무범위에 관한 법률(2019. 12. 10. 법률 제16768호로 개정되기 전의 것) 제5조 제8호에 근거하여 특별사법경찰관리로 지명된 공무원이 범죄수사를 위하여 음식점 등 영업소에 출입하여 증거수집 등 수사를 하는 경우에는 식품위생법 제22조 제3항이 정한 절차를 준수하지 않았다고 하여 위법하다고 할 수 없다(대판 2023.7.13. 2021도10763).

[사건의 경과]

일반음식점 영업자인 피고인이 이 사건 업소에서 음향시설을 갖추고 손님들이 춤을 추는 것을 허용하여 영업의 종류에 따른 준수사항을 위반하였다는 이유로 식품위생법위반죄로 기소된 사안

[원심의 판단]

원심은, ① 특별사법경찰관이 이 사건 영업소에 출입하면서 식품위생법 제22조 제3항이 정하는 증표 등을 제시하지 않았고, ② 이 사건 영업소에 손님으로 가장하고 출입하여 다른 손님들이 춤을 추는 모습을 촬영하는 것이 강제수사에 해당하는데도 사전 또는 사후에 영장을 발부받지 않았으므로, 그 촬영물은 위법수집증거로서 증거능력이 없다는 등의 이유로 무죄를 선고하였음

[대법원의 판단]

대법원은, 위와 같은 법리를 판시한 후 ① 이 사건 특별사법경찰관은 영업소에 출입하여 범죄수사를 위한 증거수집을 하였을 뿐 식품위생법상의 행정조사를 하려한 바가 없으므로, 이 사건 특별사법경찰관이 그 과정에서 식품위생법 제22조 제3항에 따라 증표 등을 제시하지 않았더라도 출입이나 증거수집 절차가 위법하다고 할 수 없고, ② 이 사건 특별사법경찰관이 범죄혐의가 포착된 상태에서 증거를 보전하기 위한 필요에 의하여 공개된 장소인 이 사건 영업소에 통상적인 방법으로 출입하여 이 사건 영업소 내에 있는 사람이라면 누구나 볼 수 있었던 손님들이 춤추는 모습을 촬영한 것은 영장 없이 이루어졌다고 하여 위법하다고 볼 수 없다고 판단하면서, 이와 달리 판단한 원심판결을 파기·환송함

15. 〈수사기관의 영장 없는 범행현장 대화 녹음 등의 증거능력이 문제된 사건〉★★

[공소사실의 요지]

피고인은 2018. 5. 17. 19:35경 고양시에 있는 'ㅇㅇㅇㅇㅇ'이라는 상호의 성매매업소(이하 '이 사건 성매매업소'라 한다)에서, 손님으로 가장한 남성 경찰관에게서 대금 11만 원을 받고 7번방으로 안내한 다음 여종업원 공소외 1을 들여보내 성교행위를 하도록 하여 영업으로 성매매를 알선하였다.

[원심 판단의 요지]

원심은, 이 사건 증거수집 절차에 다음과 같은 위법이 있으므로 검사가 제출한 증거 중 녹취CD, 업소시설 및 콘돔 사진, 여종업원의 수사기관 진술은 위법수집증거 내지 이를 기초로 한 2차적 증거로서 증거능력이 없고, 단속 경찰관의 진술은 위와 같은 부적법한 수사의 결과물로서 취신할 수 없다는 등의 이유로 범죄사실의 증명이 없다고 보아 제1심판결을 파기하고 이 사건 공소사실을 무죄로 판단하였다.

가. 녹취CD는 단속 경찰관이 손님으로 이 사건 성매매업소에 들어가 피고인과 나눈 대화를 비밀녹음한 것이다. 비밀녹음은 진술인의 기본권을 침해하고, 형사소송법이 규정한 사전고지 규정(형사소송법 제244조의2 제1항)에 반하며, 타인의 대화비밀을 침해하는 등으로 위법하다.

나. 단속 경찰관들은 이 사건 성매매업소의 내부 수색 과정에서 여종업원으로부터 콘돔을 수거하였음에도 수색영장을 발부받거나 압수절차를 진행하지 아니하였고, 수사현장에서의 사진촬영과 같은 검증에는 영장주의가 적용됨에도 영장 없이 업소시설을 촬영하였다.

다. 여종업원 공소외 1의 수사기관 진술은 자신과 제3자에게 공동으로 관련된 범죄에 관한 것임에도 진술거부권이 고지되지 않은 채 진술청취가 이루어졌다.

[인정사실]

원심판결 이유 및 적법하게 채택된 증거에 의하면 다음의 사실을 알 수 있다.

가. 경찰관 5명은 2018. 5. 17. 제보에 따라 피고인이 운영하는 이 사건 성매매업소를 단속하였는데, 우선 남성인 사법경찰관 공소외 2가 영업시간인 19:42경 손님으로 가장하여 성매매가 가능한지 여부를 문의하였고, 여종업원인 공소외 1 및 피고인과 나눈 대화를 녹음(이하 '이 사건 녹음'이라 한다)하였다. 한편 위

업소는 영업시간 중 누구나 제한 없이 출입할 수 있었다.

나. 위 공소외 2는 피고인의 안내에 따라 내실로 들어갔고, 이후 공소외 1이 위 내실에 들어와 공소외 2가 입고 있던 바지를 벗기고 침대 위로 올라오려고 하자 단속 사실을 밝히고 외부에 대기하던 나머지 경찰관들을 호출하였으며, 같은 날 20:30경 자신에 대한 성매매알선(이하 '이 사건 성매매알선'이라 한다)을 범죄사실로 하여 피고인을 현행범인으로 체포하였다.

다. 단속 경찰관들은 피고인을 현행범인으로 체포한 당시 이 사건 성매매업소 내부를 수색하여 여성전용실에 있는 냉장고 옆 커튼 아래에서 발견한 비닐포장된 콘돔 7개를 업소시설과 함께 사진 촬영(이하 '이 사건 사진'이라 한다) 하였는데, 위 콘돔을 교부받아 점유를 취득하거나 압수절차를 진행한 사실은 없다.

라. 공소외 1은 그 무렵 '이 사건 성매매알선 당시 성매매를 하려고 하였다'는 취지의 진술서를 작성하였다. 위 진술서에는 이 사건 성매매알선 당시의 사실이 기재되어 있을 뿐이고, 수사기관의 공소외 1에 대한 진술조서에도 공소외 1의 기존 성매매 등 별도 범죄에 관한 내용은 기재되어 있지 않다. 당시 공소외 1은 진술거부권을 고지받지 않았다.

[대법원의 판단]

가. 녹취CD의 증거능력이 인정되는지 여부

1) 수사기관이 적법한 절차와 방법에 따라 범죄를 수사하면서 현재 그 범행이 행하여지고 있거나 행하여진 직후이고, 증거보전의 필요성 및 긴급성이 있으며, 일반적으로 허용되는 상당한 방법으로 범행현장에서 현행범인 등 관련자들과 수사기관의 대화를 녹음한 경우라면, 위 녹음이 영장 없이 이루어졌다 하여 이를 위법하다고 단정할 수 없다. 이는 설령 그 녹음이 행하여지고 있는 사실을 현장에 있던 대화상대방, 즉 현행범인 등 관련자들이 인식하지 못하고 있었더라도, 통신비밀보호법 제3조 제1항이 금지하는 공개되지 아니한 타인간의 대화를 녹음한 경우에 해당하지 않는 이상 마찬가지이다. 다만 수사기관이 일반적으로 허용되는 상당한 방법으로 녹음하였는지 여부는 수사기관이 녹음장소에 통상적인 방법으로 출입하였는지, 녹음의 내용이 대화의 비밀 내지 사생활의 비밀과 자유 등에 대한 보호가 합리적으로 기대되는 영역에 속하는지 등을 종합적으로 고려하여 신중하게 판단하여야 한다.

2) 앞서 본 사실관계를 위와 같은 법리에 비추어 살펴본다. 이 사건 녹음은 대화의 당사자인 사법경찰관 공소외 2가 손님으로 가장하고 이 사건 성매매업소를 방문하여 위 업소를 운영하는 피고인 및 종업원인 공소외 1과의 대화 내용을 녹음한 것으로 통신비밀보호법 제3조 제1항이 금지하는 공개되지 아니한 타인간의 대화를 녹음한 경우에 해당하지 않는다. 또한 사전에 제보를 받고 단속 현장에 나간 위 사법경찰관은 불특정 다수가 출입할 수 있는 이 사건 성매매업소에 통상적인 방법으로 들어가 적법한 방법으로 수사를 하는 과정에서, 피고인의 이 사건 성매매알선 범행이 행하여진 시점에 위 범행의 증거를 보전하기 위하여 범행 상황을 녹음하였다. 녹음의 내용이 대화의 비밀 내지 사생활의 비밀과 자유 등에 대한 보호가 합리적으로 기대되는 영역에 속한다고 보기도 어렵다. 따라서 위 녹음이 비록 대화상대방인 피고인 및 공소외 1이 인식하지 못한 사이에 영장 없이 이루어졌다 하여 이를 위법하다고 할 수 없다.

나. 이 사건 사진의 증거능력이 인정되는지 여부

1) 검사 또는 사법경찰관은 형사소송법 제212조의 규정에 의하여 피의자를 현행범인으로 체포하는 경우에 필요한 때에는 체포현장에서 영장 없이 압수 · 수색 · 검증을 할 수 있다(형사소송법 제216조 제1항 제2호). 다만 이와 같이 압수한 물건을 계속 압수할 필요가 있는 경우에는 체포한 때부터 48시간 이내에 지체 없이 압수영장을 청구하여야 한다(형사소송법 제217조 제2항).

2) 앞서 본 사실관계에 의하면, 사법경찰관 공소외 2는 이 사건 성매매알선 행위를 범죄사실로 하여 피고인을 현행범인으로 체포하였고, 단속 경찰관들이 그 체포현장인 이 사건 성매매업소를 수색하여 체포의 원인이 되는 이 사건 성매매알선 혐의사실과 관련하여 이 사건 사진 촬영을 하였다. 이는 형사소송법 제216조 제1항 제2호에 의하여 예외적으로 영장에 의하지 아니한 강제처분을 할 수 있는 경우에 해당한

다고 봄이 상당하므로 그 수색이나 촬영이 영장 없이 이루어졌다고 하더라도 위법하다고 할 수 없다. 나아가 압수는 증거물 또는 몰수할 것으로 사료되는 물건의 점유를 취득하는 강제처분인데, 범행현장에서 발견된 콘돔을 촬영하였다는 사정만으로는 단속 경찰관들이 강제로 그 점유를 취득하여 이를 압수하였다고 할 수 없으므로 사후에 압수영장을 받을 필요가 있었다고 보기도 어렵다. 따라서 이 사건 사진의 증거능력이 인정된다.

다. 공소외 1의 진술서의 증거능력이 인정되는지 여부

1) 피의자의 진술을 녹취 내지 기재한 서류 또는 문서가 수사기관에서의 조사과정에서 작성된 것이라면, 그것이 '진술조서, 진술서, 자술서'라는 형식을 취하였다고 하더라도 피의자신문조서와 달리 볼 수 없고, 한편 형사소송법이 보장하는 피의자의 진술거부권은 헌법이 보장하는 형사상 자기에 불리한 진술을 강요당하지 않는 자기부죄거부의 권리에 터 잡은 것이므로 수사기관이 피의자를 신문함에 있어서 피의자에게 미리 진술거부권을 고지하지 않은 때에는 그 피의자의 진술은 위법하게 수집된 증거로서 진술의 임의성이 인정되는 경우라도 증거능력이 부인되어야 한다.

피의자에 대한 진술거부권의 고지는 피의자의 진술거부권을 실효적으로 보장하여 진술이 강요되는 것을 막기 위하여 인정되는 것인데, 이러한 진술거부권 고지에 관한 형사소송법의 규정내용 및 진술거부권 고지가 갖는 실질적인 의미를 고려하면, 수사기관에 의한 진술거부권 고지의 대상이 되는 피의자의 지위는 수사기관이 조사대상자에 대하여 범죄의 혐의가 있다고 보아 실질적으로 수사를 개시하는 행위를 한 때에 인정되는 것으로 봄이 상당하다. 따라서 이러한 피의자의 지위에 있지 아니한 자에 대하여는 진술거부권이 고지되지 아니하였다 하더라도 그 진술의 증거능력을 부정할 것은 아니다.

2) 앞서 본 사실관계를 이러한 법리에 비추어 살펴본다. 공소외 1의 진술서에 기재된 내용은 피고인의 이 사건 성매매알선 행위에 관한 것에 한정되고, 성매매미수범에 관한 처벌규정이 없는 이상 이 사건 성매매알선 행위에 따라 실제로 성매매 행위를 하지 않은 공소외 1에 대한 범죄혐의사실이 위 진술서에 포함되어 있다고 볼 수 없다. 공소외 1이 진술서를 작성하고 이 사건의 참고인으로 조사를 받을 당시 또는 그 후라도 실질적으로 공소외 1의 범죄혐의사실에 대한 수사가 개시되어 공소외 1이 피의자의 지위에 있게 되었다고 볼만한 아무런 객관적인 자료가 없고, 공소외 1에 대한 수사를 개시할 수 있는 상태이었는데도 진술거부권 고지를 잠탈할 의도로 피의자 신문이 아닌 참고인 조사의 형식을 취한 것으로 볼만한 사정도 기록상 찾을 수 없다. 따라서 공소외 1이 피의자로서의 지위가 아닌 참고인으로서 조사를 받으면서 수사기관으로부터 진술거부권을 고지받지 않았더라도 그 이유만으로 그 진술이 위법수집증거로서 증거능력이 없다고 할 수 없다.

라. 소결론

그런데도 원심은 그 판시와 같은 이유만으로 녹취CD와 이 사건 사진, 공소외 1의 수사기관 진술의 증거능력을 인정하지 아니하고, 범죄의 증명이 없는 경우에 해당한다고 보아 이 사건 공소사실을 무죄로 판단하였다. 이러한 원심의 판단에는 수사기관 범행현장 녹음의 증거능력, 형사소송법 제216조 제1항 제2호에서 규정한 체포현장에서의 압수·수색·검증, 진술거부권 및 그 고지의 대상이 되는 피의자 지위에 관한 법리를 오해하여 위 각 증거의 증거능력을 부정함으로써 필요한 심리를 다하지 아니하여 판결에 영향을 미친 잘못이 있다. 이를 지적하는 취지의 상고이유 주장은 이유 있다.

제2장 강제처분과 강제수사

제1절 | 대인적 강제수사

영장에 의한 체포 관련 판례

---

16. 〈긴급을 요하여 체포영장을 제시없이 체포영장에 기한 체포 절차에 착수한 사건〉★

[1] 검사 또는 사법경찰관이 체포영장을 집행할 때에는 피의자에게 반드시 체포영장을 제시하여야 한다. 다만 **체포영장을 소지하지 아니한 경우에 급속을 요하는 때**에는 피의자에게 범죄사실의 요지와 영장이 발부되었음을 고하고 체포영장을 집행할 수 있다. 이 경우 집행을 완료한 후에는 신속히 체포영장을 제시하여야 한다(형사소송법 제200조의6, 제85조 제1항, 제3항, 제4항).

[2] 긴급을 요하여 체포영장을 제시하지 않은 채 체포영장에 기한 체포 절차에 착수하였으나, 이에 피고인이 저항하면서 경찰관을 폭행하는 등 행위를 하여 특수공무집행방해의 현행범으로 체포한 후 체포영장을 별도로 제시하지 않은 사안에서, 피고인에 대한 체포절차가 적법하다고 판단한 원심을 수긍한 사례(대판 2021.6.24. 2021도4648).

[COMMENT] 본 판결 이후 2022.2.3. 제85조 제1항의 개정으로 제시 이외에 사본의 교부 등이 추가되었다.

> 〈형사소송법〉[개정 2022. 5. 9, 시행 2022. 9. 10.]
> 제85조 (구속영장집행의 절차)
> ① 구속영장을 집행함에는 피고인에게 반드시 이를 제시하고 그 사본을 교부하여야 하며 신속히 지정된 법원 기타 장소에 인치하여야 한다. 〈개정 2022.2.3〉
> ② 제77조제3항의 구속영장에 관하여는 이를 발부한 판사에게 인치하여야 한다.
> ③ 구속영장을 소지하지 아니한 경우에 급속을 요하는 때에는 피고인에 대하여 공소사실의 요지와 영장이 발부되었음을 고하고 집행할 수 있다.
> ④ 전항의 집행을 완료한 후에는 신속히 구속영장을 제시하고 그 사본을 교부하여야 한다. 〈개정 2022.2.3〉

[판결이유 중 일부 인용]

(1) 원심은, ① 피고인에 대해「성폭력범죄의 처벌 등에 관한 특례법」(이하 '성폭력처벌법'이라고 한다) 위반(비밀준수등) 범행으로 체포영장이 발부되어 있었던 사실, ② '피고인의 차량이 30분 정도 따라온다'는 내용의 112신고를 받고 현장에 출동한 경찰관들이 승용차에 타고 있던 피고인의 주민등록번호를 조회하여 피고인에 대한 체포영장이 발부된 것을 확인한 사실, ③ 경찰관들이 피고인에게 '성폭력처벌법위반으로 수배가 되어 있는바, 변호인을 선임할 수 있고 묵비권을 행사할 수 있으며, 체포적부심을 청구할 수 있고 변명의 기회가 있다'고 고지하며 하차를 요구한 사실을 인정한 후, 이 사건 당시 경찰관들이 체포영장을 소지할 여유 없이 우연히 그 상대방을 만난 경우로서 체포영장의 제시 없이 체포영장을 집행할 수 있는 '급속을 요하는 때'에 해당하므로, 경찰관들이 체포영장의 제시 없이 피고인을 체포하려고 시도한 행위는 적법한 공무집행이라고 판단하였다.

(2) 나아가 원심은, 위와 같이 경찰관들이 체포영장을 근거로 체포절차에 착수하였으나 **피고인이 흥분하며 타고 있던 승용차를 출발시켜 경찰관들에게 상해를 입히는 범죄를 추가로 저지르자**, 경찰관들이 위 승용차를 멈춘 후 저항하는 피고인을 별도 범죄인 특수공무집행방해치상의 현행범으로 체포한 사실을 인정한 후, 이와 같이 **경찰관이 체포영장에 기재된 범죄사실이 아닌 새로운 피의사실인 특수공무집행방해치상을 이유로 피고인을 현행범으로 체포**하였고, 현행범 체포에 관한 제반 절차도 준수하였던 이상 피고인에 대한 체포 및 그 이후 절차에 위법이 없다고 판단한 후, 이 사건 공소사실을 유죄로 판단한 제1심판결을 그대로 유지하였다.

(3) 원심이 든 위 사정들과 함께 이 사건 당시 체포영장에 의한 체포절차가 착수된 단계에 불과하였고, 피고인에 대한 체포가 체포영장과 관련 없는 새로운 피의사실인 특수공무집행방해치상을 이유로 별도의 현행범 체포 절차에 따라 진행된 이상, **집행 완료에 이르지 못한 체포영장을 사후에 피고인에게 제시할 필요는 없는 점**까지 더하여 보면, 피고인에 대한 체포절차가 적법하다는 원심의 판단이 타당하다.

구속영장 집행 관련 판례

17. 〈구속영장 발부일로부터 3일이 경과하여 구속영장 원본 제시한 사건〉★

[사실관계]

현행범으로 체포된 피의자에 대하여 구속영장이 주말인 토요일에 발부되자 어 담당경찰서의 송치담당자인 P1이 월요일 일과시간 중 이를 받아왔고 피의자에 대한 사건 담당자 P2가 외근 수사 중이어서 화요일에 피의자에서 구속영장 원본를 제시하였다.

Q 위와 같은 사실관계를 전제로 할 때 사법경찰리의 구속영장 집행은 적법한가?

[1] 대한민국헌법 제12조는 국민의 신체의 자유와 관련하여 제1항에서 "모든 국민은 신체의 자유를 가진다. 누구든지 법률에 의하지 아니하고는 체포·구속·압수·수색 또는 심문을 받지 아니한다."라고 규정하고, 제3항 본문에서 "체포·구속·압수 또는 수색을 할 때에는 적법한 절차에 따라 검사의 신청에 의하여 법관이 발부한 영장을 제시하여야 한다."라고 규정하고 있으며, 제5항에서 "누구든지 체포 또는 구속의 이유와 변호인의 조력을 받을 권리가 있음을 고지받지 아니하고는 체포 또는 구속을 당하지 아니한다. 체포 또는 구속을 당한 자의 가족 등 법률이 정하는 자에게는 그 이유와 일시·장소가 지체 없이 통지되어야 한다."라고 규정함으로써 적법절차와 영장주의의 원칙을 선언하고 있다.

[2] 이에 따라 형사소송법은 체포된 피의자의 구금을 위한 구속영장의 청구, 발부, 집행절차에 관하여 다음과 같이 규정하고 있다.

㉮ (영장에 의해) 체포한 피의자를 구속하고자 할 때에는 체포한 때부터 48시간 이내에 제201조의 규정에 의하여 구속영장을 청구하여야 하고, 그 기간 내에 구속영장을 청구하지 아니하는 때에는 피의자를 즉시 석방하여야 한다(제200조의2 제5항). 위 규정은 검사 또는 사법경찰관리가 현행범인을 체포하거나 현행범인을 인도받은 경우에 준용되고(제213조의2), 긴급체포한 피의자를 구속하고자 할 때에도 같은 취지의 규정을 두고 있다(제200조의4 제1항, 제2항).

㉯ 위와 같이 체포된 피의자에 대하여 구속영장을 청구받은 판사는 지체 없이 피의자를 심문하여야 하는데, 특별한 사정이 없는 한 구속영장이 청구된 날의 다음 날까지 심문하여야 하고(제201조의2 제1항), 이 경우 판사는 즉시 피의자 및 변호인에게 심문기일과 장소를 통지하여야 하며, 검사는 체포되어 있는 피의자를 심문기일에 출석시켜야 한다(제201조의2 제3항).

㈐ 구속영장청구를 받은 판사는 신속히 구속영장의 발부 여부를 결정하여야 하고, 상당하다고 인정할 때에는 구속영장을 발부한다(제201조 제3항, 제4항).

㈑ 구속영장은 검사의 지휘에 의하여 사법경찰관리가 집행하고(제209조, 제81조 제1항 본문), 구속영장을 집행함에는 피의자에게 반드시 이를 제시하고 피의사실의 요지, 구속의 이유와 변호인을 선임할 수 있음을 말하고 변명할 기회를 주어야 하며(제209조, 제85조 제1항, 제200조의5), 피의자를 구속한 때에는 변호인 또는 변호인선임권자 중 피의자가 지정한 자에게 피의사건명, 구속일시·장소, 피의사실의 요지, 구속의 이유와 변호인을 선임할 수 있는 취지를 지체 없이 서면으로 통지하여야 한다(제209조, 제87조 제1항, 제2항).

[3] 위와 같은 헌법이 정한 적법절차와 영장주의 원칙, 형사소송법이 정한 체포된 피의자의 구금을 위한 구속영장의 청구, 발부, 집행절차에 관한 규정을 종합하면, 법관이 검사의 청구에 의하여 체포된 피의자의 구금을 위한 구속영장을 발부하면 검사와 사법경찰관리는 지체 없이 신속하게 구속영장을 집행하여야 한다. **피의자에 대한 구속영장의 제시와 집행이 그 발부 시로부터 정당한 사유 없이 시간이 지체되어 이루어졌다면, 구속영장이 그 유효기간 내에 집행되었다고 하더라도 위 기간 동안의 체포 내지 구금 상태는 위법**하다 (대판 2021.4.29. 2020도16438).

[COMMENT] 본 판결 이후 2022.2.3. 제85조 제1항의 개정으로 제시 이외에 사본의 교부 등이 추가되었다.

> 〈형사소송법〉[개정 2022. 5. 9, 시행 2022. 9. 10.]
>
> 제85조 (구속영장집행의 절차)
>
> ① 구속영장을 집행함에는 피고인에게 반드시 이를 제시하고 그 사본을 교부하여야 하며 신속히 지정된 법원 기타 장소에 인치하여야 한다. 〈개정 2022.2.3〉
>
> ② 제77조제3항의 구속영장에 관하여는 이를 발부한 판사에게 인치하여야 한다.
>
> ③ 구속영장을 소지하지 아니한 경우에 급속을 요하는 때에는 피고인에 대하여 공소사실의 요지와 영장이 발부되었음을 고하고 집행할 수 있다.
>
> ④ 전항의 집행을 완료한 후에는 신속히 구속영장을 제시하고 그 사본을 교부하여야 한다. 〈개정 2022.2.3〉

[사건의 경과]

⑴ 사법경찰리가 현행범인 체포된 피의자에 대하여 구속영장 발부일로부터 만 3일이 경과하여 구속영장 원본 제시에 의한 구속영장을 집행한 사안에서, 사법경찰리의 피고인에 대한 구속영장 집행은 지체 없이 이루어졌다고 볼 수 없고, 구속영장이 주말인 토요일에 발부되어 담당경찰서의 송치담당자가 월요일 일과시간 중 이를 받아왔고 피고인에 대한 사건 담당자가 외근 수사 중이어서 화요일에 구속영장 원본 제시에 의한 집행을 한 사정은 구속영장 집행 지연에 대한 정당한 사유에 해당하지 않는다고 보아 구속영장의 집행이 정당한 사유 없이 지체된 기간 동안의 피고인에 대한 체포 내지 구금 상태는 위법하다고 판단하였음.

⑵ 다만, 피고인에 대한 구속영장 집행이 위법하더라도 그로 인하여 피고인의 방어권, 변호권이 본질적으로 침해되어 원심판결의 정당성마저 인정하기 어렵다고 보여지는 정도에 이르지 않았다고 보아 피고인의 상고를 기각하였음.

18. 〈군사법원법상 전자장치의 부착을 피고인에 대한 구속집행정지의 조건으로 부가할 수 있다는 판례〉

군사법원법 제141조 제2항은 피고인에 대한 구속집행정지에 관하여 '피고인이 영내거주자이면 그 소속 부대장에게 부탁하고, 영내거주자가 아니면 친족·보호단체 그 밖의 적당한 사람에게 부탁하거나 피고인의 주거를 제한'하도록 규정한다. 이때 구속집행정지 제도의 취지에 부합한다면 피고인의 도주 방지 및 출석을 확보하기 위하여 예컨대, 전자장치의 부착을 구속집행정지의 조건으로 부가할 수도 있다. 이하에서 더 구체적으로 살펴본다.

㈎ 군사법원법 제141조 제1항에 근거한 피고인에 대한 구속집행정지는 상당한 이유가 있을 때 군사법원이 직권으로 제반 사정을 고려하여 피고인의 구속 상태를 잠정적으로 해제하는 것이다. 가장 중한 기본권 제한인 구속을 예외적으로 해제하면서 다시 구속될 것을 담보하기 위해 일정한 조건을 부가하는 것은 구속집행정지의 성질상 당연히 허용된다고 보아야 한다. 구속의 목적을 달성하는 데 지장이 없다면 일정한 조건을 부가하더라도 구속집행을 정지하는 것이 피고인에게 더 유리하기 때문이다.

㈏ 군사법원법 제141조 제2항에서 규정한 구속집행정지 조건의 내용은 예시로 볼 수 있고 반드시 이에 한정되지 않는다. 물론 이때에도 그 내용은 피고인의 도주 예방과 출석에 대한 담보라는 구속집행정지 제도의 취지에 들어맞는 것이어야 하고, 그 구체적인 조건은 보석의 조건(군사법원법 제139조)이 성질에 반하지 않는 한 적용될 수 있다. 구속집행정지 제도는 불구속재판의 원칙과 무죄추정의 원칙을 구현하기 위한 보석 제도를 보충하는 기능을 하므로 본질적으로 보석과 같은 성격을 띠고 있고, 군사법원법 제142조 제2항에서는 보석과 구속집행정지의 취소사유에 관하여 동일한 내용을 규정하고 있기 때문이다.

㈐ 군사법원법, 전자장치 부착 등에 관한 법률(이하 '전자장치부착법'이라 한다) 등에서 구속집행정지의 조건으로 전자장치의 부착을 부가할 수 있는지에 관하여 별도의 규정을 두고 있지는 않다. 그러나 전자장치 부착으로 인해 제한되는 피부착자의 자유는 자신의 위치가 24시간 국가에 노출됨으로 인하여 행동의 자유가 심리적으로 위축된다는 것일 뿐 행동 자체가 금지되거나 물리적으로 제한되는 것은 아니다. 전자장치의 부착은 피고인의 기본권을 제한하는 성격을 갖고 있지만 구속보다 가벼운 처분을 통하여 피고인의 도주를 방지하여 가장 중한 기본권 제한인 구속의 목적을 달성할 수 있다는 점에서 불구속재판의 원칙의 실현에 기여하면서 비례의 원칙에도 어긋나지 않는다. 또한 전자장치 부착은 전자장치부착법상 보석의 조건으로도 허용되고 있다. 따라서 전자장치 부착은 구속집행정지 조건으로도 허용된다고 보아야 한다(대결 2022.11.22. 2022모1799).

[사건의 경과]

⑴ 원심이 피고인(군인)의 구속집행을 정지할 상당한 이유가 있다고 보아 피고인이 전자장치를 부착할 것과 보호관찰관의 지도·감독을 받을 것을 조건으로 피고인에 대한 구속의 집행을 정지한 것에 대하여, 재항고인(군검사)이 군인은 보호관찰을 받을 수 없고 구속집행정지의 조건으로 전자장치의 부착을 부가할 수 없다는 이유로 원심의 구속집행정지 결정이 위법하다면서 그 취소를 구한 사안임

⑵ 대법원은 보호관찰관의 지도·감독은 전자장치의 부착을 위하여 수반된 것일 뿐 별도의 조건이나 「보호관찰 등에 관한 법률」상 보호관찰에 해당하지 않고, 구속집행정지 제도 취지에 부합한다면 피고인의 도주 방지 및 출석을 확보하기 위하여 전자장치의 부착을 구속집행정지의 조건으로 부가할 수도 있다고 판단하고, 원심의 구속집행정지 결정이 적법하다고 보아 군검사의 재항고를 기각한 사례

제2절 l 대물적 강제수사

19. 〈'압수할 물건'에 '컴퓨터 하드디스크 및 외부 저장매체'만 기재되어 있는 사건〉★

[사실관계]

(1) 법원이 발부한 압수·수색영장에는 '압수할 물건'이 '여성의 신체를 몰래 촬영한 것으로 판단되는 사진, 동영상 파일이 저장된 컴퓨터 하드디스크 및 외부 저장매체'로 되어 있음.

(2) 경찰은 위 압수·수색영장으로 압수한 휴대전화가 구글계정에 로그인되어 있는 상태를 이용하여 구글클라우드에서 불법촬영물을 다운로드 받는 방식으로 압수함.

[1] 헌법과 형사소송법이 구현하고자 하는 적법절차와 영장주의의 정신에 비추어 볼 때, 법관이 압수·수색영장을 발부하면서 '압수할 물건'을 특정하기 위하여 기재한 문언은 엄격하게 해석해야 하고, 함부로 피압수자 등에게 불리한 내용으로 확장해석 또는 유추해석을 하는 것은 허용될 수 없다.

Q '컴퓨터 등 정보처리장치'와 '원격지 서버'는 동일한가?

[2] 압수할 전자정보가 저장된 저장매체로서 압수·수색영장에 기재된 수색장소에 있는 컴퓨터, 하드디스크, 휴대전화와 같은 컴퓨터 등 정보처리장치와 수색장소에 있지는 않으나 컴퓨터 등 정보처리장치와 정보통신망으로 연결된 원격지의 서버 등 저장매체(이하 '원격지 서버'라 한다)는 소재지, 관리자, 저장 공간의 용량 측면에서 서로 구별된다.

Q '원격지 서버에 저장된 전자정보'와 '컴퓨터 등 정보처리장치 자체에 저장된 전자정보'는 압수·수색의 방식과 기본권 침해의 정도가 동일한가?

[3] 원격지 서버에 저장된 전자정보를 압수·수색하기 위해서는 컴퓨터 등 정보처리장치를 이용하여 정보통신망을 통해 원격지 서버에 접속하고 그곳에 저장되어 있는 전자정보를 컴퓨터 등 정보처리장치로 내려받거나 화면에 현출시키는 절차가 필요하므로, 컴퓨터 등 정보처리장치 자체에 저장된 전자정보와 비교하여 압수·수색의 방식에 차이가 있다.

[4] 원격지 서버에 저장되어 있는 전자정보와 컴퓨터 등 정보처리장치에 저장되어 있는 전자정보는 그 내용이나 질이 다르므로 압수·수색으로 얻을 수 있는 전자정보의 범위와 그로 인한 기본권 침해 정도도 다르다.

Q 위와 같은 사실관계를 전제로 할 때 경찰의 압수는 적법한가?

[5] 따라서 수사기관이 압수·수색영장에 적힌 '수색할 장소'에 있는 컴퓨터 등 정보처리장치에 저장된 전자정보 외에 원격지 서버에 저장된 전자정보를 압수·수색하기 위해서는 압수·수색영장에 적힌 **'압수할 물건'에 별도로 원격지 서버 저장 전자정보가 특정되어 있어야 한다.** 압수·수색영장에 적힌 '압수할 물건'에 컴퓨터 등 정보처리장치 저장 전자정보만 기재되어 있다면 컴퓨터 등 정보처리장치를 이용하여 원격지 서버 저장 전자정보를 압수할 수는 없다(대판 2022.6.30. 2022도1452).

[사건의 경과]

(1) 법원이 발부한 압수·수색영장에는 '압수할 물건'이 '여성의 신체를 몰래 촬영한 것으로 판단되는 사진, 동영상 파일이 저장된 컴퓨터 하드디스크 및 외부 저장매체'로 되어 있음.

(2) 그런데도 경찰은 위 압수·수색영장으로 압수한 휴대전화가 구글계정에 로그인되어 있는 상태를 이용하여 구글클라우드에서 불법촬영물을 다운로드 받는 방식으로 압수한 사안임.

(3) 압수·수색영장에 적힌 '압수할 물건'에 원격지 서버 저장 전자정보가 기재되어 있지 않은 이상 '압수할 물건'은 컴퓨터 하드디스크 및 외부 저장매체에 저장된 전자정보에 한정되므로 경찰이 압수한 불법촬영물은 위법수집증거에 해당하고, 이를 이용하여 수집한 다른 증거도 위법수집증거에 기한 2차적 증거에 해당하여 증거능력이 없음을 이유로 불법촬영물 관련 「성폭력범죄의 처벌 등에 관한 특례법」 위반(카메라등이용촬영·반포등) 부분을 유죄로 인정한 원심판단을 파기한 사례.

사건과 관련성 관련 판례

20. 〈피고인의 동생이 피의자로 기재된 압수·수색영장 사건〉★★

[피고인의 공소사실]

피고인은, ① 2018. 1. 2.경부터 2018. 12. 10.경까지 원심판결 별지 '변경된 범죄일람표 I' 중 아동·청소년인 피해자 14명에게 각 성적 수치심을 주는 성희롱 등 성적 학대행위를 함과 동시에 이들을 이용하여 각 음란물을 제작하고, ② 2019. 3. 1. 피해자의 성기 부위 등을 촬영한 사진을 전송하는 방법으로 아동·청소년을 이용한 음란물을 배포하고, ③ 2018. 6. 14.경부터 2019. 1. 5.경까지 아동·청소년을 이용한 음란물 총 229건을 소지하였다.

[수사과정]

(1) 경찰관 P는 피해자가 연락을 주고받은 피고인의 페이스북 계정에 관한 압수·수색 결과를 바탕으로 범인이 피해자와 페이스북 메신저를 통해 대화한 계정의 접속 IP 가입자가 공소외 1(피고인의 모친)임을 확인하였다. 그리고 공소외 1의 주민등록표상 공소외 2(피고인의 부친)와 공소외 3(피고인의 남동생)이 함께 거주하고 있음을 확인하였다. 당시 피고인은 위 페이스북 접속지에서 거주하고 있었으나 주민등록상 거주지가 달라 공소외 1의 주민등록표에는 나타나지 않았다. 경찰은 공소외 3을 피의자로 특정한 뒤 압수·수색영장을 신청하였고, 지방법원판사는 경찰이 신청한 대로 이 사건 영장을 발부하였다.

(2) 이 사건 영장에는 범죄혐의 피의자로 피고인의 동생인 '공소외 3'이, 수색·검증할 장소, 신체, 물건으로 '가. 전라북도 전주시 덕진구 (주소 생략), 나. 피의자 공소외 3의 신체 및 피의자가 소지·소유·보관하는 물건'이, 압수할 물건으로 '피의자 공소외 3이 소유·소지 또는 보관·관리·사용하고 있는 스마트폰 등 디지털기기 및 저장매체'가 각 특정되어 기재되어 있다.

(3) 경찰이 이 사건 영장을 집행하기 위하여 피고인의 주거지에 도착하였을 때 피고인은 출근을 하여 부재중이었고, 경찰은 공소외 1과 공소외 3으로부터 이 사건 피의사실을 저지른 사람은 공소외 3이 아닌 피고인이라는 취지의 말을 들었다.

(4) 이에 경찰은 공소외 1에게 이 사건 영장을 제시하고 이 사건 영장에 의하여 위 주거지를 수색하여 피고인 소유의 이 사건 휴대전화 등을 압수하였다. 경찰은 그 자리에서 위 각 압수물에 대한 압수조서를 작성하였는데, 그 '압수경위'란에 "페이스북 접속 IP 설치장소에 거주하는 공소외 3을 피의자로 특정하였으나 현장 방문한바, 형 피고인이 세대 분리된 상태로 같이 거주하고 있었고 모친 및 공소외 3 진술을 청취한바

실제 피의자는 피고인으로 확인됨. 그러나 영장 집행 당시 출근하여 부재중이므로 모친 공소외 1 참여하에 이 사건 영장을 집행함"이라고 기재하였다.

Q 혐의사실과의 객관적 관련성은 압수·수색영장에 기재된 혐의사실 자체 또는 그와 기본적 사실관계가 동일한 범행과 직접 관련되어 있는 경우에만 인정되는가?

Q 혐의사실과의 객관적 관련성은 혐의사실과 단순히 동종 또는 유사 범행이라는 사유만으로 객관적 관련성이 있다고 할 수 있는가?

[1] 형사소송법 제215조 제1항은 "검사는 범죄수사에 필요한 때에는 피의자가 죄를 범하였다고 의심할 만한 정황이 있고 해당 사건과 관계가 있다고 인정할 수 있는 것에 한정하여 지방법원판사에게 청구하여 발부받은 영장에 의하여 압수, 수색 또는 검증을 할 수 있다."라고 정하고 있다. 따라서 영장 발부의 사유로 된 범죄 혐의사실과 무관한 별개의 증거를 압수하였을 경우 이는 원칙적으로 유죄 인정의 증거로 사용할 수 없다. 그러나 압수·수색의 목적이 된 범죄나 이와 관련된 범죄의 경우에는 그 압수·수색의 결과를 유죄의 증거로 사용할 수 있다. <u>압수·수색영장의 범죄 혐의사실과 관계있는 범죄</u>라는 것은 압수·수색영장에 기재한 혐의사실과 객관적 관련성이 있고 압수·수색영장 대상자와 피의자 사이에 인적 관련성이 있는 범죄를 의미한다. 그중 **혐의사실과의 객관적 관련성**은 압수·수색영장에 기재된 혐의사실 자체 또는 그와 기본적 사실관계가 동일한 범행과 직접 관련되어 있는 경우를 의미하는 것이나, 범행 동기와 경위, 범행 수단과 방법, 범행 시간과 장소 등을 증명하기 위한 간접증거나 정황증거 등으로 사용될 수 있는 경우에도 인정될 수 있다. 이때 객관적 관련성은 압수·수색영장에 기재된 혐의사실의 내용과 수사의 대상, 수사 경위 등을 종합하여 **구체적·개별적 연관관계가 있는 경우에만 인정된다**고 보아야 하고, 혐의사실과 단순히 동종 또는 유사 범행이라는 사유만으로 그 관련성이 있다고 할 것은 아니다. 그리고 **피의자와 사이의 인적 관련성**은 압수·수색영장에 기재된 대상자의 범죄를 의미하는 것이나, 그의 공동정범이나 교사범 등 공범이나 간접정범은 물론 필요적 공범 등에 대한 피고사건에 대해서도 인정될 수 있다.

[2] 헌법과 형사소송법이 구현하고자 하는 적법절차와 영장주의의 정신에 비추어 볼 때, 법관이 압수·수색영장을 발부하면서 '**압수할 물건**'을 특정하기 위하여 기재한 문언은 엄격하게 해석하여야 하고, 함부로 피압수자 등에게 불리한 내용으로 확장 또는 유추 해석하여서는 안 된다.

Q 피의자가 휴대전화를 임의제출하면서 휴대전화에 저장된 전자정보가 아닌 클라우드 등 제3자가 관리하는 원격지에 저장되어 있는 전자정보를 수사기관에 제출한다는 의사로 수사기관에게 클라우드 등에 접속하기 위한 아이디와 비밀번호를 임의로 제공하였다면 위 클라우드 등에 저장된 전자정보를 임의제출하는 것으로 볼 수 있는가?

[3] <u>수사기관이 인터넷서비스이용자인 피의자를 상대로 피의자의 컴퓨터 등 정보처리장치 내에 저장되어 있는 이메일 등 전자정보를 압수·수색하는 것은 전자정보의 소유자 내지 소지자를 상대로 해당 전자정보를 압수·수색하는 대물적 강제처분으로 형사소송법의 해석상 허용된다.</u> 압수·수색할 전자정보가 압수·수색영장에 기재된 수색장소에 있는 컴퓨터 등 정보처리장치 내에 있지 아니하고 그 정보처리장치와 정보통신망으로 연결되어 제3자가 관리하는 원격지의 서버 등 저장매체에 저장되어 있는 경우에도, 수사기관이 피의자의 이메일 계정에 대한 접근권한에 갈음하여 발부받은 영장에 따라 영장 기재 수색장소에 있는 컴퓨터 등 정보처리장치를 이용하여 적법하게 취득한 피의자의 이메일 계정 아이디와 비밀번호를 입력하는 등 피의자가 접근하는 통상적인 방법에 따라 그 원격지의 저장매체에 접속하고 그곳에 저장되어 있는 피의자의 이메일 관련 전자정보를 수색장소의 정보처리장치로 내려 받거나 그 화면에 현출시키는 것 역시 피의자의 소유에 속하거나 소지하는 전자정보를 대상으로 이루어지는 것이므로 그 전자정보

에 대한 압수·수색을 위와 달리 볼 필요가 없다. 피의자가 휴대전화를 임의제출하면서 휴대전화에 저장된 전자정보가 아닌 클라우드 등 제3자가 관리하는 원격지에 저장되어 있는 전자정보를 수사기관에 제출한다는 의사로 수사기관에게 클라우드 등에 접속하기 위한 아이디와 비밀번호를 임의로 제공하였다면 위 클라우드 등에 저장된 전자정보를 임의제출하는 것으로 볼 수 있다.

Q 위와 같은 사실관계에서 P가 압수한 피고인의 휴대전화는 증거능력이 인정되는가?

[4] 영장에 기재된 문언에 반하여 피고인이 아닌 피고인의 동생을 피의자로 하여 발부된 이 사건 영장을 집행하면서 피고인 소유의 이 사건 휴대전화 등을 압수한 것은 위법하다고 선언하면서도, 위법하게 압수된 휴대전화 등에서 취득한 증거가 아닌 임의제출된 다른 휴대전화 및 그에 연결된 클라우드 등 제3자가 관리하는 원격지에 저장된 증거(아동·청소년음란물)를 유죄의 증거로 사용하였으므로 원심의 위와 같은 잘못은 판결 결과에 영향이 없다는 이유로 피고인의 상고를 기각한 사례(대판 2021.7.29. 2020도14654).

21. 〈압수영장 발부 이후의 범행으로 기소한 사건 1〉★

[공소사실의 요지]

피고인은 2020. 9. 11. 10:00경 아산시 (주소 1 생략)에서 메트암페타민(일명 필로폰, 이하 '필로폰'이라 한다) 약 0.05그램을 일회용 주사기에 넣고 물로 희석한 후 자신의 팔에 주사하는 방법으로 투약하였다.

[수사과정]

(1) 공소외인은 2020. 7. 16. 필로폰 소지 및 투약 사실로 수사기관에 체포된 이후, 2020. 8. 12. 경찰에서 "피고인으로부터 무상으로 필로폰을 교부받아 투약하였다."라는 취지로 진술하였다.

(2) 이에 경찰은 2020. 8. 26. 울산지방법원으로부터 "피고인은 2020. 7. 11.~12. 및 2020. 7. 16. 공소외인에게 무상으로 필로폰을 교부하였다."라는 내용을 혐의사실로 하여 이 사건 압수영장을 발부받았다.

(3) 이 사건 압수영장에는 '압수·수색·검증을 필요로 하는 사유'로 "피고인 상대로 필로폰 제공에 대한 증거물을 확보하고자 할 경우 이에 항거하거나 소지하고 있을지 모르는 필로폰 등의 증거물을 은닉, 멸실시키는 등의 방법으로 인멸할 우려가 있으며, 필로폰 사범의 특성상 피고인이 이전 소지하고 있던 필로폰을 투약하였을 가능성 또한 배제할 수 없어 필로폰 투약 여부를 확인 가능한 소변과 모발을 확보하고자 한다."라고 기재되어 있고, '압수할 물건'으로 '피고인의 소변 50cc 및 모발 60수, 필로폰 및 필로폰을 투약할 때 사용되는 기구, 기타 마약류'라고 기재되어 있다.

(4) 경찰은 2020. 9. 11. 피고인을 체포하면서 이 사건 압수영장에 따라 피고인으로부터 소변 50cc 및 모발 60수를 함께 압수하였고, 압수한 소변 및 모발에서 필로폰 양성반응이 나왔다.

(5) 피고인은 경찰 및 검찰에서 "2020. 9. 11. 10:00경 (주소 2 생략) 화장실 내에서 필로폰을 주사기로 투약하였다."라고 자백하였고, 검사는 2020. 9. 23. 피고인에 대하여 '필로폰 수수 및 투약'의 사실로 공소를 제기하였다.

Q 위와같은 사실관계를 전제로 할 때 경찰이 압수영장에 따라 피고인으로부터 압수한 소변 50cc 및 모발 60수는 증거능력이 인정되는가?

[1] (위 판례 [1]과 동일한 취지 생략)

[2] 필로폰 교부의 혐의사실로 발부된 압수·수색영장에 따라 피고인의 소변, 모발을 압수하였고 그에 대한 감정 결과 필로폰 투약 사실이 밝혀져 필로폰 투약에 대한 공소가 제기된 사안에서, ① 법원이 압수할 물건으로 피고인의 소변뿐만 아니라 모발을 함께 기재하여 압수영장을 발부한 것은 영장 집행일 무렵의 필로

폰 투약 범행뿐만 아니라 그 이전의 투약 여부까지 확인하기 위한 것으로 볼 수 있고, 피고인이 혐의사실인 필로폰 교부 일시 무렵 내지 그 이후 반복적으로 필로폰을 투약한 사실이 증명되면 필로폰 교부 당시에도 필로폰을 소지하고 있었거나 적어도 필로폰을 구할 수 있었다는 사실의 증명에 도움이 된다고 볼 수 있으므로, 압수한 피고인의 소변 및 모발은 압수영장의 혐의사실 증명을 위한 간접증거 내지 정황증거로 사용될 수 있는 경우에 해당하고, ② 법원이 영장의 '압수·수색·검증을 필요로 하는 사유'로 "필로폰 사범의 특성상 피고인이 이전 소지하고 있던 필로폰을 투약하였을 가능성 또한 배제할 수 없어 필로폰 투약 여부를 확인 가능한 소변과 모발을 확보하고자 한다."라고 기재하고 있는 점 등에 비추어 볼 때 이 부분 공소사실이 이 사건 압수영장 발부 이후의 범행이라고 하더라도 영장 발부 당시 전혀 예상할 수 없었던 범행이라고 볼 수도 없다는 이유로, 압수·수색영장에 따라 압수한 피고인의 소변 및 모발과 그에 대한 감정 결과 등은 위 압수·수색영장의 혐의사실과 객관적·인적 관련성을 모두 갖추어 투약의 공소사실의 증거로 사용할 수 있다고 보아, 이와 달리 이 사건 압수영장의 혐의사실과 이 사건 공소사실 사이에 연관성이 없다는 이유로 이 사건 공소사실을 무죄로 판단한 원심을 파기환송한 사례(대판 2021.7.29. 2021도3756).

22. 〈압수영장 발부 이후의 범행으로 기소한 사건 2〉

[1] (위 판례 [1]과 동일한 취지 생략)

[2] 필로폰 투약의 혐의사실로 발부된 압수·수색영장에 따라 피고인의 소변, 모발을 압수하였고, 그에 대한 감정 결과 혐의사실과 다른 필로폰 투약 사실이 밝혀져 압수물에 의하여 밝혀진 필로폰 투약 사실로 공소가 제기된 사안에서, 법원이 압수·수색영장을 발부하면서 '압수·수색을 필요로 하는 사유'로 "필로폰 사범의 특성상 피고인이 이전 소지하고 있던 필로폰을 투약하였을 가능성 또한 배제할 수 없어 피고인의 필로폰 투약 여부를 확인 가능한 소변과 모발을 확보하고자 한다."라고 기재하고, '압수할 물건'으로 피고인의 소변뿐만 아니라 모발을 함께 기재한 것은 영장 집행일 무렵의 필로폰 투약 범행뿐만 아니라 그 이전의 투약 여부까지 확인하기 위한 것으로 볼 수 있는 점 등을 고려하면, 압수·수색영장에 의하여 압수한 피고인의 소변 및 모발과 그에 대한 감정 결과 등은 압수·수색영장 기재 혐의사실의 정황증거 내지 간접증거로 사용될 수 있는 경우에 해당하여 객관적 관련성이 인정된다고 판단한 사례(대판 2021.8.26. 2021도2205).

23. 〈압수영장 발부 이후의 범행으로 기소한 사건 3〉

[1] (위 판례 [1]과 동일한 취지 생략)

[2] 피고인의 2018. 3. 10.자 성폭력범죄의처벌등에관한특례법위반(카메라등이용촬영) 등 혐의로 발부된 압수·수색영장에 기하여 압수된 피고인의 휴대전화에서 2018. 3. 9.자 및 2018. 4. 2.자 각 동종 범행으로 촬영된 사진, 동영상이 발견되었고, 검사가 2018. 3. 9.자 및 2018. 4. 2.자 각 범행을 기소하면서 이를 유죄의 증거로 제출하였는데, 원심이 영장 혐의사실과 객관적 관련성이 인정되지 아니하고 또한 피고인의 참여권도 보장되지 아니하여 위법수집증거라는 이유로 증거능력을 부정한 사안에서 범행의 일시·간격, 간접증거 내지 정황증거로 사용될 가능성, 수사의 대상과 경위 등에 비추어 구체적·개별적 연관관계가 있어 객관적 관련성은 인정되나 참여권이 보장되지 아니하여 여전히 위법수집증거에 해당하므로 원심판결에 객관적 관련성에 관한 법리를 오해한 잘못이 있더라도 위 잘못이 판결에 영향이 없다고 한 사건임(대판 2021.12.30. 2019도10309).

24. 〈압수·수색영장의 '객관적 관련성' 관련 판례〉

[사실관계]

A가 2018. 5. 6.경 피해자 甲(女, 10세)에 대하여 저지른 간음유인미수 및 성폭력범죄의 처벌 등에 관한 특례법 위반(통신매체이용음란) 범행과 관련하여 수사기관이 A 소유의 휴대전화를 압수하였다. 위 휴대전화에 대한 디지털정보분석 결과 A가 2017. 12.경부터 2018. 4.경까지 사이에 저지른 피해자 乙(女, 12세), 丙(女, 10세), 丁(女, 9세)에 대한 간음유인 및 간음유인미수, 미성년자의제강간, 성폭력범죄의 처벌 등에 관한 특례법 위반(13세미만미성년자강간), 성폭력범죄의 처벌 등에 관한 특례법 위반(통신매체이용음란) 등 범행에 관한 추가 자료들이 획득되었다.

[1] (위 판례 [1]과 동일한 취지 생략)

Q 위와 같은 사실관계를 전제로 할 때 추가 자료들로 인하여 밝혀진 A의 乙, 丙, 丁에 대한 범행은 압수·수색 영장의 범죄사실과 객관적 관련성과 인적 관련성이 있는가?

[2] 피고인이 2018. 5. 6.경 피해자 갑(여, 10세)에 대하여 저지른 간음유인미수 및 성폭력범죄의 처벌 등에 관한 특례법(이하 '성폭력처벌법'이라고 한다) 위반(통신매체이용음란) 범행과 관련하여 수사기관이 피고인 소유의 휴대전화를 압수하였는데, 위 휴대전화에 대한 디지털정보분석 결과 피고인이 2017. 12.경부터 2018. 4.경까지 사이에 저지른 피해자 을(여, 12세), 병(여, 10세), 정(여, 9세)에 대한 간음유인 및 간음유인 미수, 미성년자의제강간, 성폭력처벌법 위반(13세미만미성년자강간), 성폭력처벌법 위반(통신매체이용음란) 등 범행에 관한 추가 자료들이 획득되어 그 증거능력이 문제 된 사안에서, 위 휴대전화는 피고인이 긴급 체포되는 현장에서 적법하게 압수되었고, 형사소송법 제217조 제2항에 의해 발부된 법원의 사후 압수·수색·검증영장(이하 '압수·수색영장'이라고 한다)에 기하여 압수 상태가 계속 유지되었으며, 압수·수색영장에는 범죄사실란에 갑에 대한 간음유인미수 및 통신매체이용음란의 점만이 명시되었으나, 법원은 계속 압수·수색·검증이 필요한 사유로서 영장 범죄사실에 관한 혐의의 상당성 외에도 추가 여죄수사의 필요성을 포함시킨 점, 압수·수색영장에 기재된 혐의사실은 미성년자인 갑에 대하여 간음행위를 하기 위한 중간 과정 내지 그 수단으로 평가되는 행위에 관한 것이고 나아가 피고인은 형법 제305조의2 등에 따라 상습범으로 처벌될 가능성이 완전히 배제되지 아니한 상태였으므로, 추가 자료들로 밝혀지게 된 을, 병, 정에 대한 범행은 압수·수색영장에 기재된 혐의사실과 기본적 사실관계가 동일한 범행에 직접 관련되어 있는 경우라고 볼 수 있으며, 실제로 2017. 12.경부터 2018. 4.경까지 사이에 저질러진 추가 범행들은, 압수·수색영장에 기재된 혐의사실의 일시인 2018. 5. 7.과 시간적으로 근접할 뿐만 아니라, 피고인이 자신의 성적 욕망을 해소하기 위하여 미성년자인 피해자들을 대상으로 저지른 일련의 성범죄로서 범행 동기, 범행 대상, 범행의 수단과 방법이 공통되는 점, 추가 자료들은 압수·수색영장의 범죄사실 중 간음유인죄의 '간음할 목적'이나 성폭력처벌법 위반(통신매체이용음란)죄의 '자기 또는 다른 사람의 성적 욕망을 유발하거나 만족시킬 목적'을 뒷받침하는 간접증거로 사용될 수 있었고, 피고인이 영장 범죄 사실과 같은 범행을 저지른 수법 및 준비과정, 계획 등에 관한 정황증거에 해당할 뿐 아니라, 영장 범죄 사실 자체에 대한 피고인 진술의 신빙성을 판단할 수 있는 자료로도 사용될 수 있었던 점 등을 종합하면, **추가 자료들로 인하여 밝혀진 피고인의 을, 병, 정에 대한 범행은 압수·수색영장의 범죄사실과 단순히 동종 또는 유사 범행인 것을 넘어서서 이와 구체적·개별적 연관관계가 있는 경우로서 객관적·인적 관련성을 모두 갖추었다**는 이유로, 같은 취지에서 추가 자료들은 위법하게 수집된 증거에 해당하지 않으므로 압수·수색영장의 범죄사실뿐 아니라 추가 범행들에 관한 증거로 사용할 수 있다고 본 원심판단이 정당하다고 한 사례

(대판 2020.2.13. 2019도14341).

25. 〈적법한 압수물을 공범의 별건 범죄사실에 관한 증거로 사용한 사건〉

[1] (위 판례 [1]과 동일한 취지 생략)

[2] 군사기밀보호법 위반 혐의에 관한 압수수색영장으로 압수한 증거물을 그 군사기밀보호법 위반죄 공범의 별건 범죄사실에 관한 증거로 사용할 수 없다(대판 2023.6.1. 2018도18866).

[사건의 경과]

(1) 현역 군인인 피고인이 방산업체 관계자의 부탁을 받고 군사기밀 사항을 메모지에 옮겨 적은 후 이를 전달하여 누설한 행위와 관련하여 군사기밀보호법 위반죄(예비적 죄명 군형법상 군기누설죄)로 기소되었음

(2) 원심은 이 사건에 증거로 제출된 위 메모지가 누설 상대방의 다른 군사기밀 탐지·수집 혐의에 관하여 발부된 압수수색영장으로 압수한 것인데, 영장 혐의사실과 사이에 관련성이 인정되지 아니하여 위법수집증거에 해당하고, 군검사가 제출한 그 밖의 증거는 위법수집증거에 기초하여 획득한 2차 증거로서 최초 증거수집단계에서의 위법과 인과관계가 희석되거나 단절된다고 보기 어렵다는 이유로 피고인에게 무죄를 선고함

(3) 대법원은 압수수색영장 기재 혐의사실과의 관련성에 관한 종전 법리를 재확인하고, **관련성에 의한 제한은 증거 수집뿐만 아니라 압수된 증거의 사용에도 적용된다는 법리를 선언**하면서, 이러한 법리에 따라 메모지 및 그 파생증거의 증거능력을 부정한 원심의 판단을 수긍하여 군검사의 상고를 기각함

26. 〈임의제출 받은 스마트폰 동영상의 관련성 인정 여부〉★

[1] 수사기관이 전자정보를 담은 매체를 피의자로부터 임의제출 받아 압수하면서 거기에 담긴 정보 중 무엇을 제출하는지 명확히 확인하지 않은 경우, 임의제출의 동기가 된 범죄혐의사실과 관련되고 이를 증명할 수 있는 최소한의 가치가 있는 정보여야 압수의 대상이 되는데, 범행 동기와 경위, 수단과 방법, 시간과 장소 등에 관한 간접증거나 정황증거로 사용될 수 있는 정보도 그에 포함될 수 있다.

[2] 한편 카메라의 기능과 정보저장매체의 기능을 함께 갖춘 휴대전화기인 스마트폰을 이용한 불법촬영 범죄와 같이 **범죄의 속성상 해당 범행의 상습성이 의심되거나 성적 기호 내지 경향성의 발현에 따른 일련의 범행의 일환으로 이루어진 것으로 의심되고, 범행의 직접증거가 스마트폰 안에 이미지 파일이나 동영상 파일의 형태로 남아 있을 개연성이 있는 경우**에는 그 안에 저장되어 있는 같은 유형의 전자정보에서 그와 관련한 유력한 간접증거나 정황증거가 발견될 가능성이 높다는 점에서 이러한 간접증거나 정황증거는 범죄혐의 사실과 구체적·개별적 연관관계를 인정할 수 있다(대판 2023.6.1. 2020도2550).

[사건의 경과]

(1) 피고인이 이 사건 동영상을 임의제출할 당시에는 제출 범위를 명확히 밝히지 않았으므로, 임의제출에 따른 압수의 동기가 된 범죄혐의사실과 관련되고 이를 증명할 수 있는 최소한의 가치가 있는 전자정보에 한하여 압수의 대상이 된다.

(2) 그런데 이 사건 동영상은 2018. 9. 21.부터 2019. 1. 13.까지 촬영된 것으로 피해자 공소외 2에 대한 불법촬영 범행일시인 2018. 12. 26.과 시간적으로 근접하고, 카메라의 기능과 정보저장매체의 기능을 함께 갖춘 이 사건 휴대전화기로 자신과 성관계를 맺은 피해 여성들의 음부를 촬영하였다는 점에서 이 사건 임의제출에 따른 압수의 동기가 된 범죄혐의사실과 범행 장소, 수단, 방법 등이 유사하다.

(3) 따라서 피해자 공소외 2에 대한 범행은 범죄의 속성상 상습성이 의심되거나 성적 기호 내지 경향성의 발현에 따른 일련의 행위의 일환으로 이루어진 것으로 의심할 여지가 많아 이 사건 동영상은 범행 동기와 경위, 범행 수단과 방법, 범행 시간과 장소 등을 증명하기 위한 간접증거나 정황증거 등으로 사용될 수 있는 관계에 있다고 볼 수 있다.

(4) 결국 이 사건 동영상은 임의제출에 따른 압수의 동기가 된 범죄혐의사실인 피해자 공소외 2에 대한 불법촬영 범행과 구체적·개별적 연관관계가 있는 전자정보로서 관련성이 인정된다.

(5) 그럼에도 원심은 사법경찰관이 이 사건 동영상을 압수한 것은 관련성이 인정되는 범위를 초과한 것으로 위법하다고 보았는바, 이러한 원심의 판단에는 전자정보 압수의 관련성에 관한 법리를 오해하여 판결에 영향을 미친 잘못이 있다.

영장집행 후의 재집행 관련 판례

27. 〈압수한 휴대전화의 메신저 계정을 이용한 사건〉★

Q 압수한 휴대전화의 메신저 계정을 이용하여 새롭게 수신된 메시지를 확인한 후 그 메신저를 이용하여 위장수사를 함으로써 취득한 증거가 위법수집증거인가?

Q 수사기관이 압수·수색영장을 제시하고 압수·수색을 실시하여 그 집행을 종료한 경우, 그 압수·수색영장의 유효기간이 남았음을 이유로 다시 이를 제시하고 압수·수색을 할 수 있는가?

형사소송법 제215조에 의한 압수·수색영장은 수사기관의 압수·수색에 대한 허가장으로서 거기에 기재되는 유효기간은 집행에 착수할 수 있는 종기를 의미하는 것일 뿐이므로, 수사기관이 압수·수색영장을 제시하고 집행에 착수하여 압수·수색을 실시하고 그 집행을 종료하였다면 이미 그 영장은 목적을 달성하여 효력이 상실되는 것이고, 동일한 장소 또는 목적물에 대하여 다시 압수·수색할 필요가 있는 경우라면 그 필요성을 소명하여 법원으로부터 새로운 압수·수색영장을 발부 받아야 하는 것이지, 앞서 발부 받은 압수·수색영장의 유효기간이 남아있다고 하여 이를 제시하고 다시 압수·수색을 할 수는 없다(대판 2023.3.16. 2020도5336).

[사건의 경과]
(1) 경찰은 2019. 3. 5. 피의자가 甲으로, 혐의사실이 대마 광고 및 대마 매매로, 압수할 물건이 '피의자가 소지, 소유, 보관하고 있는 휴대전화에 저장된 마약류 취급 관련자료 등'으로, 유효기간이 '2019. 3. 31.'로 된 압수·수색·검증영장(이하 '이 사건 영장')을 발부받아, 2019. 3. 7. 그에 기해 甲으로부터 휴대전화 3대 등을 압수하였음.

(2) 경찰은 2019. 4. 8. 甲의 휴대전화 메신저에서 대마 구입 희망의사를 밝히는 피고인의 메시지(이하 '이 사건 메시지')를 확인한 후, 甲 행세를 하면서 위 메신저로 메시지를 주고받는 방법으로 위장수사를 진행하여, 2019. 4. 10. 피고인을 현행범으로 체포하고 그 휴대전화를 비롯한 소지품 등을 영장 없이 압수한 다음 2019. 4. 12. 사후 압수·수색·검증영장을 발부받았음.

[원심과 대법원의 판단]
원심은, 피고인이 이 사건 메시지를 보낸 시점까지 경찰이 이 사건 영장 집행을 계속하고 있었다고 볼 만한 자료가 없으므로 경찰의 이 사건 메시지 등의 정보 취득은 영장 집행 종료 후의 위법한 재집행이고, 그 외에 경찰이 甲의 휴대전화 메신저 계정을 이용할 정당한 접근권한도 없으므로, 이 사건 메시지 등을 기초로 피고인을 현행범으로 체포하면서 수집한 증거는 위법수집증거로서 증거능력이 없다고 판단하고 쟁점 공소사실(「마약류 불법거래 방지에 관한 특례법」 위반 부분)에 대해 무죄를 선고하였음. 대법원은 이러한 원심의 판단을 수긍하였음.

28. 〈수사기관이 취득한 복제본에 대한 추가 압수·수색의 적법 여부〉

Q 압수·수색영장의 집행 종료 후 다시 압수·수색을 할 수 있는가?

[1] (위 판례와 동일한 취지 생략)

Q 수사기관이 압수·수색영장의 집행으로 취득한 복제본에 저장된 전자정보에 대하여 새로운 범죄 혐의의 수사를 위해 열람, 탐색, 복제, 출력할 수 있는가?

[2] 수사기관은 하드카피나 이미징 등(이하 '복제본'이라 한다)에 담긴 전자정보를 탐색하여 혐의사실과 관련된 정보(이하 '유관정보'라 한다)를 선별하여 출력하거나 다른 저장매체에 저장하는 등으로 압수를 완료하면 혐의사실과 관련 없는 전자정보(이하 '무관정보'라 한다)를 삭제·폐기하여야 한다. 수사기관이 새로운 범죄 혐의의 수사를 위하여 무관정보가 남아 있는 복제본을 열람하는 것은 압수·수색영장으로 압수되지 않은 전자정보를 영장 없이 수색하는 것과 다르지 않다. 따라서 복제본은 더 이상 수사기관의 탐색, 복제 또는 출력 대상이 될 수 없으며, 수사기관은 새로운 범죄 혐의의 수사를 위하여 필요한 경우에도 기존 압수·수색 과정에서 출력하거나 복제한 유관정보의 결과물을 열람할 수 있을 뿐이다.

Q 적법한 압수·수색영장의 집행을 위한 절차는 어떠한가?

[3] 수사기관이 압수 또는 수색을 할 때에는 처분을 받는 사람에게 반드시 적법한 절차에 따라 법관이 발부한 영장을 사전에 제시하여야 하고, 처분을 받는 자가 피의자인 경우에는 영장 사본을 교부하여야 하며(헌법 제12조 제3항 본문, 형사소송법 제219조 및 제118조), 피의자·피압수자 또는 변호인(이하 '피의자 등'이라 한다)은 압수·수색영장의 집행에 참여할 권리가 있으므로(형사소송법 제219조, 제121조) 수사기관이 압수·수색영장을 집행할 때에도 원칙적으로는 피의자 등에게 미리 집행의 일시와 장소를 통지하여야 하고(형사소송법 제219조, 제122조), 수사기관은 압수영장을 집행한 직후에 압수목록을 곧바로 작성하여 압수한 물건의 소유자·소지자·보관자 기타 이에 준하는 사람에게 교부하여야 한다(형사소송법 제219조, 제129조). 헌법과 형사소송법이 정한 절차와 관련 규정, 그 입법 취지 등을 충실히 구현하기 위하여, 수사기관은 압수·수색영장의 집행기관으로서 피압수자로 하여금 법관이 발부한 영장에 의한 압수·수색이라는 강제처분이 이루어진다는 사실을 확인할 수 있도록 형사소송법이 압수·수색영장에 필요적으로 기재하도록 정한 사항이나 그와 일체를 이루는 내용까지 구체적으로 충분히 인식할 수 있는 방법으로 압수·수색영장을 제시하고 피의자에게는 그 사본까지 교부하여야 하며, 증거인멸의 가능성이 최소화됨을 전제로 영장 집행 과정에 대한 참여권이 충실히 보장될 수 있도록 사전에 피의자 등에 대하여 집행 일시와 장소를 통지하여야 함은 물론 피의자 등의 참여권이 형해화되지 않도록 그 통지의무의 예외로 규정된 '피의자 등이 참여하지 아니한다는 의사를 명시한 때 또는 급속을 요하는 때'라는 사유를 엄격하게 해석하여야 한다(대판 2023.10.18. 2023도8752).

[사건의 경과]

경찰이 피해자 甲에 대한 범죄 혐의사실로 발부된 제1영장에 따라 2022. 6. 24. 피고인의 휴대전화 및 전자정보에 관한 집행을 완료('1차 압수·수색')한 후 2022. 7. 27. 그 복제본이 저장되어 있던 경찰관의 컴퓨터에서 피해자 乙에 대한 범죄 혐의사실에 관한 증거를 압수('2차 압수·수색')하였다가, 검사의 보완수사요구에 따라 제2영장을 발부받아 2022. 9. 10. 다시 경찰관의 컴퓨터에서 피해자 乙, 丙에 대한 범죄 혐의사실에 관한 증거를 압수('3차 압수·수색')한 사안임

[원심의 판단]

원심은, 2차 압수·수색에 따른 전자정보가 제1영장에 따른 집행으로 적법하게 압수되었다는 전제 하에 제1영장에 기재된 혐의사실과 2차 및 3차 압수·수색에 따른 전자정보 사이에 인적·객관적 관련성이 인정되고, 그 이후 제2영장에 따른 집행으로 같은 증거가 압수되었으므로, 비록 피고인이 참여권을 보장받지 못하였더라도 적법절차의 실질적인 내용을 침해하는 경우에 해당한다고 볼 수 없다는 이유로 증거능력을 인정하여, 이 사건 공소사실 전부에 관하여 유죄 판결을 선고하였음

[대법원의 판단]

대법원은, ① 제1영장은 피해자 甲에 대한 전자정보를 압수하고 피고인에게 압수목록을 교부한 2022. 6. 24. 그 목적을 달성하여 효력이 상실되었으므로, 2차 압수·수색이 제1영장을 이용한 것이라면 이는 효력을 상실한 영장을 재집행한 것이 되어 그 자체로 위법한 점, ② 제1영장을 이용한 2차 압수·수색은 수사기관의 통상적·원칙적인 집행절차가 아니었던 점, ③ 2차 압수·수색은 압수·수색절차의 종료로 삭제·폐기의 대상일 뿐 더 이상 수사기관의 탐색·복제·출력 대상이 될 수 없는 복제본을 대상으로 새로운 범죄 혐의의 수사를 위하여 기존 압수·수색 과정에서 출력하거나 복제한 유관정보의 결과물에 대한 열람을 넘어 이를 이용하여 새로이 영장 없이 압수·수색한 경우에 해당하여 그 자체로 위법한 점, ④ 3차 압수·수색은 1차 압수·수색에 따른 복제본이 저장된 경찰관 컴퓨터의 전자정보를 대상으로 발부된 제2영장을 집행한 것인바, 이는 제1영장의 집행이 종료됨에 따라 당연히 삭제·폐기되었어야 할 전자정보를 대상으로 한 것이어서 그 자체로 위법한 점, ⑤ 경찰이 3차 압수·수색을 할 때 피고인에게 제2영장을 사전에 제시하지 않았음은 물론 피고인에 대한 영장 사본의 교부의무와 3차 압수·수색의 집행 일시·장소의 통지의무까지 모두 해태하는 위법이 있는 점, ⑥ 3차 압수·수색 과정에서 피고인의 참여권을 보장한 취지는 실질적으로 침해되었다고 봄이 타당한 점 등을 이유로, 이와 달리 전자정보에 대한 2, 3차 압수·수색이 적법하다고 판단한 원심판결을 파기·환송함

29. 〈선행 사건의 전자정보 압수·수색 과정에서 생성한 이미징 사본 사건〉★

Q 선행 사건의 전자정보 압수·수색 과정에서 생성한 이미징 사본을 선행 사건의 판결 확정 이후 그 공범에 대한 범죄혐의 수사를 위해 새로 탐색·출력하였다면 이는 적법한가?

Q 전자정보 압수·수색 과정에서 생성한 이미징 사본 등의 복제본에 혐의사실과 관련 없는 전자정보가 남아 있는 경우 이를 새로운 범죄혐의의 수사를 위하여 탐색, 복제 또는 출력하는 것이 허용되는가?

[1] 수사기관의 전자정보에 대한 압수·수색은 원칙적으로 영장 발부의 사유로 된 범죄 혐의사실과 관련된 부분만을 문서 출력물로 수집하거나 수사기관이 휴대한 저장매체에 해당 파일을 복제하는 방식으로 이루어져야 한다. 수사기관이 저장매체 자체를 직접 반출하거나 그 저장매체에 들어 있는 전자파일 전부를 하드카피나 이미징 등 형태(이하 '복제본'이라 한다)로 수사기관 사무실 등 외부에 반출하는 방식으로 압수·수색하는 것은 현장의 사정이나 전자정보의 대량성으로 인하여 관련 정보 획득에 긴 시간이 소요되거나 전문 인력에 의한 기술적 조치가 필요한 경우 등 범위를 정하여 출력 또는 복제하는 방법이 불가능하거나 압수의 목적을 달성하기에 현저히 곤란하다고 인정되는 때에 한하여 예외적으로 허용될 수 있을 뿐이다.

[2] 수사기관은 복제본에 담긴 전자정보를 탐색하여 혐의사실과 관련된 정보(이하 '유관정보'라 한다)를 선별하여 출력하거나 다른 저장매체에 저장하는 등으로 압수를 완료하면 **혐의사실과 관련 없는 전자정보(이하 '무관정보'라 한다)를 삭제·폐기하여야 한다.**

[3] **수사기관이 새로운 범죄 혐의의 수사를 위하여 무관정보가 남아있는 복제본을 열람하는 것은 압수·수색영장으로 압수되지 않은 전자정보를 영장 없이 수색하는 것과 다르지 않다.** 따라서 복제본은 더 이상 수사기관의

탐색, 복제 또는 출력 대상이 될 수 없으며, 수사기관은 새로운 범죄 혐의의 수사를 위하여 필요한 경우에도 유관정보만을 출력하거나 복제한 기존 압수·수색의 결과물을 열람할 수 있을 뿐이다(대판 2023.6.1. 2018도19782).

[사건의 경과]

(1) 현역 군인인 피고인이 방산업체 관계자의 부탁을 받고 군사기밀과 군사상 기밀을 누설하였다는 군사기밀보호법 위반 및 군형법상 군기누설 혐의로 기소되었음

(2) 원심은 수사기관이 피고인에 대한 수사를 위하여 유죄 판결이 이미 확정된 A(누설 상대방)에 대한 수사 당시 전자정보 압수수색 과정에서 생성한 이미징 사본을 탐색, 출력한 행위가 위법하며, 이를 바탕으로 수집한 전자정보 등 2차적 증거는 위법수집증거에 해당하여 유죄의 증거로 사용할 수 없고, 위법수집증거 배제법칙의 예외에 해당한다고 보기도 어렵다는 이유로 피고인에게 무죄를 선고함

(3) 대법원은, 전자정보 압수수색 과정에서 생성되는 하드카피나 이미징 형태의 복제본은 무관정보를 포함하고 있어 압수 완료시 삭제·폐기의 대상이 될 뿐 새로운 범죄 혐의 수사를 위한 수사기관의 추가적인 탐색, 출력의 대상이 될 수 없다는 법리를 선언하고, 이에 따라 수사기관의 탐색, 출력행위의 위법성 및 이를 통하여 수집한 2차적 증거의 증거능력에 관한 원심의 판단을 수긍하여 상고를 기각함

압수영장의 제시 관련 판례

30. 〈수사기관이 영장의 범죄사실 기재 부분을 보여주지 않은 사건〉★★

[사실관계]

수사기관이 A의 휴대전화 등을 압수(이하 '압수처분'이라 한다)할 당시 A에게 압수·수색영장을 제시하였는데 A가 영장의 구체적인 확인을 요구하였으나 수사기관이 영장의 범죄사실 기재 부분을 보여주지 않았고, 그 후 A의 변호인이 A에 대한 조사에 참여하면서 영장을 확인하였다.

Q 위와 같은 사실관계를 전제로 할 때 이러한 영장의 제시는 적법한가?

수사기관이 재항고인의 휴대전화 등을 압수(이하 '압수처분'이라 한다)할 당시 재항고인에게 압수·수색영장을 제시하였는데 재항고인이 영장의 구체적인 확인을 요구하였으나 수사기관이 영장의 범죄사실 기재 부분을 보여주지 않았고, 그 후 재항고인의 변호인이 재항고인에 대한 조사에 참여하면서 영장을 확인한 사안에서, 수사기관이 압수처분 당시 재항고인으로부터 영장 내용의 구체적인 확인을 요구받았음에도 압수·수색영장의 내용을 보여주지 않았던 것으로 보이므로 **형사소송법 제219조, 제118조에 따른 적법한 압수·수색영장의 제시라고 인정하기 어렵다**는 이유로, 압수처분 당시 수사기관이 법령에서 정한 취지에 따라 재항고인에게 압수·수색영장을 제시하였는지 여부를 판단하지 아니한 채 변호인이 조사에 참여할 당시 영장을 확인하였다는 사정을 들어 압수처분이 위법하지 않다고 본 원심결정에 헌법과 형사소송법의 관련 규정을 위반한 잘못이 있다고 한 사례(대결 2020.4.16. 2019모3526).

[COMMENT] 본 판례와 관련하여 2022.2.3. 형사소송법 제118조에 밑줄 부분이 추가되는 개정이 있었다.

〈형사소송법〉
제118조 (영장의 제시와 사본교부)
　압수·수색영장은 처분을 받는 자에게 반드시 제시하여야 하고, 처분을 받는 자가 피고인인 경우에는 그 사본을 교부하여야 한다. 다만, 처분을 받는 자가 현장에 없는 등 영장의 제시나 그 사본의 교부가 현실적으로 불가능한 경우 또는 처분을 받는 자가 영장의 제시나 사본의 교부를 거부한 때에는 예외로 한다. 〈개정 2022.2.3.〉 [제목개정 2022.2.3.]

31. 〈제121조가 규정한 변호인의 참여권은 변8호인에게 주어진 고유권이라는 판례〉★★

[1] 형사소송법 제219조, 제121조가 규정한 변호인의 참여권은 피압수자의 보호를 위하여 변호인에게 주어진 고유권이다. 따라서 설령 피압수자가 수사기관에 압수·수색영장의 집행에 참여하지 않는다는 의사를 명시하였다고 하더라도, 특별한 사정이 없는 한 그 변호인에게는 형사소송법 제219조, 제122조에 따라 미리 집행의 일시와 장소를 통지하는 등으로 압수·수색영장의 집행에 참여할 기회를 별도로 보장하여야 한다.

[2] 피고인이 수년간 피시방, 노래방 등의 화장실에 몰래카메라를 설치하여 타인의 신체를 촬영한 것이 「성폭력범죄의 처벌 등에 관한 특례법」 위반(카메라등이용촬영)으로 기소된 사안에서, 수사기관이 그 사무실에서 저장매체를 탐색·복제·출력하는 방법으로 압수·수색영장을 집행하기에 앞서 피고인의 국선변호인에게 그 집행의 일시와 장소를 통지하는 등으로 절차에 참여할 기회를 제공하지 않은 것은 적법절차 위반에 해당하지만, 기록에 나타난 제반 사정에 비추어 위법수집증거의 증거능력을 예외적으로 인정할 수 있는 경우에 해당한다고 볼 여지가 충분하다는 이유로, 압수·수색을 통해 수집된 증거들을 유죄의 증거로 사용할 수 없다고 단정한 원심의 판단에 위법수집증거 배제 원칙의 예외에 관한 법리를 오해하여 필요한 심리를 다하지 아니한 위법이 있다고 보아 원심판결 중 무죄 부분을 파기한 사례(대판 2020.11.26. 2020도 10729).

[판결이유 중 일부 인용]

위와 같은 사실관계를 앞서 본 법리에 비추어 살펴보면, 설령 피고인이 수사기관에 이 사건 컴퓨터의 탐색·복제·출력 과정에 참여하지 않겠다는 의사를 표시하였다고 하더라도, 수사기관으로서는 2019. 10. 30. 수사기관 사무실에서 저장매체인 이 사건 컴퓨터를 탐색·복제·출력하기에 앞서 피고인의 국선변호인에게 그 집행의 일시와 장소를 통지하는 등으로 위 절차에 참여할 기회를 제공하였어야 함에도 그러지 않았다. 따라서 원심이 이 사건 영장을 집행한 수사기관이 압수절차를 위반하였다고 판단한 것은 정당하고, 원심의 위와 같은 판단에 논리와 경험의 법칙을 위반하여 자유심증주의의 한계를 벗어나거나 변호인의 참여권의 성질에 관한 법리를 오해한 위법이 없다.

32. 〈피의자의 절차상 권리가 실질적으로 침해되지 않은 압수·수색 사건〉

수사기관이 전자정보를 담은 매체를 피의자로부터 임의제출 받아 압수하면서 거기에 담긴 정보 중 무엇을 제출하는지 명확히 확인하지 않은 경우, 임의제출의 동기가 된 범죄혐의사실과 관련되고 이를 증명할 수 있는 최소한의 가치가 있는 정보여야 압수의 대상이 되는데, 범행 동기와 경위, 수단과 방법, 시간과 장소 등에 관한 간접증거나 정황증거로 사용될 수 있는 정보도 그에 포함될 수 있다. 수사기관이 피의자로부터 범죄혐의사실과 관련된 전자정보와 그렇지 않은 전자정보가 섞인 매체를 임의제출 받아 사무실 등지에서 정보를 탐색·복제·출력하는 경우 **피의자나 변호인에게 참여의 기회를 보장하고 압수된 전자정보가 특정된 목록을 교부해야** 하나, 그러한 조치를 하지 않았더라도 절차 위반행위가 이루어진 과정의 성질과 내용 등에 비추어 피의자의 **절차상 권리가 실질적으로 침해되지 않았다면** 압수·수색이 위법하다고 볼 것은 아니다(대판 2022.2.17. 2019도4938).

33. 〈인터넷서비스업체가 보관하는 전자정보에 대한 압수·수색영장 집행과 참여권〉★

수사기관이 준항고인을 피의자로 하여 발부받은 압수·수색영장에 기하여 인터넷서비스업체인 갑 주식회사를 상대로 갑 회사의 본사 서버에 저장되어 있는 준항고인의 전자정보인 카카오톡 대화내용 등에 대하여 압수·수색을 실시하였는데, 준항고인은 수사기관이 압수·수색 과정에서 참여권을 보장하지 않는 등의 위법이 있다는 이유로 압수·수색의 취소를 청구한 사안에서, 수사기관이 압수·수색영장을 집행할 때 처분의 상대방인 갑 회사에 영장을 팩스로 송부하였을 뿐 영장 원본을 제시하지 않은 점, 갑 회사는 서버에서 일정 기간의 준항고인의 카카오톡 대화내용을 모두 추출한 다음 그중에서 압수·수색영장의 범죄사실과 관련된 정보만을 분리하여 추출할 수 없어 그 기간의 모든 대화내용을 수사기관에 이메일로 전달하였는데, 여기에는 준항고인이 자신의 부모, 친구 등과 나눈 일상적 대화 등 혐의사실과 관련 없는 내용이 포함되어 있는 점, 수사기관은 압수·수색 과정에서 준항고인에게 미리 집행의 일시와 장소를 통지하지 않았고, 갑 회사로부터 준항고인의 카카오톡 대화내용을 취득한 뒤 전자정보를 탐색·출력하는 과정에서도 준항고인에게 참여 기회를 부여하지 않았으며, 혐의사실과 관련된 부분을 선별하지 않고 그 일체를 출력하여 증거물로 압수하였고, 압수·수색영장 집행 이후 갑 회사와 준항고인에게 압수한 전자정보 목록을 교부하지 않은 점 등 제반 사정에 비추어 볼 때, **원심이 갑 회사의 본사 서버에 보관된 준항고인의 카카오톡 대화내용에 대한 압수·수색영장의 집행에 의하여 전자정보를 취득하는 것이 참여권자에게 통지하지 않을 수 있는 형사소송법 제122조 단서의 '급속을 요하는 때'에 해당하지 않는다고 판단한 것은 잘못이나, 그 과정에서 압수·수색영장의 원본을 제시하지 않은 위법, 수사기관이 갑 회사로부터 입수한 전자정보에서 범죄 혐의사실과 관련된 부분의 선별 없이 그 일체를 출력하여 증거물로 압수한 위법, 그 과정에서 서비스이용자로서 실질적 피압수자이자 피의자인 준항고인에게 참여권을 보장하지 않은 위법과 압수한 전자정보 목록을 교부하지 않은 위법**을 종합하면, 압수·수색에서 나타난 위법이 압수·수색절차 전체를 위법하게 할 정도로 중대하다고 보아 압수·수색을 취소한 원심의 결론을 수긍할 수 있다고 한 사례(대결 2022.5.31. 2016모587).

[사건의 경과]

(1) 서울중앙지방법원 판사는 2014. 5. 24. 검사의 청구에 따라 준항고인을 피의자로 한 압수·수색영장(이하 '이 사건 압수·수색영장'이라 한다)을 발부하였다. 서울중앙지방법원 판사는 이 사건 압수·수색영장의 '압수할 물건'으로 '1) 준항고인 명의로 개통 된 휴대전화 단말기, 2) 준항고인의 휴대전화의 카카오톡과 관련된 준항고인의 카카오톡 아이디 및 대화명, 준항고인과 대화를 하였던 상대방 카카오톡 아이디의 계정정보, 대상기간(2014. 5. 12.부터 2014. 5. 21.까지) 동안 준항고인과 대화한 카카오톡 사용자들과 주고받은 대화내용 및 사진정보, 동영상 정보 일체'라 기재하였고, '수색·검증할 장소, 신체 또는 물건'으로 '1) 준항고인의 신체(영장집행 시 제출을 거부할 경우에 한함), 휴대전화를 보관, 소지하고 있을 것으로 판단되는 가방, 의류, 2) 주식회사 카카오 (이하 '카카오'라 한다) 본사 또는 압수할 물건을 보관하고 있는 데이터센터'로 기재하였으며, '범죄사실의 요지'로 준항고인의 「집회 및 시위에 관한 법률」위반(주최자 준수 사항 위반) 등 혐의사실을 적시하였고, 압수대상 및 방법의 제한을 별지로 첨부하였다.

(2) 수사기관은 2014. 5. 26. 11:55경 카카오를 상대로 이 사건 압수·수색영장에 기하여 피의자인 준항고인의 카카오톡 대화내용 등이 포함된 위 '압수할 물건'에 대한 압수·수색(이하 '이 사건 압수·수색'이라 한다)을 실시하였다.

(3) 수사기관은 이 사건 압수·수색영장을 집행할 때 처분의 상대방인 카카오에 영장을 팩스로 송부하였을 뿐 영장 원본을 제시하지는 않았다.

(4) 카카오 담당자는 2014. 5. 26. 수사기관의 이 사건 압수·수색영장 집행에 응하여 준항고인의 카카오톡 대화내용이 저장되어있는 서버에서 2014. 5. 20. 00:00부터 2014. 5. 21. 23:59까지 준항고인의 대화내용(이하 '이 사건 전자정보'라 한다)을 모두 추출하여 수사기관에 이메일로 전달하였다. 카카오 담당자는 이 사건 전자정보 중에서 압수·수색영장의 범죄사실과 관련된 정보만을 분리하여 추출할 수 없었으므로 위 기간의 모든 대화내용을 수사기관에 전달하였는데, 이 사건 전자정보에는 준항고인이 자신의 부모, 친구 등과 나눈 일상적 대화 등 혐의사실과 관련 없는 내용이 포함되어 있다.

(5) 수사기관은 이 사건 압수·수색 과정에서 준항고인에게 미리 집행의 일시와 장소를 통지하지 않았고, 결과적으로 준항고인이 2014. 5. 26.자 이 사건 압수·수색 과정에 참여하지 못하였다. 그리고 수사기관은 카카오로부터 이 사건 전자정보를 취득한 뒤 전자정보를 탐색·출력하는 과정에서도 준항고인에게 참여 기회를 부여하지 않았으며, 혐의사실과 관련된 부분을 선별하지 않고 그 일체를 출력하여 증거물로 압수하였다.

(6) 수사기관은 이 사건 압수·수색영장의 집행 이후 카카오와 준항고인에게 압수한 전자정보 목록을 교부하지 않았다.

[원심의 판단]

원심은, 판시사실을 인정한 후 이 사건 압수·수색은 형사소송법 제122조 단서의 '급속을 요하는 때'에 해당하지 않으므로, 수사기관이 피의자인 준항고인 등에게 이 사건 압수·수색의 집행일시·장소를 통지하지 않아 준항고인 등의 참여권을 보장하지 않은 행위는 위법하고, 판시 사정을 고려하면 이 사건 압수·수색영장 원본 제시, 압수물 목록 교부, 피의사실과의 관련성 등 준항고인의 나머지 주장에 관하여 나아가 살펴볼 필요 없이 이 사건 압수·수색은 취소를 면할 수 없다고 판단하였다.

[대법원의 판단]

원심이 인터넷서비스업체인 카카오 본사 서버에 보관된 이 사건 전자정보에 대한 이 사건 압수·수색영장의 집행에 의하여 전자정보를 취득하는 것이 참여권자에게 통지하지 않을 수 있는 형사소송법 제122조 단서의 '급속을 요하는 때'에 해당하지 않는다고 판단한 것은 잘못이나, 그 과정에서 압수·수색영장의 원본을 제시하지 않은 위법, 수사기관이 카카오로부터 입수한 전자정보에서 범죄 혐의사실과 관련된 부분의 선별 없이 그 일체를 출력하여 증거물로 압수한 위법, 그 과정에서 서비스이용자로서 실질적 피압수자이자 피의자인 준항고인에게 참여권을 보장하지 않은 위법과 압수한 전자정보 목록을 교부하지 않은 위법을 종합하면, 이 사건 압수·수색에서 나타난 위법이 압수·수색 절차 전체를 위법하게 할 정도로 중대하다는 원심의 결론을 수긍할 수 있다. 결국 원심결정에 재판에 영향을 미친 헌법·법률·명령 또는 규칙의 위반이 없다.

[본 결정의 의의]

(1) '인터넷서비스업체 보관 전자정보(이른바 '제3자 보관 전자정보')의 압수·수색에서 참여권 보장 여부가 문제된 사안'에 관한 최초의 판단임

(2) 대법원은, '실질적 피압수자이자 피의자'인 준항고인에게 압수·수색 절차에 관한 참여권을 인정하는 한편, 이 사건은 참여권자에 대한 사전 통지의무의 예외사유인 형사소송법 제122조 단서의 '급속을 요하는 때'에 해당하므로 사전통지를 하지 않은 것 자체는 위법이 아니라고 판단하였음(원심과 달리 판단한 부분)

(3) 다만 이 사건 압수·수색에는 압수·수색영장 원본을 제시하지 않은 위법, 인터넷서비스업체로부터 입수한 전자정보에서 범죄 혐의사실과 관련된 부분을 선별해야 하고 그 선별과정에서도 준항고인의 참여권이 보장되어야 하는데 이를 이행하지 않은 위법, 준항고인에게 압수한 전자정보 목록을 교부하지 않은 위법 등 그 존재하는 위법의 정도가 중대하여 이 사건 압수·수색 절차 전체가 위법하다고 보아 준항고인의 청구를 인용한 원심의 결론 자체는 정당하다고 판단하고, 이 사건 압수·수색을 위법하다고 본 원심결정을 유지하였음.

34. 〈정보 압수 후 이미지 파일을 탐색·복제·출력하는 과정과 참여권〉★

Q 수사기관이 정보저장매체에 기억된 정보 중에서 키워드 또는 확장자 검색 등을 통해 범죄 혐의사실과 관련 있는 정보를 선별한 다음 정보저장매체와 동일하게 비트열 방식으로 복제하여 생성한 파일을 제출받아

압수한 경우에 수사기관이 수사기관 사무실에서 위와 같이 압수된 이미지 파일을 탐색·복제·출력하는 과정에서 피의자 등에게 참여의 기회를 보장하여야 하는가?

[1] 형사소송법 제219조, 제121조에 의하면, 수사기관이 압수·수색영장을 집행할 때 피의자 또는 변호인은 그 집행에 참여할 수 있다. 압수의 목적물이 컴퓨터용디스크 그 밖에 이와 비슷한 정보저장매체인 경우에는 영장 발부의 사유로 된 범죄 혐의사실과 관련 있는 정보의 범위를 정하여 출력하거나 복제하여 이를 제출받아야 하고, 피의자나 변호인에게 참여의 기회를 보장하여야 한다. 만약 그러한 조치를 취하지 않았다면 이는 형사소송법에 정한 영장주의 원칙과 적법절차를 준수하지 않은 것이다.

[2] 수사기관이 정보저장매체에 기억된 정보 중에서 키워드 또는 확장자 검색 등을 통해 범죄 혐의사실과 관련 있는 정보를 선별한 다음 정보저장매체와 동일하게 비트열 방식으로 복제하여 생성한 파일(이하 '이미지 파일'이라 한다)을 제출받아 압수하였다면 이로써 압수의 목적물에 대한 압수·수색 절차는 종료된 것이므로, 수사기관이 수사기관 사무실에서 위와 같이 압수된 이미지 파일을 탐색·복제·출력하는 과정에서도 피의자 등에게 참여의 기회를 보장하여야 하는 것은 아니다(대판 2018.2.8. 2017도13263).

[COMMENT] 정보를 압수할 때에는 피의자나 변호인에게 참여의 기회를 보장하여야 하지만, 압수한 이후에 압수된 이미지 파일을 탐색·복제·출력하는 과정에서는 참여의 기회를 보장하여야 하는 것은 아니라는 판례이다.

압수의 절차 중 압수조서와 압수목록 관련 판례

35. 〈사법경찰관이 피의자신문조서에 압수의 취지를 기재한 사건〉★

[1] 형사소송법 제106조, 제218조, 제219조, 형사소송규칙 제62조, 제109조, 구 범죄수사규칙 제119조 등 관련규정들에 의하면, 사법경찰관이 임의제출된 증거물을 압수한 경우 압수경위 등을 구체적으로 기재한 압수조서를 작성하도록 하고 있다. 이는 사법경찰관으로 하여금 압수절차의 경위를 기록하도록 함으로써 사후적으로 압수절차의 적법성을 심사·통제하기 위한 것이다.

[2] 구 범죄수사규칙 제119조 제3항에 따라 피의자신문조서 등에 압수의 취지를 기재하여 압수조서를 갈음할 수 있도록 하더라도, 압수절차의 적법성 심사·통제 기능에 차이가 없으므로, 위와 같은 사정만으로 이 사건 동영상에 관한 압수가 형사소송법이 정한 압수절차를 지키지 않은 것이어서 위법하다는 취지의 원심 판단에는 압수절차의 적법성에 관한 법리를 오해하여 판결에 영향을 미친 잘못이 있다(대판 2023.6.1. 2020도2550).

36. 〈압수목록 작성·교부 시기의 예외를 인정하기 위한 요건〉

[1] 수사기관은 압수를 한 경우 압수경위를 기재한 압수조서와 압수물의 특징을 구체적으로 기재한 압수목록을 작성하고, 압수목록은 압수물의 소유자·소지자·보관자 기타 이에 준하는 사람에게 교부하여야 한다(형사소송법 제219조, 제129조, 「검사의 사법경찰관리에 대한 수사지휘 및 사법경찰관리의 수사준칙에 관한 규정」 제44조). 압수조서에는 작성연월일과 함께 품종, 외형상의 특징과 수량을 기재하여야 하고(형사소송법 제49조 제3항, 제57조 제1항), 그 내용은 객관적 사실에 부합하여야 하므로, 압수목록 역시 압수물의 특징을 객관적 사실에 맞게 구체적으로 기재하여야 하는데, 압수방법·장소·대상자별로 명확히 구분한 후 압수물의 품종·종류·명칭·수량·외형상 특징 등을 최대한 구체적이고 정확하게 특정하여 기재하여야 한다. 이는 수사기관의 압수 처분에 대한 사후적 통제수단임과 동시에 피압수자 등이 압수물에 대한 환부·가환부 청구를 하거나 부당한 압수처분에 대한 준항고를 하는 등 권리행사절차를

밟는 데 가장 기초적인 자료가 되므로, 이러한 권리행사에 지장이 없도록 압수 직후 현장에서 바로 작성하여 교부하는 것이 원칙이다. 한편, 임의제출에 따른 압수(형사소송법 제218조)의 경우에도 압수물에 대한 수사기관의 점유 취득이 제출자의 의사에 따라 이루어진다는 점에서만 차이가 있을 뿐 범죄혐의를 전제로 한 수사 목적이나 압수의 효력은 영장에 의한 압수의 경우와 동일하므로, 헌법상 기본권에 관한 수사기관의 부당한 침해로부터 신속하게 권리를 구제받을 수 있도록 수사기관은 영장에 의한 압수와 마찬가지로 객관적·구체적인 압수목록을 신속하게 작성·교부할 의무를 부담한다.

[2] 다만, 적법하게 발부된 영장의 기재는 그 집행의 적법성 판단의 우선적인 기준이 되어야 하므로, 예외적으로 압수물의 수량·종류·특성 기타의 사정상 압수 직후 현장에서 압수목록을 작성·교부하지 않을 수 있다는 취지가 영장에 명시되어 있고, 이와 같은 특수한 사정이 실제로 존재하는 경우에는 압수영장을 집행한 후 일정한 기간이 경과하고서 압수목록을 작성·교부할 수도 있으나, 압수목록 작성·교부 시기의 예외에 관한 영장의 기재는 피의자·피압수자 등의 압수 처분에 대한 권리구제절차 또는 불복절차가 형해화되지 않도록 그 취지에 맞게 엄격히 해석되어야 하고, 나아가 예외적 적용의 전제가 되는 특수한 사정의 존재 여부는 수사기관이 이를 증명하여야 하며, 그 기간 역시 필요 최소한에 그쳐야 한다. 또한 영장에 의한 압수 및 그 대상물에 대한 확인조치가 끝나면 그것으로 압수절차는 종료되고, 압수물과 혐의사실과의 관련성 여부에 관한 평가 및 그에 필요한 추가 수사는 압수절차 종료 이후의 사정에 불과하므로 이를 이유로 압수 직후 이루어져야 하는 압수목록 작성·교부의무를 해태·거부할 수는 없다(대결 2024.1.5. 2021모385).

[사건의 경과]

피준항고인이 2020. 7. 1. 발부된 압수·수색영장에 따라 2020. 7. 3. 압수·수색을 실시하면서 준항고인 소유의 물품 박스 약 9,000개를 압수한 다음 2020. 9. 7. 상세 압수목록을 교부한 사안임

[원심의 판단]

원심은, 상세 압수목록 교부가 다소 지연되었지만 압수물 수량에 비추어 부득이하다거나, 준항고인이 압수처분 당시 적극적인 이의를 제기하지 않았다거나, 화장품 제조사에 대한 조사를 통해 면세품 여부를 확인한 후 상세 압수목록을 작성하기까지 상당시간의 소요가 불가피했던 점 등을 이유로 준항고를 기각하였음

[대법원의 판단]

대법원은, 서울본부세관은 2020. 7. 17.경에는 압수물의 품명, 수량, 제조번호 등을 모두 확인하였으므로 이때 압수방법 및 시기별로 명확히 구분하여 위 각 사항을 구체적으로 특정하여 기재한 상세 압수목록을 작성·교부하였어야 함에도, 그 시점으로부터 50여 일이 경과한 후에야 상세 압수목록을 교부하였을 뿐만 아니라 내용상 압수방법 및 시기별로 구분이 되어 있지 않았기에 압수처분에 대한 법률상 권리구제절차 또는 불복절차가 사실상 불가능하였거나 상당한 지장이 초래되었다고 판단하여, 원심결정에 형사소송법 제219조 및 제129조의 압수목록 작성·교부 등에 관한 법리를 오해함으로써 재판에 영향을 미친 잘못이 있다고 보아 원심결정을 파기·환송함

37. 〈피의자신문조서에 압수의 취지를 기재한 사건〉

Q 사법경찰관이 피의자신문조서에 압수의 취지를 기재하여 압수조서를 갈음한 조치는 위법한가?

형사소송법 제106조, 제218조, 제219조, 형사소송규칙 제62조, 제109조, 구 범죄수사규칙 제119조 등 관련규정들에 의하면, 사법경찰관이 임의제출된 증거물을 압수한 경우 압수경위 등을 구체적으로 기재한 압수조서를 작성하도록 하고 있다. 이는 사법경찰관으로 하여금 압수절차의 경위를 기록하도록 함으로써 사후적으로 압수절차의 적법성을 심사·통제하기 위한 것이다(대판 2023.6.1. 2020도2550).

[사실관계]

피고인은 2018. 9. 21.부터 2019. 1. 13.경까지 총 8회에 걸쳐 이 사건 휴대전화를 이용하여 잠이 든 피해자 3명의 음부 부위 등을 그 의사에 반하여 촬영하였다는 공소사실로 성폭법 위반(카메라등이용촬영)으로 기소되었음

[대법원의 판단]

대법원은, 이 사건 휴대전화 내 동영상의 증거능력에 관하여, ① 구 범죄수사규칙 제119조 제3항에 따라 피의자신문조서 등에 압수의 취지를 기재하여 압수조서를 갈음할 수 있도록 하더라도, 압수절차의 적법성 심사·통제 기능에 차이가 없으므로 이러한 사정만으로 압수절차가 위법하다고 볼 수 없고, ② 이 사건 동영상의 압수 당시 실질적으로 피고인에게 해당 전자정보 압수목록이 교부된 것과 다름이 없다고 볼 수 있어 절차상 권리가 실질적으로 침해되었다고 보기 어려우며, ③ 피고인이 사법경찰관에게 이 사건 동영상을 제출한 경위, 이 사건 공판의 진행 경과 및 검사의 임의성에 대한 증명 정도에 비추어 이 사건 동영상 제출의 임의성 여부를 보다 면밀히 살펴보았어야 하고, ④ 이 사건 동영상은 임의제출에 따른 압수의 동기가 된 범죄혐의사실과 구체적·개별적 연관관계가 있는 전자정보로서 관련성이 인정된다는 이유로 증거능력을 인정하고 이 사건 동영상의 증거능력을 부정하고 무죄를 선고한 원심판결을 파기·환송함

영장주의 예외 관련 판례

38. 〈제216조 제1항 제1호 개정과 헌법불합치결정의 소급효〉

[1] 이 사건 헌법불합치결정에 따라 개정된 형사소송법은 제216조 제1항 제1호 중 '피의자 수사'를 '피의자 수색'으로 개정하면서 단서에 "제200조의2 또는 제201조에 따라 피의자를 체포 또는 구속하는 경우의 피의자 수색은 미리 수색영장을 발부받기 어려운 긴급한 사정이 있는 때에 한정한다."라는 부분을 추가하였으나, 부칙은 소급적용에 관하여 아무런 규정을 두고 있지 않다.

[2] 어떤 법률조항에 대하여 헌법재판소가 헌법불합치결정을 하여 입법자에게 그 법률조항을 합헌적으로 개정 또는 폐지하는 임무를 입법자의 형성 재량에 맡긴 이상, 개선입법의 소급적용 여부와 소급적용 범위는 원칙적으로 입법자의 재량에 달린 것이다.

[3] 그러나 구법 조항에 대한 이 사건 헌법불합치결정의 취지나 위헌심판의 구체적 규범통제 실효성 보장이라는 측면을 고려할 때, 적어도 이 사건 헌법불합치결정을 하게 된 당해 사건 및 이 사건 헌법불합치결정 당시에 구법 조항의 위헌 여부가 쟁점이 되어 법원에 계속 중인 사건에 대하여는 이 사건 헌법불합치결정의 소급효가 미친다고 해야 하므로, 비록 현행 형사소송법 부칙에 소급적용에 관한 경과조치를 두고 있지 않더라도 이들 사건에 대하여는 구법 조항을 그대로 적용할 수는 없고, 위헌성이 제거된 현행 형사소송법의 규정을 적용하여야 한다.

[4] 구법 조항이 헌법재판소법 제47조의 소급효가 인정되는 형벌조항은 아니지만, 기존의 법리에 따라, 이 사건 헌법불합치결정을 하게 된 당해 사건인 이 사건 및 이 사건 헌법불합치결정 당시 구법 조항의 위헌 여부가 쟁점이 되어 법원에 계속 중인 사건에 대하여는 위헌성이 제거된 현행 형사소송법의 규정이 적용되어야 한다고 밝히고, 이 사건 건조물을 수색하기에 앞서 수색영장을 발부받기 어려운 긴급한 사정이 있었다고 볼 수 없음에도 수색영장 없이 경찰이 이 사건 건조물을 수색한 행위는 적법한 공무집행에 해당하지 아니한다는 이유로 피고인에게 무죄를 선고한 원심의 판단을 수긍한 사안임(대판 2021.5.27. 2018도 13458).

39. 〈임의제출물의 임의성의 증명책임〉

임의로 제출된 물건을 압수하는 경우, 그 제출에 임의성이 있다는 점에 관하여는 검사가 합리적 의심을 배제할 수 있을 정도로 증명하여야 하고, 임의로 제출된 것이라고 볼 수 없는 경우에는 증거능력을 인정할 수 없다(대판 2023.6.1. 2020도2550).

40. 〈압수물 제출의 임의성의 증명〉

[1] 범죄를 실행 중이거나 실행 직후의 현행범인은 누구든지 영장 없이 체포할 수 있다(형사소송법 제212조). 검사 또는 사법경찰관은 피의자 등이 유류한 물건이나 소유자·소지자 또는 보관자가 임의로 제출한 물건을 영장 없이 압수할 수 있다(형사소송법 제218조). 따라서 현행범 체포현장이나 범죄 현장에서도 소지자 등이 임의로 제출하는 물건을 형사소송법 제218조에 따라 영장 없이 압수하는 것이 허용되고, 이 경우 검사나 사법경찰관은 별도로 사후에 영장을 받을 필요가 없다.

[2] 임의제출물을 압수한 경우 압수물이 형사소송법 제218조에 따라 실제로 임의제출된 것인지에 관하여 다툼이 있을 때에는 임의제출의 임의성을 의심할 만한 합리적이고 구체적인 사실을 피고인이 증명할 것이 아니라 검사가 그 임의성의 의문점을 없애는 증명을 해야 한다(대판 2022.8.31. 2019도15178).

[판결이유 중 일부 인용]

(1) 원심판결 이유를 앞서 본 법리와 기록에 비추어 살펴보면, 이 사건 압수물 제출에 관하여 검사가 임의성의 의문점을 없애는 증명을 다하지 못하였으므로 이 사건 압수물은 위법수집증거에 해당하여 증거능력이 없다. 그 이유는 다음과 같다.

(가) 수사기관이 임의제출자인 피고인에게 임의제출의 의미, 절차와 임의제출할 경우 피압수물을 임의로 돌려받지는 못한다는 사정 등을 고지하였음을 인정할 자료가 없다.

(나) 피고인은 이 사건 당시 20세의 아무런 범죄전력이 없는 사람으로서, 이 사건 압수물을 임의제출할 경우 나중에 번의하더라도 되돌려 받지 못한다는 사정을 인식하고 있었다고 단정하기 어렵다.

(다) 피고인은 현행범으로 체포된 이후 경찰서로 연행되어 가방 안의 소지품 전부를 꺼내도록 요구받았고 일부 범행에 대하여 부인하고 있는 상황이었으므로, 피고인이 자발적으로 이 사건 압수물을 수사기관에 제출하였는지 여부를 엄격히 심사해야 한다.

(2) 원심판결 가운데 현행범 체포현장에서는 임의로 제출하는 물건이라도 압수할 수 없다는 부분은 잘못되었지만, 이 사건 압수물에 관하여 검사가 임의성의 의문점을 없애는 증명을 다하지 못하여 이 사건 압수물은 증거능력이 없으므로, 이 부분 공소사실에 대하여 범죄의 증명이 없다고 본 원심의 결론은 옳다. 원심판결에 논리와 경험의 법칙에 반하여 자유심증주의의 한계를 벗어나거나 압수절차의 적법성에 관한 법리를 오해하여 판결에 영향을 미친 잘못이 없다.

41. 〈수사기관이 피고인을 현행범으로 체포할 당시 휴대전화 임의제출한 사건〉

Q 임의제출물을 압수한 경우, 압수물이 형사소송법 제218조에 따라 실제로 임의제출된 것인지에 관하여 다툼이 있을 때 그 임의성에 대한 증명책임의 소재는 누구에게 있는가?

[1] 임의제출물을 압수한 경우 압수물이 형사소송법 제218조에 따라 실제로 임의제출된 것인지에 관하여 다

툼이 있을 때에는 임의제출의 임의성을 의심할 만한 합리적이고 구체적인 사실을 피고인이 증명할 것이 아니라 검사가 그 임의성의 의문점을 없애는 증명을 해야 한다.

Q 수사기관이 피고인을 현행범으로 체포할 당시 임의제출 형식으로 압수한 휴대전화의 증거능력이 인정되기 위해서는 어떠한 요건이 구비되어야 하는가?

[2] 피고인이 자신의 휴대전화 카메라를 이용하여 총 9회에 걸쳐 성적 욕망 또는 수치심을 유발할 수 있는 피해자 4명의 신체를 그들의 의사에 반하여 촬영하였다는 성폭력범죄의 처벌 등에 관한 특례법 위반(카메라등이용촬영)의 공소사실과 관련하여, 수사기관이 피고인을 현행범으로 체포할 당시 임의제출 형식으로 압수한 휴대전화의 증거능력이 문제 된 사안에서, 피고인은 현행범 체포 당시 목격자로부터 휴대전화를 빼앗겨 위축된 심리 상태였고, 목격자 및 경찰관으로부터 휴대전화를 되찾기 위해 달려들기도 하였으며, 경찰서로 연행되어 변호인의 조력을 받지 못한 상태에서 피의자로 조사받으면서 일부 범행에 대하여 부인하고 있던 상황이었으므로, 피고인이 자발적으로 휴대전화를 수사기관에 제출하였는지를 엄격히 심사해야 하는 점, 수사기관이 임의제출자인 피고인에게 임의제출의 의미, 절차와 임의제출할 경우 피압수물을 임의로 돌려받지는 못한다는 사정 등을 고지하였음을 인정할 자료가 없는 점, 피고인은 당시 "경찰관으로부터 '휴대전화를 반환할 수 있다.'는 말을 들었다."라고 진술하는 등 휴대전화를 임의제출할 경우 나중에 번의하더라도 되돌려받지 못한다는 사정을 인식하고 있었다고 단정하기 어려운 점 등에 비추어 볼 때, 휴대전화 제출에 관하여 검사가 임의성의 의문점을 없애는 증명을 다하지 못하였으므로 휴대전화 및 그에 저장된 전자정보는 위법수집증거에 해당하여 증거능력이 없다는 이유로, 공소사실에 대하여 범죄의 증명이 없다고 보아 무죄를 선고한 원심의 결론이 옳다고 한 사례(대판 2024.3.12. 2020도9431).

42. 〈지하철역 에스컬레이터에서 휴대전화기의 카메라를 이용하여 몰래 촬영하다 체포된 사건〉★★

[1] 피고인이 지하철역 에스컬레이터에서 휴대전화기의 카메라를 이용하여 성명불상 여성 피해자의 치마 속을 몰래 촬영하다가 현행범으로 체포되어 성폭력범죄의 처벌 등에 관한 특례법 위반(카메라등이용촬영)으로 기소된 사안에서, 피고인은 공소사실에 대해 자백하고 검사가 제출한 모든 서류에 대하여 증거로 함에 동의하였는데, 그 서류들 중 체포 당시 임의제출 방식으로 압수된 피고인 소유 휴대전화기(이하 '휴대전화기'라고 한다)에 대한 압수조서의 '압수경위'란에 '지하철역 승강장 및 게이트 앞에서 경찰관이 지하철범죄 예방·검거를 위한 비노출 잠복근무 중 검정 재킷, 검정 바지, 흰색 운동화를 착용한 20대가량 남성이 짧은 치마를 입고 에스컬레이터를 올라가는 여성을 쫓아가 뒤에 밀착하여 치마 속으로 휴대폰을 집어넣는 등 해당 여성의 신체를 몰래 촬영하는 행동을 하였다'는 내용이 포함되어 있고, 그 하단에 피고인의 범행을 직접 목격하면서 위 압수조서를 작성한 사법경찰관 및 사법경찰리의 각 기명날인이 들어가 있으므로, 위 압수조서 중 '압수경위'란에 기재된 내용은 피고인이 범행을 저지르는 현장을 직접 목격한 사람의 진술이 담긴 것으로서 형사소송법 제312조 제5항에서 정한 '피고인이 아닌 자가 수사과정에서 작성한 진술서'에 준하는 것으로 볼 수 있고, 이에 따라 휴대전화기에 대한 임의제출절차가 적법하였는지에 영향을 받지 않는 별개의 독립적인 증거에 해당하여, 피고인이 증거로 함에 동의한 이상 유죄를 인정하기 위한 증거로 사용할 수 있을 뿐 아니라 피고인의 자백을 보강하는 증거가 된다고 볼 여지가 많다는 이유로, 이와 달리 피고인의 자백을 뒷받침할 보강증거가 없다고 보아 무죄를 선고한 원심판결에 자백의 보강증거 등에 관한 법리를 오해하거나 필요한 심리를 다하지 아니한 잘못이 있다고 한 사례.

Q 현행범 체포현장이나 범죄 현장에서 소지자 등이 임의로 제출하는 물건은 형사소송법 제218조에 의하여 영장 없이 압수하는 것이 허용되는가?

[2] 범죄를 실행 중이거나 실행 직후의 현행범인은 누구든지 영장 없이 체포할 수 있고(형사소송법 제212조), 검사 또는 사법경찰관은 피의자 등이 유류한 물건이나 소유자·소지자 또는 보관자가 임의로 제출한 물건은 영장 없이 압수할 수 있으므로(제218조), **현행범 체포현장이나 범죄 현장에서도 소지자 등이 임의로 제출하는 물건은 형사소송법 제218조에 의하여 영장 없이 압수하는 것이 허용**되고, 이 경우 검사나 사법경찰관은 별도로 사후에 영장을 받을 필요가 없다(대판 2019.11.14. 2019도13290, 동지 대판 2020.4.9. 2019도17142).

정보저장매체 압수 관련 2016도348 전합 판례

43. 〈휴대전화 2대 임의제출 사건〉★★

[사실관계]

A는 자기 집에서 V의 의사에 반하여 V의 성기 등을 휴대폰으로 촬영하였다. V는 이러한 사실을 알고 경찰에 신고하였으며, A의 집에서 가지고 나온 A의 휴대전화 2대(아이폰과 삼성휴대폰)를 임의제출하였다. 그 후 A는 경찰에 휴대전화 1개(아이폰)에 대한 비밀번호를 제공하고 그 파일 이미징 과정에 참여한 반면, 다른 휴대전화 1개(삼성휴대폰)에 대해서는 사실상 비밀번호 제공을 거부하고, 저장된 동영상 파일의 복원·추출 과정에 참여하지 않았다. 그러나 경찰은 삼성휴대폰에서 V에 대한 범행(2014년 범행)의 증거 영상을 추가로 찾던 중, A가 다른 남성 W와 Y의 성기 등을 촬영된 동영상 30개와 사진 등(2013년 범행)을 발견하고, 그 내용을 확인한 후 이를 시디(CD)에 복제하였다. 그 후 경찰은 압수·수색영장을 발부받아 W와 Y에 대한 범행 영상의 전자정보를 복제한 시디를 증거물로 압수하였다.

Q 정보저장매체의 임의제출의 경우 원칙적으로 정보저장매체 자체나 복제본을 임의제출받아 압수할 수 있는가?

[1] 오늘날 개인 또는 기업의 업무는 컴퓨터나 서버, 저장매체가 탑재된 정보처리장치 없이 유지되기 어려운데, 전자정보가 저장된 각종 저장매체(이하 '정보저장매체'라 한다)는 대부분 대용량이어서 수사의 대상이 된 범죄혐의와 관련이 없는 개인의 일상생활이나 기업경영에 관한 정보가 광범위하게 포함되어 있다. 이러한 전자정보에 대한 수사기관의 압수·수색은 사생활의 비밀과 자유, 정보에 대한 자기결정권, 재산권 등을 침해할 우려가 크므로 포괄적으로 이루어져서는 안 되고, 비례의 원칙에 따라 수사의 목적상 필요한 최소한의 범위 내에서 이루어져야 한다. 수사기관의 전자정보에 대한 압수·수색은 원칙적으로 영장 발부의 사유로 된 범죄혐의사실과 관련된 부분만을 문서 출력물로 수집하거나 수사기관이 휴대한 정보저장매체에 해당 파일을 복제하는 방식으로 이루어져야 하고, 정보저장매체 자체를 직접 반출하거나 저장매체에 들어 있는 전자파일 전부를 하드카피나 이미징 등 형태(이하 '복제본'이라 한다)로 수사기관 사무실 등 외부로 반출하는 방식으로 압수·수색하는 것은 현장의 사정이나 전자정보의 대량성으로 인하여 관련 정보 획득에 긴 시간이 소요되거나 전문 인력에 의한 기술적 조치가 필요한 경우 등 범위를 정하여 출력 또는 복제하는 방법이 불가능하거나 압수의 목적을 달성하기에 현저히 곤란하다고 인정되는 때에 한하여 예외적으로 허용될 수 있을 뿐이다. **위와 같은 법리는 정보저장매체에 해당하는 임의제출물의 압수(형사소송법 제218조)에도 마찬가지로 적용**된다. 임의제출물의 압수는 압수물에 대한 수사기관의 점유 취득이 제출자의 의사에 따라 이루어진다는 점에서 차이가 있을 뿐 범죄혐의를 전제로 한 수사 목적이나 압수의 효력은 영장에 의한 경우와 동일하기 때문이다. 따라서 <u>수사기관은 특정 범죄혐의와 관련하여 전자정보가</u>

수록된 정보저장매체를 임의제출받아 그 안에 저장된 전자정보를 압수하는 경우 그 동기가 된 범죄혐의사실과 관련된 전자정보의 출력물 등을 임의제출받아 압수하는 것이 원칙이다. 다만 현장의 사정이나 전자정보의 대량성과 탐색의 어려움 등의 이유로 범위를 정하여 출력 또는 복제하는 방법이 불가능하거나 압수의 목적을 달성하기에 현저히 곤란하다고 인정되는 때에 한하여 예외적으로 정보저장매체 자체나 복제본을 임의제출받아 압수할 수 있다.

Q 임의제출한 정보저장매체에 유관정보와 무관정보가 혼재된 경우 그 정보저장매체에 저장된 전자정보 전부가 임의제출되어 압수된 것으로 취급할 수 있는가?

[2] 수사기관이 제출자의 의사를 쉽게 확인할 수 있음에도 이를 확인하지 않은 채 특정 범죄혐의사실과 관련된 전자정보와 그렇지 않은 전자정보가 혼재된 정보저장매체를 임의제출받은 경우, 그 정보저장매체에 저장된 전자정보 전부가 임의제출되어 압수된 것으로 취급할 수는 없다. 제출자의 구체적인 제출범위에 관한 의사를 제대로 확인하지 않는 등의 사유로 인해 임의제출자의 의사에 따른 전자정보 압수의 대상과 범위가 명확하지 않거나 이를 알 수 없는 경우에는 임의제출에 따른 압수의 동기가 된 범죄혐의사실과 관련되고 이를 증명할 수 있는 최소한의 가치가 있는 전자정보에 한하여 압수의 대상이 된다. 이때 범죄혐의사실과 관련된 전자정보에는 범죄혐의사실 그 자체 또는 그와 기본적 사실관계가 동일한 범행과 직접 관련되어 있는 것은 물론 범행 동기와 경위, 범행 수단과 방법, 범행 시간과 장소 등을 증명하기 위한 간접증거나 정황증거 등으로 사용될 수 있는 것도 포함될 수 있다. 다만 그 관련성은 임의제출에 따른 압수의 동기가 된 범죄혐의사실의 내용과 수사의 대상, 수사의 경위, 임의제출의 과정 등을 종합하여 구체적 · 개별적 연관관계가 있는 경우에만 인정되고, 범죄혐의사실과 단순히 동종 또는 유사 범행이라는 사유만으로 관련성이 있다고 할 것은 아니다.

Q 불법촬영 범죄 등으로 임의제출된 정보저장매체인 스마트폰 안에 있는 같은 유형의 전자정보는 범죄혐의사실과 구체적 · 개별적 연관관계를 인정할 수 있는가?

[3] 특히 범죄혐의사실과 관련된 전자정보인지를 판단할 때는 범죄혐의사실의 내용과 성격, 임의제출의 과정 등을 토대로 구체적 · 개별적 연관관계를 살펴볼 필요가 있다. 특히 카메라의 기능과 정보저장매체의 기능을 함께 갖춘 휴대전화인 스마트폰을 이용한 불법촬영 범죄와 같이 범죄의 속성상 해당 범행의 상습성이 의심되거나 성적 기호 내지 경향성의 발현에 따른 일련의 범행의 일환으로 이루어진 것으로 의심되고, 범행의 직접 증거가 스마트폰 안에 이미지 파일이나 동영상 파일의 형태로 남아 있을 개연성이 있는 경우에는 그 안에 저장되어 있는 같은 유형의 전자정보에서 그와 관련한 유력한 간접증거나 정황증거가 발견될 가능성이 높다는 점에서 **이러한 간접증거나 정황증거는 범죄혐의사실과 구체적 · 개별적 연관관계를 인정할 수 있다.** 이처럼 범죄의 대상이 된 피해자의 인격권을 현저히 침해하는 성격의 전자정보를 담고 있는 불법촬영물은 범죄행위로 인해 생성된 것으로서 몰수의 대상이기도 하므로 임의제출된 휴대전화에서 해당 전자정보를 신속히 압수 · 수색하여 불법촬영물의 유통 가능성을 적시에 차단함으로써 피해자를 보호할 필요성이 크다. 나아가 이와 같은 경우에는 간접증거나 정황증거이면서 몰수의 대상이자 압수 · 수색의 대상인 전자정보의 유형이 이미지 파일 내지 동영상 파일 등으로 비교적 명확하게 특정되어 그와 무관한 사적 전자정보 전반의 압수 · 수색으로 이어질 가능성이 적어 상대적으로 폭넓게 관련성을 인정할 여지가 많다는 점에서도 그러하다.

Q 피의자 아닌 사람이 피의자가 소유·관리하는 정보저장매체를 임의제출한 경우 전자정보 압수의 범위는 더욱 제한적으로 해석하여야 하는가?

[4] 피의자가 소유·관리하는 정보저장매체를 **피의자 아닌 피해자 등 제3자가 임의제출하는 경우**에는, 그 임의제출 및 그에 따른 수사기관의 압수가 적법하더라도 임의제출의 동기가 된 범죄혐의사실과 구체적·개별적 연관관계가 있는 전자정보에 한하여 압수의 대상이 되는 것으로 **더욱 제한적으로 해석하여야 한다.** 피의자 개인이 소유·관리하는 정보저장매체에는 그의 사생활의 비밀과 자유, 정보에 대한 자기결정권 등 인격적 법익에 관한 모든 것이 저장되어 있어 제한 없이 압수·수색이 허용될 경우 피의자의 인격적 법익이 현저히 침해될 우려가 있기 때문이다. 임의제출자인 제3자가 제출의 동기가 된 범죄혐의사실과 구체적·개별적 연관관계가 인정되는 범위를 넘는 전자정보까지 일괄하여 임의제출한다는 의사를 밝혔더라도, 그 정보저장매체 내 전자정보 전반에 관한 처분권이 그 제3자에게 있거나 그에 관한 피의자의 동의 의사를 추단할 수 있는 등의 특별한 사정이 없는 한, 그 임의제출을 통해 수사기관이 영장 없이 적법하게 압수할 수 있는 전자정보의 범위는 범죄혐의사실과 관련된 전자정보에 한정된다고 보아야 한다.

Q 수사기관이 그 정보저장매체 등을 수사기관 사무실 등으로 옮겨 이를 탐색·복제·출력하는 경우, 그와 같은 일련의 과정에서 피압수·수색 당사자나 그 변호인에게 참여의 기회를 보장하고 압수된 전자정보의 파일 명세가 특정된 압수목록을 작성·교부하여야 하며 범죄혐의사실과 무관한 전자정보의 임의적인 복제 등을 막기 위한 적절한 조치를 취하는 등 영장주의 원칙과 적법절차를 준수하여야 하는가?

[5] 압수의 대상이 되는 전자정보와 그렇지 않은 전자정보가 혼재된 정보저장매체나 그 복제본을 임의제출 받은 수사기관이 그 정보저장매체 등을 수사기관 사무실 등으로 옮겨 이를 탐색·복제·출력하는 경우, 그와 같은 일련의 과정에서 형사소송법 제219조, 제121조에서 규정하는 피압수·수색 당사자(이하 '피압수자'라 한다)나 그 변호인에게 **참여의 기회를 보장**하고 **압수된 전자정보의 파일 명세가 특정된 압수목록을 작성·교부**하여야 하며 범죄혐의사실과 무관한 전자정보의 임의적인 복제 등을 막기 위한 **적절한 조치를 취하는 등 영장주의 원칙과 적법절차를 준수하여야 한다.** 만약 그러한 조치가 취해지지 않았다면 피압수자 측이 참여하지 아니한다는 의사를 명시적으로 표시하였거나 임의제출의 취지와 경과 또는 그 절차 위반 행위가 이루어진 과정의 성질과 내용 등에 비추어 피압수자 측에 절차 참여를 보장한 취지가 실질적으로 침해되었다고 볼 수 없을 정도에 해당한다는 등의 특별한 사정이 없는 이상 압수·수색이 적법하다고 평가할 수 없고, 비록 수사기관이 정보저장매체 또는 복제본에서 범죄혐의사실과 관련된 전자정보만을 복제·출력하였다 하더라도 달리 볼 것은 아니다. 나아가 **피해자 등 제3자가 피의자의 소유·관리에 속하는 정보저장매체를 영장에 의하지 않고 임의제출한 경우**에는 실질적 피압수자인 피의자가 수사기관으로 하여금 그 전자정보 전부를 무제한 탐색하는 데 동의한 것으로 보기 어려울 뿐만 아니라 피의자 스스로 임의제출한 경우 피의자의 참여권 등이 보장되어야 하는 것과 견주어 보더라도 특별한 사정이 없는 한 형사소송법 제219조, 제121조, 제129조에 따라 피의자에게 참여권을 보장하고 압수한 전자정보 목록을 교부하는 등 피의자의 절차적 권리를 보장하기 위한 적절한 조치가 이루어져야 한다.

Q 임의제출한 정보저장매체 탐색 중 무관정보를 우연히 발견한 경우 새로이 압수·수색영장을 발부받아야 하는가?

[6] 임의제출된 정보저장매체에서 압수의 대상이 되는 전자정보의 범위를 초과하여 수사기관 임의로 전자정보를 탐색·복제·출력하는 것은 원칙적으로 위법한 압수·수색에 해당하므로 허용될 수 없다. 만약 전자정보에 대한 압수·수색이 종료되기 전에 범죄혐의사실과 관련된 전자정보를 적법하게 탐색하는 과정에서 별도의 범죄혐의와 관련된 전자정보를 우연히 발견한 경우라면, 수사기관은 더 이상의 추가 탐색을 중단하고 법원으로부터 별도의 범죄혐의에 대한 압수·수색영장을 발부받은 경우에 한하여 그러한 정보에

대하여도 적법하게 압수·수색을 할 수 있다. 따라서 임의제출된 정보저장매체에서 압수의 대상이 되는 전자정보의 범위를 넘어서는 전자정보에 대해 수사기관이 영장 없이 압수·수색하여 취득한 증거는 위법 수집증거에 해당하고, 사후에 법원으로부터 영장이 발부되었다거나 피고인이나 변호인이 이를 증거로 함에 동의하였다고 하여 그 위법성이 치유되는 것도 아니다.

Q 위와 같은 사실관계를 전제로 할 때 W와 Y에 대한 범행 영상의 전자정보를 복제한 시디는 증거능력이 인정 되는가?

[7] 다른 휴대전화에 담긴 전자정보 중 임의제출을 통해 압수된 범위는 임의제출 및 압수의 동기가 된 피고 인의 2014년 범행 자체와 구체적·개별적 연관관계가 있는 전자정보로 제한적으로 해석하는 것이 타당한 바, 범죄발생 시점 사이에 상당한 간격이 있고 피해자 및 범행에 이용한 휴대전화도 전혀 다른 피고인의 2013년 범행에 관한 동영상은 임의제출에 따른 압수의 동기가 된 범죄혐의사실(2014년 범행)과 구체적·개 별적 연관관계가 있는 전자정보로 보기 어려우므로, 수사기관이 사전 영장 없이 이를 취득한 이상 증거능력 이 없고, 사후에 압수·수색영장을 받아 압수절차가 진행되었더라도 달리 볼 수 없다는 이유로, 2013년 범 행을 무죄로 판단한 원심의 판단에 정보저장매체에 대한 임의제출물 압수에 있어 제출자의 의사에 따른 전자정보의 제출범위 한정, 임의제출된 전자정보의 증거능력 인정 요건 등에 법리를 오해한 잘못이 없다 며 상고를 기각한 사례(대판 2021.11.18. 2016도348 전합).

[사건의 경과]

(1) 경찰이 「성폭력범죄의 처벌 등에 관한 특례법」 위반(카메라등이용촬영)죄의 피해자가 임의제출한 피 고인 소유·관리의 휴대전화 2대의 전자정보를 탐색하다가 피해자를 촬영한 휴대전화가 아닌 다른 휴대 전화에서 다른 피해자 2명에 대한 동종의 범행 등에 관한 1년 전 사진·동영상을 발견하고 영장 없이 이를 복제한 CD를 증거로 제출한 사안.

(2) 다른 휴대전화에 담긴 전자정보 중 임의제출을 통해 압수된 범위는 임의제출 및 압수의 동기가 된 피고인의 2014년 범행 자체와 구체적·개별적 연관관계가 있는 전자정보로 제한적으로 해석하는 것이 타당한바, 범죄발생 시점 사이에 상당한 간격이 있고 피해자 및 범행에 이용한 휴대전화도 전혀 다른 피고인의 2013년 범행에 관한 동영상은 임의제출에 따른 압수의 동기가 된 범죄혐의사실(2014년 범행)과 구체적·개별적 연관관계가 있는 전자정보로 보기 어려우므로, 수사기관이 사전 영장 없이 이를 취득한 이상 증거능력이 없고, 사후에 압수·수색영장을 받아 압수절차가 진행되었더라도 달리 볼 수 없다는 이 유로, 2013년 범행을 무죄로 판단한 원심의 판단에 정보저장매체에 대한 임의제출물 압수에 있어 제출자 의 의사에 따른 전자정보의 제출범위 한정, 임의제출된 전자정보의 증거능력 인정 요건 등에 법리를 오해 한 잘못이 없다며 상고를 기각한 사례.

44. 〈참여의 기회를 부여하지 않고 휴대전화 내 전자정보를 탐색·복제·출력한 사건〉★

[1] 압수의 대상이 되는 전자정보와 그렇지 않은 전자정보가 혼재된 정보저장매체나 그 복제본을 압수·수 색한 수사기관이 정보저장매체 등을 수사기관 사무실 등으로 옮겨 이를 탐색·복제·출력하는 경우, 그 와 같은 일련의 과정에서 형사소송법 제219조, 제121조에서 규정하는 피압수·수색 당사자(이하 '피압수 자'라 한다)나 변호인에게 참여의 기회를 보장하고 압수된 전자정보의 파일 명세가 특정된 압수목록을 작성·교부하여야 하며 범죄혐의사실과 무관한 전자정보의 임의적인 복제 등을 막기 위한 적절한 조치를 취하는 등 영장주의 원칙과 적법절차를 준수하여야 한다. 만약 그러한 조치가 취해지지 않았다면 피압수 자 측이 참여하지 아니한다는 의사를 명시적으로 표시하였거나 절차 위반행위가 이루어진 과정의 성질과 내용 등에 비추어 피압수자 측에 절차 참여를 보장한 취지가 실질적으로 침해되었다고 볼 수 없을 정도에 해당한다는 등의 특별한 사정이 없는 이상 압수·수색이 적법하다고 평가할 수 없고, 비록 수사기관이

정보저장매체 또는 복제본에서 범죄혐의사실과 관련된 전자정보만을 복제·출력하였다 하더라도 달리 볼 것은 아니다.

[2] 따라서 수사기관이 피압수자 측에게 참여의 기회를 보장하거나 압수한 전자정보 목록을 교부하지 않는 등 영장주의 원칙과 적법절차를 준수하지 않은 위법한 압수·수색 과정을 통하여 취득한 증거는 위법수집 증거에 해당하고, 사후에 법원으로부터 영장이 발부되었다거나 피고인이나 변호인이 이를 증거로 함에 동의하였다고 하여 위법성이 치유되는 것도 아니다(대판 2022.7.28. 2022도2960).

[사건의 경위]

(1) 수원지방법원 판사는 2021. 4. 2.경 피고인에 대하여 「성매매알선 등 행위의 처벌에 관한 법률」(이하 '성매매처벌법'이라 한다) 위반(성매매알선등) 혐의로 체포영장을 발부하면서, 피고인이 사용·보관 중인 휴대전화(성매매여성 등 정보가 보관되어 있는 저장장치 포함) 등에 대한 사전 압수·수색영장을 함께 발부하였다.

(2) 경기남부지방경찰청 소속 경찰관은 2021. 4. 15. 13:25경 피고인을 체포하면서 피고인 소유의 휴대전화(이하 '이 사건 휴대전화'라 한다)를 압수하였다. 피고인은 당일 21:36분경 입감되었다.

(3) 경찰관은 2021. 4. 16. 09:00경 이 사건 휴대전화를 탐색하던 중 성매매영업 매출액 등이 기재된 엑셀파일(이하 '이 사건 엑셀파일'이라 한다)을 발견하였고, 이를 별도의 저장매체에 복제하여 출력한 후 이 사건 수사기록에 편철하였다.

(4) 그러나 이 사건 휴대전화 탐색 당시까지도 피고인은 경찰서 유치장에 입감된 상태였던 것으로 보인다(피고인에 대한 수사과정 확인서에 의하면 피고인은 당일 12:38경에야 수사 장소에 도착하여 조사를 진행한 것으로 되어 있다).

(5) 경찰관은 2021. 4. 17.경 이 사건 엑셀파일 등에 대하여 사후 압수·수색영장을 발부받았다. 그러나 이 사건 휴대전화 내 전자정보 탐색·복제·출력과 관련하여 사전에 그 일시·장소를 통지하거나 피고인에게 참여의 기회를 보장하거나, 압수한 전자정보 목록을 교부하거나 또는 피고인이 그 과정에 참여하지 아니할 의사를 가지고 있는지 여부를 확인할 수 있는 어떤 객관적인 자료도 존재하지 않는다.

[본 사건의 쟁점]

경찰은 피고인을 체포하면서 이 사건 휴대폰을 압수하였고, 탐색·복제·출력과정에서 전자정보인 이 사건 엑셀파일을 발견하였는데, 이 사건 엑셀파일 출력물 및 CD의 증거능력이 쟁점인 사안임

[대법원의 판단]

대법원은 ① 경찰이 피고인을 유치장에 입감시킨 상태에서 휴대전화 내 전자정보를 탐색·복제·출력함으로써 참여의 기회를 배제한 상태에서 이 사건 엑셀파일을 탐색·복제·출력하였고, ② 압수한 전자정보 상세목록을 교부한 것으로 평가할 수 없어 위법하게 수집된 증거로서 증거능력이 없고, ③ 사후에 압수·수색영장을 발부받아 압수절차가 진행되었더라도 위법성이 치유되지 않는다고 보아, 이 사건 엑셀파일 출력물 및 CD의 증거능력을 인정한 원심에 대해 '참여권 보장 및 전자정보 압수목록 교부에 관한 법리오해'를 이유로 파기환송하였음

[본 판결의 의의]

기존 대법원 2016도348 전원합의체 판결은 무관증거 압수의 위법이 있는 경우 사후 압수·수색영장 발부로 치유되지 않는다고 보았는데, 이 판결은 기존 법리에 더하여 참여권 미보장, 전자정보 압수목록 미교부의 위법이 있는 경우에도 마찬가지로 사후 압수·수색영장 발부로 치유되지 않는다는 법리를 선언하였음

45. 〈임의제출받은 휴대전화를 피고인과 함께 탐색하다가 유사한 다른 범행을 발견한 사건〉

[사실관계]

A는 2018. 4. 25. 16:00경 의정부역 5번 출구 에스컬레이터에서 짧은 청치마를 입고 올라가고 있는 V(여, 인적사항 불상)의 뒤에 서서 이 사건 휴대전화의 카메라로 치마 속을 몰래 촬영하려다 미수에 그쳤다(이하 '순번 48번 범행'이라 한다). 사법경찰관 P는 A의 범행사실을 적발하고 피고인이 소지하고 있던 이 사건 휴대전화를 임의제출받아 영장 없이 압수하고, 위 지하철 역사 내에 위치한 지하철경찰대 사무실로 피고인과 임의동행하였다. P는 검거 30분이 경과한 시점에서 같은 역 지하철경찰대 사무실에서 피고인에 대한 피의자신문을 진행하면서 피고인의 면전에서 이 사건 휴대전화를 탐색하여 그 안에 저장되어 있는 성적 수치심을 유발할 수 있는 타인의 신체 부위를 몰래 촬영한 것으로 의심되는 동영상 321건을 발견하였다. A는 불법촬영사실을 인정하면서 2018. 2. 15.부터 2018. 4. 25.까지 버스정류장, 지하철역사, 횡단보도 등에서 촬영된 순번 1~47번 범행의 각 일시·장소를 특정하고 범죄일람표를 직접 수기로 작성하여 경찰관에게 교부하였다. 이에 P는 위 범죄일람표, 위 각 범행에 관한 동영상을 복사한 시디(CD) 및 이를 캡처한 사진을 기록에 첨부하였고, 검사 K는 위 범죄일람표를 공소장에 별지로 첨부하는 한편, 위 시디 및 사진과 함께 증거로 제출하였다.

Q 위와 같은 사실관계를 전제로 할 때 위 시디와 사진은 1~47번 범행의 증거로 사용할 수 있는가?

[1] (위 전합 판례 법리와 동일한 내용 삭제)

[2] 다른 범행에 관한 동영상은 임의제출에 따른 압수의 동기가 된 범행의 동기와 경위, 범행 수단과 방법 등을 증명하기 위한 간접증거나 정황증거 등으로 사용될 수 있으므로 구체적·개별적 연관관계가 인정되어 관련성이 있는 증거에 해당하고, 경찰관이 피의자 신문 당시 휴대전화를 피고인과 함께 탐색하는 과정에서 발견된 다른 범행에 관한 동영상을 추출·복사하였고, 피고인이 직접 다른 범행에 관한 동영상을 토대로 '범죄일람표' 목록을 작성·제출하였으므로, 실질적으로 피고인에게 참여권이 보장되고, 전자정보 상세목록이 교부된 것과 다름이 없다는 이유로, 이와 달리 다른 범행에 관한 동영상의 증거능력을 부정한 원심을 파기한 사례(대판 2021.11.25. 2019도6730).

46. 〈휴대전화에서 다른 피해자들에 대한 전자정보를 압수한 사건〉

[사실관계]

경찰은 피해자 V에 대한 강제추행과 카메라 이용 촬영을 범죄사실로 하여 피고인 A의 휴대전화 등에 대한 압수수색영장을 발부받았고, 그 집행과정에서 V에 대한 범죄사실 외에도 다른 피해자들인 W 등에 대한 범죄사실과 관련한 전자정보를 압수하였다. 그리고 A는 피해자 V에 대한 음란물 제작과 성적 학대행위를 포함하여 다른 피해자들인 W 등에 대한 여러 범죄사실로 공소제기 되었다.

Q 위와 같은 사실관계를 전제로 할 때 W 등에 대한 전자정보는 증거능력이 인정될 수 있는가?

[1] (위 전합 판례 법리와 동일한 내용 삭제)

[2] 위 압수수색영장은 피해자 A에 대한 범죄사실과 관련한 직접증거뿐 아니라 그 증명에 도움이 되는 간접증거 또는 정황증거를 확보하기 위한 것이라고 볼 수 있고, 그 압수수색영장에 따라 압수된 전자정보

및 그 분석결과 등은 혐의사실의 간접증거 또는 정황증거로 사용될 수 있는 경우에 해당하여 압수수색영장 기재 혐의사실과의 객관적 관련성이 인정된다고 판단하여, 원심판결의 무죄부분 중 다른 피해자들에 대한 부분을 파기환송함(대판 2021.11.25. 2021도10034).

[사건의 경과]

(1) 수사기관은 피해자 A에 대한 강제추행과 카메라 이용 촬영을 범죄사실로 하여 피고인의 휴대전화 등에 대한 압수수색영장을 발부받았고, 그 집행과정에서 피해자 A에 대한 범죄사실 외에도 다른 피해자들에 대한 범죄사실과 관련한 전자정보를 압수함.

(2) 피고인은 피해자 A에 대한 음란물 제작과 성적 학대행위를 포함하여 다른 피해자들에 대한 여러 범죄사실로 공소제기되었는데, 원심은 피해자 A에 대한 음란물 제작과 성적 학대행위 부분만 유죄로 판단하고, 다른 피해자들에 대한 부분에 관하여는 각 범죄사실 사이에 객관적 관련성이 인정되지 않아 수사기관이 압수한 전자정보의 증거능력이 인정되지 않고 이를 근거로 한 2차적 증거도 인과관계가 희석·단절되지 않는다고 보아 무죄로 판단함

(3) 대법원은, 위 압수수색영장은 피해자 A에 대한 범죄사실과 관련한 직접증거뿐 아니라 그 증명에 도움이 되는 간접증거 또는 정황증거를 확보하기 위한 것이라고 볼 수 있고, 그 압수수색영장에 따라 압수된 전자정보 및 그 분석결과 등은 혐의사실의 간접증거 또는 정황증거로 사용될 수 있는 경우에 해당하여 압수수색영장 기재 혐의사실과의 객관적 관련성이 인정된다고 판단하여, 원심판결의 무죄부분 중 다른 피해자들에 대한 부분을 파기환송함.

47. 〈지하철에서 촬영한 사건과 주택에서 촬영한 사건은 구체적·개별적 연관관계가 없다는 판례〉

[1] (위 전합 판례 법리와 동일한 내용 삭제)

[2] 공중밀집장소인 지하철 내에서 여성을 촬영한 행위와 다세대 주택에서 몰래 당시 교제 중이던 여성의 나체와 음부를 촬영한 행위는 범행 시간과 장소뿐만 아니라 범행 동기와 경위, 범행 수단과 방법 등을 달리하므로, 간접증거와 정황증거를 포함하는 구체적·개별적 연관관계 있는 관련 증거의 법리에 의하더라도, 여성의 나체와 음부가 촬영된 사진은 임의제출에 따른 압수의 동기가 된 범죄혐의사실과 구체적·개별적 연관관계 있는 전자정보로 보기 어렵고, 위 사진 및 이 사건 휴대전화에서 삭제된 전자정보를 복원하여 이를 복제한 CD는 경찰이 피압수자인 피고인에게 참여의 기회를 부여하지 않은 상태에서 임의로 탐색·복제·출력한 전자정보로서, 피고인에게 압수한 전자정보 목록을 교부하거나 피고인이 그 과정에 참여하지 아니할 의사를 가지고 있는지 여부를 확인한 바가 없으므로, 수사기관이 영장 없이 이를 취득한 이상 증거능력이 없는 이유로 여성의 나체와 음부가 촬영된 사진의 증거능력을 부정한 원심판단에 법리오해의 잘못이 없다고 본 사례(대판 2021.11.25. 2016도82).

48. 〈모텔 주인이 손님이 설치한 위장형 카메라 임의제출한 사건〉★

[사실관계]

A는 ○○모텔에 투숙한 후 8개의 호실에 임의로 들어가 모텔 호실 내부에 위장형 소형 카메라를 설치하여 4개의 방에서 투숙한 V와 W 등의 나체 등을 촬영하였다. 그런데 306호실에 투숙한 V는 방안을 살펴보다 위장형 카메라를 발견하고 경찰에 위장형 카메라로 추정되는 물체를 발견했다는 신고를 하였다. 사법경찰관 P는 모텔을 수색하는 과정에서 모텔 주인 H로부터 8개의 위장형 소형 카메라를 임의제출받았다. P는 임의제출 받은 위장형 카메라에 삽입된 메모리카드에 저장된 전자정보를 탐색하여 205, 308, 507호에서 불상 남녀의 성관계 모습과 나체가 촬영된 동영상을 발견하고 이를 캡처한 사진을 출력하여 기록에 편철하였다.

Q 위와 같은 사실관계를 전제로 할 때 205, 308, 507호에서 성관계 모습과 나체가 촬영된 동영상은 증거능력이 있는가?

[1] (위 전합 판례 법리와 동일한 내용 삭제)

[2] 다만 위 전원합의체 판결의 경우와 달리 수사기관이 임의제출받은 정보저장매체가 그 기능과 속성상 **임의제출에 따른 적법한 압수의 대상이 되는 전자정보와 그렇지 않은 전자정보가 혼재될 여지가 거의 없어 사실상 대부분 압수의 대상이 되는 전자정보만이 저장되어 있는 경우**에는 소지·보관자의 임의제출에 따른 통상의 압수절차 외에 피압수자에게 참여의 기회를 보장하지 않고 전자정보 압수목록을 작성·교부하지 않았다는 점만으로 곧바로 증거능력을 부정할 것은 아니다.

[3] 이 사건 각 위장형 카메라에 저장된 모텔 내 3개 호실에서 촬영된 영상은 임의제출에 따른 압수의 동기가 된 다른 호실에서 촬영한 범행과 범행의 동기와 경위, 범행 수단과 방법 등을 증명하기 위한 간접증거나 정황증거 등으로 사용될 수 있으므로 구체적·개별적 연관관계가 인정되어 관련성이 있는 증거에 해당하고, 임의제출된 이 사건 각 위장형 카메라 및 그 메모리카드에 저장된 전자정보처럼 오직 불법촬영을 목적으로 방실 내 나체나 성행위 모습을 촬영할 수 있는 벽 등에 은밀히 설치되고, 촬영대상 목표물의 동작이 감지될 때에만 카메라가 작동하여 촬영이 이루어지는 등, 그 설치 목적과 장소, 방법, 기능, 작동원리상 소유자의 사생활의 비밀 기타 인격적 법익의 관점에서 그 소지·보관자의 임의제출에 따른 적법한 압수의 대상이 되는 전자정보와 구별되는 별도의 보호 가치 있는 전자정보의 혼재 가능성을 상정하기 어려운 경우에는 피고인 내지 변호인에게 참여의 기회를 보장하지 않고 전자정보 압수목록을 작성·교부하지 않았다는 점만으로 곧바로 증거능력을 부정할 것은 아니라는 이유로, 이와 달리 모텔 내 다른 3개 호실에서 촬영된 영상의 증거능력을 부정한 원심을 파기한 사례(대판 2021.11.25. 2019도7342).

정경심 사건 판례 정리

---

49. 〈정경심 사건〉★★

[수사 과정]

⑴ 검찰은 2019. 9. 10.경까지 피고인에 대한 2012. 9. 7. ○○대 총장 명의 표창장에 관한 사문서위조(서울중앙지방법원 2019고합738호 공소사실), 공소외 1의 △△대 및 ▢▢대 의학전문대학원 지원 과정에서의 위 표창장의 제출로 인한 위조사문서행사, 위 표창장 및 그 밖에 허위 경력의 기재로 인한 ▢▢대 의학전문대학원 입학사정 업무에 관한 위계공무집행방해 등 공소외 1의 의학전문대학원 부정지원 관련 범행을 범죄혐의사실로 하여 피고인의 ○○대 교수연구실, ◇◇◇고 등에 대한 압수·수색영장 집행 등의 수사를 진행하였다.

⑵ 공소외 2는 2019. 3. 1.부터 ○○대 ☆☆학부 조교를 맡아 ○○대 강사휴게실 및 그 안에 있는 물건들을 전임자로부터 인계받아 관리하는 업무를 담당하고 있었다. 이 사건 각 PC는 권리관계에 관한 별도의 표식 없이 강사휴게실 내에 보관되고 있었다.

⑶ 이 사건 각 PC의 소유·관리 상태에 관한 공소외 2 진술의 기본적인 취지는 전임자로부터 '퇴직자들이 놔두고 간 물건이니 학교당국에 반납하거나 알아서 처리하라.'고 들어서 그와 같이 알고 있었다는 것이다. 나아가 공소외 2의 진술에 의하면, 이 사건 각 PC의 사용을 희망하는 교수가 있을 경우 이를 제공하려고 하였다는 것이다.

⑷ 피고인 측도 제1심 제1회 공판기일에서 이 사건 각 PC를 피고인이 사용한 사실이 없고 ○○대에서 공용PC로만 사용되었다고 주장하였고, 그 후 원심에 이르기까지 주장이 수차례 변경되기는 하였으나, 그 기본적인 취지는 이 사건 각 PC를 ○○대에서 공용PC로 사용하다가 피고인이 일정 기간 자신의 주거지 등으로 가져가 사용하였으며 2016. 12.경 ○○대 영어캠프 등에서 공용PC로 사용할 수 있도록 다시 ○○대로 가져다 놓았다는 것으로, 이는 이 사건 압수·수색 당시 이 사건 각 PC의 객관적, 현실적인 지배·보관 및 그 관리처분권의 귀속이 ○○대 측에 있었던 상태와 부합한다.

⑸ 공소외 2는 ○○대 측의 협조지시를 토대로 2019. 9. 10. 검찰수사관들에게 ○○대 ☆☆학부 건물 내부를 안내하는 등으로 수사에 협조하던 중 검찰수사관의 요청에 따라 검찰수사관이 이 사건 각 PC 중 1대를 구동하여 거기에 저장된 전자정보를 확인할 수 있도록 하였다. 이처럼 공소외 2와 함께 있는 가운데 검찰수사관이 위 PC에 저장된 전자정보를 탐색하는 과정에서 공소외 3 관련 폴더를 발견하였고, 그 탐색이 계속되던 중 위 PC에서 '픽' 소리가 나면서 전원이 꺼지는 사태가 발생하자, 검찰수사관은 위 공소외 2와 ○○대의 물품 관리를 총괄하는 행정지원처장 공소외 4에게 위 현장에서의 탐색을 중단하고 이 사건 각 PC를 검찰에 제출하여 줄 수 있는지 문의·요청하였다.

⑹ 이에 공소외 2와 공소외 4는 검찰수사관의 요청에 응하여 임의로 이 사건 각 PC를 제출하였고, 그와 같은 경위로 이 사건 각 PC를 임의로 제출한다는 취지의 내용과 그 하단에 임의제출목록으로 이 사건 각 PC가 기재되어 있는 '임의제출동의서'에 자신들의 인적사항을 기재하고 서명 및 무인을 하였다.

⑺ 당시 검찰수사관은 공소외 2, 공소외 4에게 이 사건 각 PC의 이미징 및 탐색, 전자정보 추출 등 과정에 참관할 의사가 있는지 확인하였으나, 공소외 2, 공소외 4는 참관하지 않겠다고 대답하였다. 그 후 공소외 2, 공소외 4는 '임의제출된 정보저장매체에 대한 하드카피·이미징, 전자정보의 탐색 및 복제(출력) 등 과정에 참관하지 않겠다.'는 취지의 '정보저장매체 제출 및 이미징 등 참관여부 확인서'(이하 '참관여부 확인서'라 한다)의 '피압수자(임의제출자)'란에 자신들의 인적사항을 기재하고 서명 및 무인을 하였다.

⑻ 검찰수사관은 공소외 2, 공소외 4로부터 위 '임의제출동의서', '참관여부 확인서'를 각 제출받고, 공소외 2, 공소외 4에게 이 사건 각 PC에 관한 '압수목록 교부서'를 교부한 후 이 사건 각 PC를 대검찰청으로 가져갔다. 그 과정에서 공소외 2, 공소외 4에게 이 사건 각 PC에 저장된 전자정보의 구체적인 제출 범위에 관한 의사를 추가로 다시 확인하지는 않았다.

⑼ 그 후 검찰은 이 사건 각 PC에 대한 이미징 및 포렌식 작업을 하여 전자정보를 추출하였고, 이에 따라 ○○대 총장 명의 표창장에 관한 사문서위조 범행이 2013. 6. 16.경 이 사건 각 PC 중 1대를 이용하여 이루어진 정황이 발견되었다.

⑽ 이에 검찰은 2019. 11. 27. 서울중앙지방법원 2019고합738호 사건에서 '피고인이 2012. 9. 7. ○○대에서 ○○대 총장 직인을 임의로 날인하여 ○○대 총장 명의 표창장을 위조하였다.'는 기존 공소사실을, '피고인이 2013. 6. 16. 주거지에서 PC를 이용하여 전자파일로 ○○대 총장 명의 표창장을 위조하였다.'는 취지로 공소장변경허가 신청을 하였으나, 재판부로부터 공소사실의 동일성이 인정되지 않는다는 이유로 허가를 받지 못하자, 2019. 12. 17. 서울중앙지방법원 2019고합1050호로 위 공소장변경허가 신청과 같은 내용의 공소사실로 추가 기소를 하였다.

⑾ 검찰은 2020. 2. 11. 공소외 2, 공소외 4에게 이 사건 각 PC에서 추출되어 압수된 전자정보의 파일 명세가 특정된 목록을 교부하였다.

⑿ 이 사건 각 PC에 저장된 전자정보는 2013. 6. 16. 사문서위조(서울중앙지방법원 2019고합1050호 공소사실) 등 이 사건 공소사실 중 공소외 1의 의학전문대학원 부정지원 관련 범행의 증거로 사용되었다.

Q 전자정보를 압수하고자 하는 수사기관이 정보저장매체와 거기에 저장된 전자정보를 임의제출의 방식으로 압수할 때, 제출자의 구체적인 제출 범위에 관한 의사를 제대로 확인하지 않는 등의 사유로 인해 임의제출자의 의사에 따른 전자정보 압수의 대상과 범위가 명확하지 않거나 이를 알 수 없는 경우에는 임의제출에 따른 압수의 동기가 된 범죄혐의사실과 관련되고 이를 증명할 수 있는 최소한의 가치가 있는 전자정보에 한하여 압수의 대상이 되는가?

[1] 헌법과 형사소송법이 구현하고자 하는 적법절차, 영장주의, 비례의 원칙은 물론, 사생활의 비밀과 자유, 정보에 대한 자기결정권 및 재산권의 보호라는 관점에서 정보저장매체 내 전자정보가 가지는 중요성에 비추어 볼 때, 정보저장매체를 임의제출하는 사람이 거기에 담긴 전자정보를 지정하거나 제출 범위를 한정하는 취지로 한 의사표시는 엄격하게 해석하여야 하고, 확인되지 않은 제출자의 의사를 수사기관이 함부로 추단하는 것은 허용될 수 없다. 따라서 수사기관이 제출자의 의사를 쉽게 확인할 수 있음에도 이를 확인하지 않은 채 특정 범죄혐의사실과 관련된 전자정보와 그렇지 않은 전자정보가 혼재된 정보저장매체를 임의제출받은 경우, 그 정보저장매체에 저장된 전자정보 전부가 임의제출되어 압수된 것으로 취급할 수는 없다.

전자정보를 압수하고자 하는 수사기관이 정보저장매체와 거기에 저장된 전자정보를 임의제출의 방식으로 압수할 때, 제출자의 구체적인 제출 범위에 관한 의사를 제대로 확인하지 않는 등의 사유로 인해 임의제출자의 의사에 따른 전자정보 압수의 대상과 범위가 명확하지 않거나 이를 알 수 없는 경우에는 임의제출에 따른 압수의 동기가 된 범죄혐의사실과 관련되고 이를 증명할 수 있는 최소한의 가치가 있는 전자정보에 한하여 압수의 대상이 된다. 이때 범죄혐의사실과 관련된 전자정보에는 범죄혐의사실 그 자체 또는 그와 기본적 사실관계가 동일한 범행과 직접 관련되어 있는 것은 물론 범행 동기와 경위, 범행 수단과 방법, 범행 시간과 장소 등을 증명하기 위한 간접증거나 정황증거 등으로 사용될 수 있는 것도 포함될 수 있다. 다만 그 관련성은 임의제출에 따른 압수의 동기가 된 범죄혐의사실의 내용과 수사의 대상, 수사의 경위, 임의제출의 과정 등을 종합하여 구체적·개별적 연관관계가 있는 경우에만 인정되고, 범죄혐의사실과 단순히 동종 또는 유사 범행이라는 사유만으로 관련성이 있다고 할 것은 아니다.

Q 수사기관이 그 정보저장매체 등을 수사기관 사무실 등으로 옮겨 이를 탐색·복제·출력하는 경우, 그와 같은 일련의 과정에서 피압수·수색 당사자나 그 변호인에게 참여의 기회를 보장하고 압수된 전자정보의 파일 명세가 특정된 압수목록을 작성·교부하여야 하며 범죄혐의사실과 무관한 전자정보의 임의적인 복제 등을 막기 위한 적절한 조치를 취하는 등 영장주의 원칙과 적법절차를 준수하여야 하는가?

[2] 압수의 대상이 되는 전자정보와 그렇지 않은 전자정보가 혼재된 정보저장매체나 그 복제본을 임의제출받은 수사기관이 그 정보저장매체 등을 수사기관 사무실 등으로 옮겨 이를 탐색·복제·출력하는 경우, 그와 같은 일련의 과정에서 형사소송법 제219조, 제121조에서 규정하는 피압수·수색 당사자(이하 '피압수자'라 한다)나 그 변호인에게 참여의 기회를 보장하고 압수된 전자정보의 파일 명세가 특정된 압수목록을 작성·교부하여야 하며 범죄혐의사실과 무관한 전자정보의 임의적인 복제 등을 막기 위한 적절한 조치를 취하는 등 영장주의 원칙과 적법절차를 준수하여야 한다. 만약 그러한 조치가 취해지지 않았다면 피압수자 측이 참여하지 아니한다는 의사를 명시적으로 표시하였거나 임의제출의 취지와 경과 또는 그 절차 위반행위가 이루어진 과정의 성질과 내용 등에 비추어 피압수자 측에 절차 참여를 보장한 취지가 실질적으로 침해되었다고 볼 수 없을 정도에 해당한다는 등의 특별한 사정이 없는 이상 압수·수색이 적법하다고 평가할 수 없고, 비록 수사기관이 정보저장매체 또는 복제본에서 범죄혐의사실과 관련된 전자정보만을 복제·출력하였다 하더라도 달리 볼 것은 아니다.

Q 정보저장매체를 임의제출한 피압수자에 더하여 임의제출자 아닌 피의자에게도 참여권이 보장되어야 하는가?

[3] 피해자 등 제3자가 피의자의 소유·관리에 속하는 정보저장매체를 영장에 의하지 않고 임의제출한 경우에는 실질적 피압수·수색 당사자(이하 '피압수자'라 한다)인 피의자가 수사기관으로 하여금 그 전자정보 전부를 무제한 탐색하는 데 동의한 것으로 보기 어려울 뿐만 아니라 피의자 스스로 임의제출한 경우 피의자의 참여권 등이 보장되어야 하는 것과 견주어 보더라도 특별한 사정이 없는 한 형사소송법 제219조, 제121조, 제129조에 따라 피의자에게 참여권을 보장하고 압수한 전자정보 목록을 교부하는 등 피의자의 절차적 권리를 보장하기 위한 적절한 조치가 이루어져야 한다.

이와 같이 정보저장매체를 임의제출한 피압수자에 더하여 임의제출자 아닌 피의자에게도 참여권이 보장되어야 하는 '피의자의 소유·관리에 속하는 정보저장매체'란, 피의자가 압수·수색 당시 또는 이와 시간적으로 근접한 시기까지 해당 정보저장매체를 현실적으로 지배·관리하면서 그 정보저장매체 내 전자정보 전반에 관한 전속적인 관리처분권을 보유·행사하고, 달리 이를 자신의 의사에 따라 제3자에게 양도하거나 포기하지 아니한 경우로써, **피의자를 그 정보저장매체에 저장된 전자정보에 대하여 실질적인 피압수자로 평가할 수 있는 경우를 말하는 것이다.** 이에 해당하는지 여부는 민사법상 권리의 귀속에 따른 법률적·사후적 판단이 아니라 압수·수색 당시 외형적·객관적으로 인식 가능한 사실상의 상태를 기준으로 판단하여야 한다. 이러한 정보저장매체의 외형적·객관적 지배·관리 등 상태와 별도로 단지 피의자나 그 밖의 제3자가 과거 그 정보저장매체의 이용 내지 개별 전자정보의 생성·이용 등에 관여한 사실이 있다거나 그 과정에서 생성된 전자정보에 의해 식별되는 정보주체에 해당한다는 사정만으로 그들을 실질적으로 압수·수색을 받는 당사자로 취급하여야 하는 것은 아니다.

Q 금융계좌추적용 압수·수색영장의 집행에 있어서 수사기관이 금융기관으로부터 금융거래자료를 수신하기에 앞서 금융기관에 영장 원본을 사전에 제시하지 않았다면 예외없이 위법한 집행이 되는가?

[4] 수사기관의 압수·수색은 법관이 발부한 압수·수색영장에 의하여야 하는 것이 원칙이고, 영장의 원본은 처분을 받는 자에게 반드시 제시되어야 하므로, 금융계좌추적용 압수·수색영장의 집행에 있어서도 수사기관이 금융기관으로부터 금융거래자료를 수신하기에 앞서 **금융기관에 영장 원본을 사전에 제시하지 않았다면 원칙적으로 적법한 집행 방법이라고 볼 수는 없다.**

다만 수사기관이 금융기관에 금융실명거래 및 비밀보장에 관한 법률(이하 '금융실명법'이라 한다) 제4조 제2항에 따라서 금융거래정보에 대하여 영장 사본을 첨부하여 그 제공을 요구한 결과 금융기관으로부터 회신받은 금융거래자료가 해당 영장의 집행 대상과 범위에 포함되어 있고, 이러한 모사전송 내지 전자적 송수신 방식의 금융거래정보 제공요구 및 자료 회신의 전 과정이 해당 금융기관의 자발적 협조의사에 따른 것이며, 그 자료 중 범죄혐의사실과 관련된 금융거래를 선별하는 절차를 거친 후 최종적으로 영장 원본을 제시하고 위와 같이 선별된 금융거래자료에 대한 압수절차가 집행된 경우로서, 그 과정이 금융실명법에서 정한 방식에 따라 이루어지고 달리 적법절차와 영장주의 원칙을 잠탈하기 위한 의도에서 이루어진 것이라고 볼 만한 사정이 없어, **이러한 일련의 과정을 전체적으로 '하나의 영장에 기하여 적시에 원본을 제시하고 이를 토대로 압수·수색하는 것'으로 평가할 수 있는 경우에 한하여, 예외적으로 영장의 적법한 집행 방법에 해당한다고 볼 수 있다**(대판 2022.1.27. 2021도11170).

[사건의 경과]

(1) 이 사건 각 PC의 임의제출에 따른 압수·수색 당시 외형적·객관적으로 인식 가능한 사실상의 상태를 기준으로 볼 때, 이 사건 각 PC나 거기에 저장된 전자정보가 피고인의 소유·관리에 속한 경우에 해당하지 않고, 오히려 이 사건 각 PC에 저장된 전자정보 전반에 관하여 당시 대학교 측이 포괄적인 관리처분권을 사실상 보유·행사하고 있는 상태에 있었다고 인정된다고 보아, 이 사건 각 PC에 저장된 전자정보의

압수·수색은 대법원 2016도348 전원합의체 판결이 설시한 법리에 따르더라도 피의자에게 참여권을 보장하여야 하는 경우에 해당하지 아니한다고 판단하였음.

(2) 이러한 정보저장매체에 대한 지배·관리 등의 상태와 무관하게 개별 전자정보의 생성·이용 등에 관여한 자들 혹은 그 과정에서 생성된 전자정보에 의해 식별되는 사람으로서 그 정보의 주체가 되는 사람들에게까지 모두 참여권을 인정하여야 한다는 취지의 피고인의 주장을 배척하였음.

(3) 이 사건 각 금융계좌추적용 압수·수색영장의 집행 과정을 살펴보면, 수사기관이 금융기관으로부터 금융거래자료를 수신하기에 앞서 영장 원본을 사전에 제시하지 않았다고 하더라도 그 후 범죄혐의사실과 관련된 자료의 선별 절차를 거친 후 최종적으로 영장 원본을 제시하고 그 선별된 자료를 직접 압수하는 일련의 과정이 전체적으로 하나의 영장에 기하여 적시에 원본을 제시하고 이를 토대로 영장의 당초 집행 대상과 범위 내에서 이를 압수·수색한 것으로 평가할 수 있는 경우에 해당하고, 수사기관이 적법절차와 영장주의 원칙을 잠탈하려는 의도에서 위와 같은 방법으로 집행하였다고 인정할 만한 사정도 보이지 아니한다고 판단하였음.

기타 정보저장매체 관련 판례

50. 〈무관정보를 삭제·폐기하지 않은 사건〉★★

Q 예외적으로 저장매체에 들어 있는 전자파일 전부를 하드카피나 이미징(imaging) 등의 형태(이하 '복제본'이라 한다)로 수사기관 사무실 등으로 반출한 경우에 반출한 저장매체 또는 복제본에서 혐의사실 관련성에 대한 구분 없이 임의로 저장된 전자정보를 문서로 출력하거나 파일로 복제하는 행위는 원칙적으로 허용되는가?

[1] 수사기관은 압수의 목적물이 전자정보가 저장된 저장매체인 경우에는 압수·수색영장 발부의 사유로 된 범죄 혐의사실과 관련 있는 정보의 범위를 정하여 출력하거나 복제하여 이를 제출받아야 하고, 이러한 과정에서 혐의사실과 무관한 전자정보의 임의적인 복제 등을 막기 위한 적절한 조치를 취하는 등 영장주의 원칙과 적법절차를 준수하여야 한다. 따라서 저장매체의 소재지에서 압수·수색이 이루어지는 경우는 물론 예외적으로 저장매체에 들어 있는 전자파일 전부를 하드카피나 이미징(imaging) 등의 형태(이하 '복제본'이라 한다)로 수사기관 사무실 등으로 반출한 경우에도 반출한 저장매체 또는 복제본에서 혐의사실 관련성에 대한 구분 없이 임의로 저장된 전자정보를 문서로 출력하거나 파일로 복제하는 행위는 원칙적으로 영장주의 원칙에 반하는 위법한 압수가 된다.

Q 압수된 정보의 상세목록에는 정보의 파일 명세가 특정되어 있어야 하는가?

[2] 법원은 압수·수색영장의 집행에 관하여 범죄 혐의사실과 관련 있는 정보의 탐색·복제·출력이 완료된 때에는 지체 없이 압수된 정보의 상세목록을 피의자 등에게 교부할 것을 정할 수 있다. 압수물 목록은 피압수자 등이 압수처분에 대한 준항고를 하는 등 권리행사절차를 밟는 가장 기초적인 자료가 되므로, 수사기관은 이러한 권리행사에 지장이 없도록 압수 직후 현장에서 압수물 목록을 바로 작성하여 교부해야 하는 것이 원칙이다. 이러한 압수물 목록 교부 취지에 비추어 볼 때, 압수된 정보의 상세목록에는 정보의 파일 명세가 특정되어 있어야 한다.

Q 수사기관이 범죄 혐의사실과 관련 있는 정보를 선별하여 압수한 후에도 그와 관련이 없는 나머지 정보를 삭제 · 폐기 · 반환하지 아니한 채 그대로 보관하고 있는 것은 허용되는가?

[3] 법원은 압수 · 수색영장의 집행에 관하여 범죄 혐의사실과 관련 있는 전자정보의 탐색 · 복제 · 출력이 완료된 때에는 지체 없이 영장 기재 범죄 혐의사실과 관련이 없는 나머지 전자정보에 대해 삭제 · 폐기 또는 피압수자 등에게 반환할 것을 정할 수 있다. 수사기관이 범죄 혐의사실과 관련 있는 정보를 선별하여 압수한 후에도 그와 관련이 없는 나머지 정보를 삭제 · 폐기 · 반환하지 아니한 채 그대로 보관하고 있다면 범죄 혐의사실과 관련이 없는 부분에 대하여는 압수의 대상이 되는 전자정보의 범위를 넘어서는 전자정보를 영장 없이 압수 · 수색하여 취득한 것이어서 위법하고, 사후에 법원으로부터 압수 · 수색영장이 발부되었다거나 피고인이나 변호인이 이를 증거로 함에 동의하였다고 하여 그 위법성이 치유된다고 볼 수 없다.

[4] 수사기관이 압수 · 수색영장에 기재된 범죄 혐의사실과의 관련성에 대한 구분 없이 임의로 전체의 전자정보를 복제 · 출력하여 이를 보관하여 두고, 그와 같이 선별되지 않은 전자정보에 대해 구체적인 개별 파일 명세를 특정하여 상세목록을 작성하지 않고 '….zip'과 같이 그 내용을 파악할 수 없도록 되어 있는 포괄적인 압축파일만을 기재한 후 이를 전자정보 상세목록이라고 하면서 피압수자 등에게 교부함으로써 범죄 혐의사실과 관련성 없는 정보에 대한 삭제 · 폐기 · 반환 등의 조치도 취하지 아니하였다면, 이는 결국 수사기관이 압수 · 수색영장에 기재된 범죄 혐의사실과 관련된 정보 외에 범죄 혐의사실과 관련이 없어 압수의 대상이 아닌 정보까지 영장 없이 취득하는 것일 뿐만 아니라, 범죄혐의와 관련 있는 압수 정보에 대한 상세목록 작성 · 교부의무와 범죄혐의와 관련 없는 정보에 대한 삭제 · 폐기 · 반환의무를 사실상 형해화하는 결과가 되는 것이어서 영장주의와 적법절차의 원칙을 중대하게 위반한 것으로 봄이 타당하다 (만약 수사기관이 혐의사실과 관련 있는 정보만을 선별하였으나 기술적인 문제로 정보 전체를 1개의 파일 등으로 복제하여 저장할 수밖에 없다고 하더라도 적어도 압수목록이나 전자정보 상세목록에 압수의 대상이 되는 전자정보 부분을 구체적으로 특정하고, 위와 같이 파일 전체를 보관할 수밖에 없는 사정을 부기하는 등의 방법을 취할 수 있을 것으로 보인다). 따라서 이와 같은 경우에는 영장 기재 범죄 혐의사실과의 관련성 유무와 상관없이 수사기관이 임의로 전자정보를 복제 · 출력하여 취득한 정보 전체에 대해 그 압수는 위법한 것으로 취소되어야 한다고 봄이 타당하고, 사후에 법원으로부터 그와 같이 수사기관이 취득하여 보관하고 있는 전자정보 자체에 대해 다시 압수 · 수색영장이 발부되었다고 하여 달리 볼 수 없다(대결 2022.1.14. 2021모1586).

[사건의 경과]

(1) 'A의 특정 혐의사실과 관련성 있는 정보만을 압수 · 수색하고, 관련성 없는 정보는 삭제 등을 할 것' 등으로 압수수색의 대상과 방법을 제한한 압수수색영장(1영장)에 기하여, 수사기관이 갑의 휴대전화를 압수 · 수색하면서 휴대전화에 저장된 정보를 하나의 압축파일로 수사기관의 저장매체에 보관하여 두고, 그 압축파일명을 그대로 기재한 상세목록을 작성하여 갑에게 교부하였는데, 이후 A의 특정 혐의사실과는 관련이 없는 갑의 별개 혐의사실에 대한 수사가 개시되자, 수사기관이 위 저장매체에 보관하여 둔 압축파일(갑의 휴대전화 전자정보)에 대해 다시 압수수색영장(2영장, 3영장)을 발부받아 이를 집행하자, 이에 대한 압수의 취소를 구하는 사안임.

(2) 대법원은 1영장에 기한 압수수색은 결국 혐의사실과 관련성 있는 부분만을 선별하려는 조치를 취하지도 않았고, 이후 관련 없는 부분에 대해 삭제 등의 조치를 취하지도 않았으며 유관 · 무관정보를 가리지 않은 채 1개의 파일로 압축하여 이를 보관하여 두고 그 파일 이름을 적은 서면을 상세목록이라고 하여 교부한 이상, 1영장에 기한 압수 전부가 위법하고, 이후 2영장, 3영장이 발부되었다고 하더라도 그 위법성이 치유되지 않는다고 보아, 이와 달리 판단한 원심결정을 파기환송함.

51. 〈수사기관의 압수 · 수색영장 집행에 대한 사전적 · 사후적 통제수단을 정리한 판례〉★

[1] 강제수사는 범죄수사 목적을 위하여 필요 최소한의 범위 내에서만 이루어져야 하므로(형사소송법 제199조 제1항), 수사기관의 압수 · 수색 또한 범죄수사에 필요한 경우에 한하여 피의자가 죄를 범하였다고 의심할 만한 정황이 있고 해당 사건과 관계가 있다고 인정할 수 있는 것에 한정하여 이루어져야 한다(형사소송법 제215조). 수사기관이 압수 또는 수색을 할 때에는 처분을 받는 사람에게 반드시 적법한 절차에 따라 법관이 발부한 영장을 사전에 제시하여야 하고(헌법 제12조 제3항 본문, 형사소송법 제219조 및 제118조), 피의자 · 피압수자 또는 변호인(이하 '피의자 등'이라 한다)은 압수 · 수색영장의 집행에 참여할 권리가 있으므로(형사소송법 제219조, 제121조), 수사기관이 압수 · 수색영장을 집행할 때에도 원칙적으로는 피의자 등에게 미리 집행의 일시와 장소를 통지하여야 한다(형사소송법 제219조, 제122조). 한편 수사기관은 압수영장을 집행한 직후에 압수목록을 곧바로 작성하여 압수한 물건의 소유자 · 소지자 · 보관자 기타 이에 준하는 사람에게 교부하여야 한다(형사소송법 제219조, 제129조). 헌법과 형사소송법이 정한 이러한 규정의 체계 · 내용을 종합하여 보면, 압수 · 수색영장은 수사기관의 범죄수사 목적을 위하여 필요한 최소한의 범위 내에서만 신청 · 청구 · 발부되어야 하고, 이를 전제로 **한 수사기관의 압수 · 수색영장 집행에 대한 사전적 통제수단**으로, ① 압수 · 수색의 대상자에게 집행 이전에 반드시 영장을 제시하도록 함으로써 법관이 발부한 영장 없이 압수 · 수색을 하는 것을 방지하여 영장주의 원칙을 절차적으로 보장하고, 압수 · 수색영장에 기재된 물건 · 장소 · 신체에 한정하여 압수 · 수색이 이루어질 수 있도록 함으로써 개인의 사생활과 재산권의 침해를 최소화하며, ② 피의자 등에게 미리 압수 · 수색영장의 집행 일시와 장소를 통지함으로써 압수 · 수색영장의 집행 과정에 대한 참여권을 실질적으로 보장하고, 나아가 압수 · 수색영장의 집행 과정에서 피의사실과 관련성이 있는 압수물의 범위가 부당하게 확대되는 것을 방지함으로써 영장 집행절차의 적법성 · 적정성을 확보하도록 하였다. 또한 수사기관의 압수 · 수색**영장 집행에 대한 사후적 통제수단 및 피의자 등의 신속한 구제절차**로 마련된 준항고 등(형사소송법 제417조)을 통한 불복의 기회를 실질적으로 보장하기 위하여 수사기관으로 하여금 압수 · 수색영장의 집행을 종료한 직후에 압수목록을 작성 · 교부할 의무를 규정하였다.

[2] 헌법과 형사소송법이 정한 절차와 관련 규정, 그 입법 취지 등을 충실히 구현하기 위하여, 수사기관은 압수 · 수색영장의 집행기관으로서 피압수자로 하여금 법관이 발부한 영장에 의한 압수 · 수색이라는 강제처분이 이루어진다는 사실을 확인할 수 있도록 형사소송법이 압수 · 수색영장에 필요적으로 기재하도록 정한 사항이나 그와 일체를 이루는 내용까지 구체적으로 충분히 인식할 수 있는 방법으로 압수 · 수색영장을 제시하여야 하고, 증거인멸의 가능성이 최소화됨을 전제로 영장 집행 과정에 대한 참여권이 충실히 보장될 수 있도록 사전에 피의자 · 피압수자 또는 변호인(이하 '피의자 등'이라 한다)에 대하여 집행일시와 장소를 통지하여야 함은 물론 피의자 등의 참여권이 형해화되지 않도록 그 통지의무의 예외로 규정된 '피의자 등이 참여하지 아니한다는 의사를 명시한 때 또는 급속을 요하는 때'라는 사유를 엄격하게 해석하여야 하며, 준항고 등을 통한 권리구제가 신속하면서도 실질적으로 이루어질 수 있도록 압수목록을 작성할 때 압수방법 · 장소 · 대상자별로 명확히 구분하여 압수물의 품종 · 종류 · 명칭 · 수량 · 외형상 특징 등을 최대한 구체적이고 정확하게 특정하여 기재하여야 한다.

[3] 저장매체에 대한 압수 · 수색 과정에서 범위를 정하여 출력 또는 복제하는 방법이 불가능하거나 압수의 목적을 달성하기에 현저히 곤란한 예외적인 사정이 인정되어 전자정보가 담긴 저장매체 또는 하드카피나 이미징 등 형태를 수사기관 사무실 등으로 옮겨 복제 · 탐색 · 출력할 수는 있다. 그러나 압수 · 수색 과정에서 위와 같은 예외적인 사정이 존재하였다는 점에 대하여는 영장의 집행기관인 수사기관이 이를 구체적으로 증명하여야 하고, 이러한 증명이 이루어졌음을 전제로 전자정보가 담긴 저장매체 또는 하드카피 · 이미징 등 형태를 수사기관 사무실 등으로 옮겨 복제 · 탐색 · 출력을 통하여 압수 · 수색영장을 집행하는 경우에도 그 과정에서 피의자 · 피압수자 또는 변호인(이하 '피의자 등'이라 한다)에게 참여의 기회를 보장하고 혐의사실과 무관한 전자정보의 임의적 복제 등을 막기 위한 적법한 조치를 하는 등 헌법상 영장

주의 및 적법절차의 원칙을 준수하여야 한다. 만약 그러한 조치를 취하지 않았다면, 그럼에도 피의자 등에 대하여 절차 참여를 보장한 취지가 실질적으로 침해되지 않았다고 볼 수 있는 특별한 사정이 없는 이상, 압수·수색을 적법하다고 평가할 수 없다.

[4] 피의자에 대한 체포영장 집행 직후부터 압수·수색영장의 집행에 따른 압수처분이 수사기관의 영장청구권 및 영장의 집행권한 남용에 해당하여 임의수사의 원칙과 비례성의 원칙에 위반되고, 영장의 사전제시 의무 해태에 따른 영장주의 원칙 위반, 영장 집행 일시·장소에 대한 사전 통지의무를 위반 및 준항고인 등의 참여권을 박탈한 위법이 있으며, 압수목록 작성 시 압수방법·장소·대상자별로 구분하지 않은 상태에서 압수물의 대부분이 누락되었고 기재 내용·방식 역시 지나치게 포괄적이며 이마저도 준항고인에게 교부되지 않은 위법이 있고, 전자정보에 대한 압수·수색은 영장에 명시된 '압수 대상 및 방법의 제한'을 위반하였으며 그 전체 과정에서 준항고인 등의 참여권이 보장되지도 않았고, 집행 후 준항고인에게 전자정보 상세목록을 교부하지도 않았으며, 저장매체 원본의 반환기간이 도과되었을 뿐만 아니라 담당검사 등이 적법한 절차 없이 압수한 전자정보를 개인 저장매체에 저장·반출하여 장기간 보유하는 등 여러 측면에서 위법하다고 보아, 같은 취지에서 압수처분을 전부 취소한 원심결정을 수긍한 사례(대결 2022.7.14. 2019모2584).

제3절 l 수사상의 검증

특별한 대물적 강제수사 관련 판례
---

52. 〈종료된 대화의 녹음물을 재생하여 듣는 것은 통신비밀보호법상 '청취'에 해당하지 않는다는 판례〉

Q 종료된 대화의 녹음물을 재생하여 듣는 것은 통신비밀보호법상 '청취'에 해당하는가?

통신비밀보호법(이하 법명은 생략한다) 제3조 제1항은 누구든지 이 법과 형사소송법 또는 군사법원법의 규정에 의하지 아니하고는 우편물의 검열·전기통신의 감청 또는 공개되지 않은 타인간의 대화를 녹음 또는 청취하지 못한다고 규정하고 있고, 제16조 제1항은 이를 위반하는 행위를 처벌하도록 규정하고 있다. 여기서 '청취'는 타인간의 대화가 이루어지고 있는 상황에서 실시간으로 그 대화의 내용을 엿듣는 행위를 의미하고, 대화가 이미 종료된 상태에서 그 대화의 녹음물을 재생하여 듣는 행위는 '청취'에 포함되지 않는다(대판 2024.2.29. 2023도8603).

[사실관계]
피고인은 2020. 2. 배우자와 함께 거주하는 아파트 거실에 녹음기능이 있는 영상정보 처리기기(이른바 '홈캠')를 설치하였고, 2020. 5. 1. 13:00경 위 거실에서 배우자와 그 부모 및 동생이 대화하는 내용이 위 기기에 자동 녹음되었음. 이에 대하여 피고인은 "공개되지 아니한 타인간 대화를 청취하고 그 내용을 누설"하여 통신비밀보호법 제16조, 제3조를 위반한 것으로 기소된 사안임

[원심의 판단]
원심은, 종료된 대화의 녹음물을 재생하여 듣는 것이 통신비밀보호법상 '청취'에 해당하지 않는다고 보아 무죄를 선고하였음

[대법원의 판단]
대법원은, 위와 같은 법리를 설시하면서 피고인을 무죄로 판단한 원심을 수긍하여 상고를 기각함

제3장 수사의 종결

제1절 | 수사의 종결
제2절 | 공소제기 후의 수사

제4장 공소의 제기

제1절 | 공소제기의 기본원칙
제2절 | 공소와 공소권남용이론
제3절 | 공소제기의 방식

공소장 제출 관련 판례

53. 〈검사의 간인이 없는 공소장 사건〉★

Q 공소장에 검사의 간인이 없더라도 그 공소장의 형식과 내용이 연속된 것으로 일체성이 인정되고 동일한 검사가 작성하였다고 인정된다면 그 공소장은 **효력이** 있는가?

공소를 제기하려면 공소장을 관할법원에 제출하여야 한다(형사소송법 제254조 제1항). 공무원이 작성하는 서류에는 간인하거나 이에 준하는 조치를 하여야 한다(형사소송법 제57조 제2항). 여기서 '공무원이 작성하는 서류'에는 검사가 작성하는 공소장이 포함된다. '간인'은 서류작성자의 간인으로서 1개의 서류가 여러 장으로 되어 있는 경우 그 서류의 각 장 사이에 겹쳐서 날인하는 것이다. 이는 서류 작성 후 그 서류의 일부가 누락되거나 교체되지 않았다는 사실을 담보하기 위한 것이다. 따라서 **공소장에 검사의 간인이 없더라도 그 공소장의 형식과 내용이 연속된 것으로 일체성이 인정되고 동일한 검사가 작성하였다고 인정되는 한** 그 공소장을 형사소송법 제57조 제2항에 위반되어 효력이 없는 서류라고 할 수 없다. 이러한 공소장 제출에 의한 공소제기는 그 절차가 법률의 규정에 위반하여 무효인 때(형사소송법 제327조 제2호)에 해당한다고 할 수 없다(대판 2021.12.30. 2019도16259).

[사건의 경과]
(1) 공소장 1쪽 뒷면에 간인 일부가 되어 있으나, 2쪽 앞면에는 나머지 간인이 되어 있지 않고, 2쪽 뒷면부터 마지막 장까지 간인 없는 공소장이 제출된 사안.
(2) 원심은 이 사건 공소제기는 그 절차가 법률의 규정에 위반하여 무효인 때에 해당한다고 보아 유죄를 선고한 제1심판결을 직권으로 파기하고 공소기각판결을 선고함.
(3) 대법원은 이 사건 공소장에 일부 간인이 없더라도 이 사건 공소장의 형식과 내용은 연속된 것으로 일체성이 인정되고, 동일한 검사가 작성하였다고 인정할 수 있으므로 이 사건 공소제기는 그 절차가 법률의 규정에 위반하여 무효인 때에 해당한다고 할 수 없다고 보아 원심을 파기환송한 사안임.

54. 〈공소장에 검사의 서명 또는 날인이 누락된 사건〉★

Q 공소장에 검사의 서명 또는 날인이 누락되었더라도 적법한 공소제기가 될 수 있는가? 만약 무효라면 추완은 인정되는가?

공소를 제기하려면 공소장을 관할법원에 제출하여야 한다(형사소송법 제254조 제1항). 공무원이 작성하는 서류에는 법률에 다른 규정이 없는 때에는 작성 연월일과 소속공무소를 기재하고 기명날인 또는 서명하여야 한다(형사소송법 제57조 제1항). 여기서 '공무원이 작성하는 서류'에는 검사가 작성하는 공소장이 포함되므로, 검사가 기명날인 또는 서명이 없는 상태로 공소장을 관할법원에 제출하는 것은 형사소송법 제57조 제1항에 위반된다. 이와 같이 법률이 정한 형식을 갖추지 못한 채 공소장을 제출한 경우에는 특별한 사정이 없는 한 공소제기의 절차가 법률의 규정을 위반하여 무효인 때(형사소송법 제327조 제2호)에 해당한다. 다만 이 경우 공소를 제기한 검사가 공소장에 기명날인 또는 서명을 추후 보완하는 등의 방법으로 공소제기가 유효하게 될 수 있다(대판 2021.12.16. 2019도17150).

[사건의 경과]

(1) 공소장에 공소제기 검사의 기명만 있을 뿐 서명 또는 날인이 없는 사안.

(2) 제1심은 유죄판결을 선고함. 그러나 원심은 위와 같은 하자에 대한 추후 보완 요구는 법원의 의무가 아니고, 이러한 공소장 제출에 의한 공소제기는 공소제기의 절차가 법률의 규정을 위반하여 무효인 때(형사소송법 제327조 제2호)에 해당한다고 보아 제1심판결을 직권으로 파기하고 공소기각판결을 선고함. 대법원은 이를 수긍하여 상고기각한 사안임.

공소사실의 특정 관련 판례

---

55. 〈공소사실의 특정의 기준〉★

Q 공소장의 공소사실의 일시와 장소, 방법은 어느 정도로 특정하여야 하는가?

[1] 법원은 검사가 공소제기한 사건에 대하여 심판한다. 검사가 어떠한 행위를 기소한 것인지는 기본적으로 공소장 기재 자체를 기준으로 하되, 심리의 경과 및 검사의 주장내용 등도 고려하여 판단하여야 한다.

[2] 공소장의 공소사실 기재는 법원에 대하여 심판의 대상을 한정하고 피고인에게 방어의 범위를 특정하여 그 방어권행사를 용이하게 하기 위하여 요구되는 것이므로, 범죄의 일시는 이중기소나 시효에 저촉되지 않을 정도로, 장소는 토지관할을 가능할 수 있을 정도로, 그리고 방법에 있어서는 범죄구성요건을 밝히는 정도로 기재하면 충분하다(대판 2023.3.30. 2022도6758).

56. 〈'확정판결의 범죄사실과 같은 장소에서 같은 방법' 사건〉

[사실관계]

검사는 2021. 6. 10. 메트암페타민을 투약하여 유죄 확정판결을 받은 피고인에 대하여 "2021. 3.부터 2021. 6.경까지 위 확정판결의 범죄사실과 같은 장소에서 같은 방법으로 메트암페타민을 2회 투약하였다"는 범죄사실로 기소하였다.

Q 위와 같은 사실관계를 전제로 할 때 공소사실이 특정되었다고 할 수 있는가?

[1] 공소사실의 기재는 범죄의 일시, 장소와 방법을 명시하여 사실을 특정할 수 있도록 하여야 하고(형사소송법 제254조 제4항), 이와 같이 공소사실의 특정을 요구하는 법의 취지는 법원에 대하여 심판의 대상을 한정하고 피고인에게 방어의 범위를 특정하여 그 방어권 행사를 쉽게 해 주기 위한 데에 있는 것이므로, 범죄의 '일시'는 이중기소나 시효에 저촉되는지 식별할 수 있을 정도로 기재하여야 한다.

[2] 검사는 가능한 한 공소제기 당시의 증거에 의하여 이를 특정함으로써 피고인의 정당한 방어권 행사에 지장을 초래하지 않도록 하여야 할 것이다. **범죄의 일시 · 장소 등을 특정 일시나 상당한 범위 내로 특정할 수 없는 부득이한 사정이 존재하지 아니함에도 공소의 제기 혹은 유지의 편의를 위하여 범죄의 일시 · 장소 등을 지나치게 개괄적으로 표시함으로써 사실상 피고인의 방어권 행사에 지장을 가져오는 경우에는 형사소송법 제254조 제4항에서 정하고 있는 구체적인 범죄사실의 기재가 있는 공소장이라고 할 수 없다.**

[3] 공소사실이 특정되지 아니한 부분이 있다면, 법원은 검사에게 석명을 구하여 특정을 요구하여야 하고, 그럼에도 검사가 이를 특정하지 않는다면 그 부분에 대해서는 공소를 기각할 수밖에 없다.

[4] 검사가 2021. 6. 10. 메트암페타민을 투약하여 유죄 확정판결을 받은 피고인에 대하여 "2021. 3.부터 2021. 6.경까지 위 확정판결의 범죄사실과 같은 장소에서 같은 방법으로 메트암페타민을 2회 투약하였다"는 범죄사실로 기소한 사안에서, 확정판결의 범죄사실과 이 사건 공소사실의 범행 장소와 방법이 동일하고 이 사건 공소사실의 '일시' 기재만으로는 이 사건 공소사실이 확정판결의 범죄사실과 동일한지 판단할 수 없어 심판의 대상이나 방어의 범위가 특정되었다고 볼 수 없다고 한 사례(대판 2023.4.27. 2023도2102).

57. 〈범죄의 '일시'가 공소시효 완성의 기준 시점을 전후로 하여 개괄적으로 기재된 사건〉★

Q 범죄의 '일시'가 공소시효 완성 여부를 판별할 수 없을 정도로 개괄적으로 기재되었다면 공소사실이 특정되었다고 볼 수 있는가?

[1] 공소사실의 기재는 범죄의 일시, 장소와 방법을 명시하여 사실을 특정할 수 있도록 하여야 하고(형사소송법 제254조 제4항), 이와 같이 공소사실의 특정을 요구하는 법의 취지는 법원에 대하여 심판의 대상을 한정하고 피고인에게 방어의 범위를 특정하여 그 방어권 행사를 쉽게 해 주기 위한 데에 있는 것이므로, 범죄의 '일시'는 이중기소나 시효에 저촉되는지 식별할 수 있을 정도로 기재하여야 한다. 따라서 범죄의 '일시'가 공소시효 완성 여부를 판별할 수 없을 정도로 개괄적으로 기재되었다면 공소사실이 특정되었다고 볼 수 없다.

[2] 공소사실이 특정되지 아니한 부분이 있다면, 법원은 검사에게 석명을 구하여 특정을 요구하여야 하고, 그럼에도 검사가 이를 특정하지 않는다면 그 부분에 대해서는 공소를 기각할 수밖에 없다(대판 2022.11.17. 2022도8257).

[사건의 경과]

(1) 피고인에 대하여 2013. 12.경부터 2014. 1.경 사이 약 10분간 소란을 피워 주점영업 업무방해 범행을 저질렀다는 혐의로 2020. 12. 30. 기소된 사안임[위 공소사실은 반복적 행위, 수일에 걸쳐 발생한 행위가 아니라 특정일에 발생한 행위이므로, 범행일이 2013. 12. 31. 이후인지 여부에 따라 공소시효(업무방해죄의 경우 7년)의 완성 여부가 달라짐]

(2) 대법원은, 위와 같은 법리에 따라 위 공소사실의 일시는 공소시효 완성 여부를 판별할 수 없어 불특정이라는 이유로, 위 공소사실을 유죄로 판단한 원심을 파기 · 환송하였음

58. 〈포괄일죄의 경우에 공소사실의 특정 정도〉

[1] 동일 죄명에 해당하는 수 개의 행위를 단일하고 계속된 범의하에 일정기간 계속하여 행하고 그 피해법익도 동일한 경우에는 이들 각 행위를 통틀어 포괄일죄로 처단하여야 할 것이다.

[2] 공소사실의 기재에 관해서 범죄의 일시·장소·방법을 명시하여 공소사실을 특정하도록 한 법의 취지는 법원에 대하여 심판의 대상을 한정하고 피고인에게 방어의 범위를 특정하여 방어권 행사를 쉽게 해 주기 위한 데에 있으므로, 공소사실은 이러한 요소를 종합하여 구성요건 해당사실을 다른 사실과 구별할 수 있을 정도로 기재하면 족하고, 공소장에 범죄의 일시·장소·방법 등이 구체적으로 적시되지 않았더라도 위와 같이 공소사실을 특정하도록 한 법의 취지에 반하지 아니하고 공소범죄의 성격에 비추어 개괄적 표시가 부득이한 경우에는, 공소내용이 특정되지 않아 공소제기가 위법하다고 할 수 없으며, 특히 포괄일죄에 관해서는 일죄의 일부를 구성하는 개개의 행위에 대하여 구체적으로 특정되지 아니하더라도 전체 범행의 시기와 종기, 범행방법, 피해자나 상대방, 범행횟수나 피해액의 합계 등을 명시하면 이로써 그 범죄사실은 특정되는 것이다. 그리고 공소장에 범죄의 일시·장소·방법 등의 일부가 다소 불명확하더라도 그와 함께 적시된 다른 사항들에 의하여 공소사실을 특정할 수 있고, 그리하여 피고인의 방어권 행사에 지장이 없다면, 공소제기의 효력에는 영향이 없다(대판 2023.6.29. 2020도3626).

공소사실의 불특정의 효과 관련 판례

---

59. 〈공소장의 기재가 불분명한 경우, 법원이 취할 조치〉★

재판장은 소송관계를 명료하게 하기 위하여 검사, 피고인 또는 변호인에게 사실상과 법률상의 사항에 관하여 석명을 구하거나 입증을 촉구할 수 있다(형사소송규칙 제141조 제1항). 공소장의 기재가 불분명한 경우에는 법원은 형사소송규칙 제141조에 따라 검사에게 석명을 한 다음, 그래도 검사가 이를 명확하게 하지 않은 때에야 공소사실의 불특정을 이유로 공소를 기각해야 한다(대판 2022.1.13. 2021도13108).

[COMMENT] 공소사실이 특정되지 않은 경우에 판례는 일반 학설과는 달리 법원은 공소기각을 하기 전에 석명권을 행사하여야 한다는 점을 밝히고 있는 판례이다.

공소장일본주의 관련 판례

---

60. 〈공소장일본주의 위반의 판단〉

공소장일본주의의 위배 여부는 공소사실로 기재된 범죄의 유형과 내용 등에 비추어 볼 때에 공소장에 첨부 또는 인용된 서류 기타 물건의 내용, 그리고 법령이 요구하는 사항 이외에 공소장에 기재된 사실이 법관 또는 배심원에게 예단을 생기게 하여 법관 또는 배심원이 범죄사실의 실체를 파악하는 데 장애가 될 수 있는지 여부를 기준으로 당해 사건에서 구체적으로 판단하여야 한다(대판 2020.10.29. 2020도3972).

제4절 | 공소제기의 효력
제5절 | 공소시효

61. 〈직권남용죄의 죄수판단과 공소시효의 기산점〉

[1] 동일 죄명에 해당하는 수 개의 행위를 단일하고 계속된 범의로 일정 기간 계속하여 행하고 그 피해법익도 동일한 경우에는 이들 각 행위를 통틀어 포괄일죄로 처단하여야 하고, 그 경우 **공소시효는 최종의 범죄행위가 종료한 때로부터 진행**한다.

[2] 형법상 직권남용죄는 국가기능의 공정한 행사라는 국가적 법익을 보호하는 데 주된 목적이 있고, 직권남용으로 인한 국가정보원법 위반죄도 마찬가지이다. 따라서 국정원 직원이 동일한 사안에 관한 일련의 직무집행 과정에서 단일하고 계속된 범의로 일정 기간 계속하여 저지른 직권남용행위에 대하여는 **설령 그 상대방이 수인이라고 하더라도 포괄일죄가 성립할 수 있다고 봄이 타당**하다.

[3] 다만 각 직권남용 범행이 포괄일죄가 되느냐 경합범이 되느냐에 따라 공소시효의 완성 여부, 기판력이 미치는 범위 등이 달라질 수 있으므로, **개별 사안에서 포괄일죄의 성립 여부**는 직무집행 대상의 동일 여부, 범행의 태양과 동기, 각 범행 사이의 시간적 간격, 범의의 단절이나 갱신 여부 등을 세밀하게 살펴 판단하여야 한다(대판 2021.3.11. 2020도12583).

62. 〈아동학대범죄의 공소시효 정지 규정 사건〉

Q 아동학대범죄의 공소시효 정지 규정 은 그 시행일 당시 범죄행위가 종료되었으나 아직 공소시효가 완성되지 않은 아동학대범죄에 대해서도 적용되는가?

[1] **공소시효를 정지·연장·배제하는 특례조항을 신설하면서 소급적용에 관한 명시적인 경과규정을 두지 않은 경우** 그 조항을 소급하여 적용할 수 있는지에 관해서는 보편타당한 일반원칙이 존재하지 않고, 적법절차원칙과 소급금지원칙을 천명한 헌법 제12조 제1항과 제13조 제1항의 정신을 바탕으로 하여 법적 안정성과 신뢰보호원칙을 포함한 법치주의 이념을 훼손하지 않는 범위에서 신중히 판단해야 한다.

[2] 아동학대범죄의 처벌 등에 관한 특례법(2014. 1. 28. 제정되어 2014. 9. 29. 시행되었으며, 이하 '아동학대처벌법'이라 한다)은 아동학대범죄의 처벌에 관한 특례 등을 정함으로써 아동을 보호하여 아동이 건강한 사회 구성원으로 성장하도록 함을 목적으로 다음과 같은 규정을 두고 있다. 제2조 제4호 (타)목은 아동복지법 제71조 제1항 제2호, 제17조 제3호에서 정한 '아동의 신체에 손상을 주거나 신체의 건강 및 발달을 해치는 신체적 학대행위'를 아동학대범죄의 하나로 정하고 있다. 제34조는 '공소시효의 정지와 효력'이라는 제목으로 제1항에서 "아동학대범죄의 공소시효는 형사소송법 제252조에도 불구하고 해당 아동학대범죄의 피해아동이 성년에 달한 날부터 진행한다."라고 정하고, 부칙은 "이 법은 공포 후 8개월이 경과

한 날부터 시행한다."라고 정하고 있다. 아동학대처벌법은 신체적 학대행위를 비롯한 아동학대범죄로부터 피해아동을 보호하기 위한 것으로서, 제34조는 아동학대범죄가 피해아동의 성년에 이르기 전에 공소시효가 완성되어 처벌대상에서 벗어나는 것을 방지하고자 그 진행을 정지시킴으로써 피해를 입은 18세 미만 아동(아동학대처벌법 제2조 제1호, 아동복지법 제3조 제1호)을 실질적으로 보호하려는 데 취지가 있다.

[3] 아동학대처벌법은 제34조 제1항의 소급적용에 관하여 명시적인 경과규정을 두고 있지는 않다. 그러나 이 규정의 문언과 취지, 아동학대처벌법의 입법 목적, 공소시효를 정지하는 특례조항의 신설·소급에 관한 법리에 비추어 보면, 이 규정은 완성되지 않은 공소시효의 진행을 일정한 요건에서 장래를 향하여 정지시키는 것으로서, 그 시행일인 2014. 9. 29. 당시 범죄행위가 종료되었으나 아직 공소시효가 완성되지 않은 아동학대범죄에 대해서도 적용된다고 봄이 타당하다.

[4] 한편 대법원 2015. 5. 28. 선고 2015도1362, 2015전도19 판결은 공소시효의 배제를 규정한 구 성폭력범죄의 처벌 등에 관한 특례법(2012. 12. 18. 법률 제11556호로 전부 개정되기 전의 것) 제20조 제3항에 대한 것으로, 공소시효의 적용을 영구적으로 배제하는 것이 아니고 공소시효의 진행을 장래에 향하여 정지시키는 데 불과한 아동학대처벌법 제34조 제1항의 위와 같은 해석·적용에 방해가 되지 않는다(대판 2021.2.25. 2020도3694).

63. 〈군형법 제94조 제2항에 따른 10년의 공소시효 기간 사건〉

[1] 2014. 1. 14. 법률 제12232호로 개정되기 전의 군형법(이하 '구 군형법'이라 한다) 제94조는 '정치관여'라는 표제 아래 "정치단체에 가입하거나 연설, 문서 또는 그 밖의 방법으로 정치적 의견을 공표하거나 그 밖의 정치운동을 한 자는 2년 이하의 금고에 처한다."라고 규정하였다. 2014. 1. 14. 법률 제12232호로 개정된 군형법(이하 '개정 군형법'이라 한다) 제94조는 '정치관여'라는 표제 아래 제1항에서는 처벌대상이 되는 정치관여 행위를 제1 내지 제6의 각호로 열거하면서 각호의 어느 하나에 해당하는 행위를 한 사람은 5년 이하의 징역과 5년 이하의 자격정지에 처한다고 규정하고, 제2항에서는 "제1항에 규정된 죄에 대한 공소시효의 기간은 군사법원법 제291조 제1항에도 불구하고 10년으로 한다."라고 규정하고 있다.

[2] 위와 같은 법률 개정 전후의 문언에 따르면, 군형법상 정치관여죄는 2014. 1. 14.자 법률 개정을 통해 구성요건이 세분화되고 법정형이 높아짐으로써 그 실질이 달라졌다고 평가할 수 있고, 공소시효 기간에 관한 특례 규정인 개정 군형법 제94조 제2항은 개정 군형법상의 정치관여죄에 대하여 규정하고 있음이 분명하다. 따라서 개정 군형법 제94조 제2항에 따른 10년의 공소시효 기간은 개정 군형법 시행 후에 행해진 정치관여 범죄에만 적용된다(대판 2021.9.9. 2019도5371).

64. 〈변호사법상 수임제한 위반죄의 공소시효 기산점은 수임행위가 종료한 때라는 판례〉

[1] 변호사법은 제31조 제1항 제3호에서 '변호사는 공무원으로서 직무상 취급하거나 취급하게 된 사건에 관하여는 그 직무를 수행할 수 없다.'고 규정하면서 제113조 제5호에서 변호사법 제31조 제1항 제3호에 따른 사건을 수임한 변호사를 1년 이하의 징역 또는 1천만 원 이하의 벌금에 처하도록 규정하고 있는바, 금지규정인 변호사법 제31조 제1항 제3호가 '공무원으로서 직무상 취급하거나 취급하게 된 사건'에 관한 '직무수행'을 금지하고 있는 반면 처벌규정인 변호사법 제113조 제5호는 '공무원으로서 직무상 취급하거나 취급하게 된 사건'을 '수임'한 행위를 처벌하고 있다.

[2] 위 금지규정에 관하여는 당초 처벌규정이 없다가 변호사법이 2000. 1. 28. 법률 제6207호로 전부개정되면서 변호사법 제31조의 수임제한에 해당하는 행위 유형 가운데 제31조 제1항 제3호에 따른 사건을 '수임'한 경우에만 처벌하는 처벌규정을 신설하였고, 다른 행위 유형은 징계 대상으로만 규정하였다(변호사법 제91조 제2항 제1호).

[3] 이러한 금지규정 및 처벌규정의 문언과 변호사법 제90조, 제91조에 따라 형사처벌이 되지 않는 변호사법 위반 행위에 대해서는 징계의 제재가 가능한 점 등을 종합적으로 고려하면, 변호사법 제113조 제5호, 제31조 제1항 제3호 위반죄의 공소시효는 그 범죄행위인 '수임'행위가 종료한 때로부터 진행된다고 봄이 타당하고, 수임에 따른 '수임사무의 수행'이 종료될 때까지 공소시효가 진행되지 않는다고 해석할 수는 없다 (대판 2022.1.14. 2017도18693).

[사건의 경과]

(1) 변호사인 피고인들이 진실화해를위한과거사정리위원회 등에서 공무원으로 재직하면서 조사를 담당한 사건과 관련된 소송사건을 공무원 퇴직 후 수임하여 소송수행을 한 사안임.

(2) 수임제한 위반으로 인한 변호사법위반죄의 경우, 수임에 따른 '수임사무의 수행'이 종료될 때까지 공소시효가 진행되지 않는다고 해석할 수 없고, 범죄행위인 '수임'행위가 종료한 때로부터 공소시효가 진행된다고 봄이 타당하다고 판시함.

제249조 제2항 관련 판례

65. 〈2007년 개정 부칙 3조 사건〉★

[1] 구 형사소송법(2007. 12. 21. 법률 제8730호로 개정되기 전의 것, 이하 '구 형사소송법'이라 한다) 제249조는 '공소시효의 기간'이라는 표제 아래 제1항 본문 및 각 호에서 공소시효는 법정형에 따라 정해진 일정 기간의 경과로 완성한다고 규정하고, 제2항에서 "공소가 제기된 범죄는 판결의 확정이 없이 공소를 제기한 때로부터 15년을 경과하면 공소시효가 완성한 것으로 간주한다."라고 규정하였다. 2007. 12. 21. 법률 제8730호로 형사소송법이 개정되면서 제249조 제1항 각 호에서 정한 시효의 기간이 연장되고, 제249조 제2항에서 정한 시효의 기간도 '15년'에서 '25년'으로 연장되었는데, 위와 같이 개정된 형사소송법(이하 '개정 형사소송법'이라 한다) 부칙 제3조(이하 '이 사건 부칙조항'이라 한다)는 '공소시효에 관한 경과조치'라는 표제 아래 "이 법 시행 전에 범한 죄에 대하여는 종전의 규정을 적용한다."라고 규정하고 있다.

[2] 이 사건 부칙조항은, 시효의 기간을 연장하는 형사소송법 개정이 피의자 또는 피고인에게 불리한 조치인 점 등을 고려하여 개정 형사소송법 시행 전에 이미 저지른 범죄에 대하여는 개정 전 규정을 그대로 적용하고자 함에 그 취지가 있다.

[3] 위와 같은 법 문언과 취지 등을 종합하면, 이 사건 부칙조항에서 말하는 '종전의 규정'에는 '구 형사소송법 제249조 제1항'뿐만 아니라 '같은 조 제2항'도 포함된다고 봄이 타당하다. 따라서 개정 형사소송법 시행 전에 범한 죄에 대해서는 이 사건 부칙조항에 따라 구 형사소송법 제249조 제2항이 적용되어 판결의 확정 없이 공소를 제기한 때로부터 15년이 경과하면 공소시효가 완성한 것으로 간주된다.

[4] 원심이 1999년경 저질러져 2000. 6. 26. 기소된 이 사건 공소사실 범죄에 대하여 판결의 확정 없이 공소가 제기된 때로부터 15년이 경과하여 구 형사소송법 제249조 제2항에서 정한 공소시효 완성 간주 요건이 충족되었다는 이유로 피고인에 대하여 면소를 선고한 제1심판결을 그대로 유지한 것은 정당하다고 한 사례(대판 2022.8.19. 2020도1153).

[COMMENT] 동일한 취지의 판례로 대법원 2022.8.25. 선고 2020도6061 판결이 있다.

66. 〈2024. 2. 13. 형사소송법 제253조 제4항 신설〉

1. 개정이유 및 주요내용

피고인이 형사처분을 면할 목적으로 국외에 있는 경우 그 기간 동안 공소시효가 완성한 것으로 간주하기 위한 기간의 진행이 정지되도록 함.

2. 제253조에 제4항 신설

④ 피고인이 형사처분을 면할 목적으로 국외에 있는 경우 그 기간 동안 제249조 제2항에 따른 기간의 진행은 정지된다.

3. [부칙]

제1조(시행일) 이 법은 공포한 날부터 시행한다.

제2조(공소시효가 완성한 것으로 간주하기 위한 기간의 정지에 관한 적용례) 제253조 제4항의 개정규정은 이 법 시행 전에 공소가 제기된 범죄로서 이 법 시행 당시 공소시효가 완성한 것으로 간주되지 아니한 경우에도 적용한다. 이 경우 같은 개정규정에 따라 정지되는 기간에는 이 법 시행 전에 피고인이 형사처분을 면할 목적으로 국외에 있던 기간을 포함한다.

공소시효정지의 사유 관련 판례

67. 〈중국이 본국인 피고인이 대한민국에서 범행 후 중국으로 출국한 사건〉

피고인이 대한민국에서 범행 후 중국으로 출국한 사안에서, 원심은 피고인의 출국 경위에 비추어 피고인이 중국에 체류하는 것이 국내에서의 형사처분을 면하기 위한 방편이었던 것으로 보이고, 이는 중국이 피고인의 본국이라 해도 마찬가지라고 판단하고, 형사처분을 면할 목적이 국외 체류의 유일한 목적일 필요는 없으므로, 설령 피고인의 중국 체류 목적 중에 딸을 돌보기 위함이 있었다고 하더라도 형사처분을 면할 목적을 인정하는 데 방해가 되지 않는다고 판단한 후 피고인이 중국에 체류하였던 기간 동안 공소시효가 정지되었다고 보아 공소사실을 유죄로 판단하였고, 대법원은 이를 수긍한 사례(대판 2022.3.31. 2022도857).

68. 〈제253조 제3항의 '형사처분을 면할 목적'의 범위〉★

[1] 공소시효 정지에 관한 형사소송법 제253조 제3항의 입법 취지는 범인이 우리나라의 사법권이 실질적으로 미치지 못하는 국외에 체류한 것이 도피의 수단으로 이용된 경우에 체류기간 동안 공소시효 진행을 저지하여 범인을 처벌할 수 있도록 하고 형벌권을 적정하게 실현하는 데 있다. 따라서 위 규정이 정한 '형사처분을 면할 목적'은 국외 체류의 유일한 목적으로 되는 것에 한정되지 않고 범인이 가지는 여러 국외 체류 목적 중에 포함되어 있으면 족하다.

[2] 범인이 국외에 있는 것이 형사처분을 면하기 위한 방편이었다면 '형사처분을 면할 목적'이 있었다고 볼 수 있고, 위 '형사처분을 면할 목적'과 양립할 수 없는 범인의 주관적 의사가 명백히 드러나는 객관적 사정이 존재하지 않는 한 국외 체류기간 동안 '형사처분을 면할 목적'은 계속 유지된다.

[3] 피고인이 14세에 미국으로 유학을 떠나 체류하면서 18세가 되어 병무청장으로부터 국외여행허가 및 기간연장허가를 받아오던 중 최종 국외여행 허가기간 만료 15일 전까지 기간연장허가를 받지 않고 미국에서 장기간 불법체류 상태로 지내다가 입영의무 등이 면제되는 연령을 넘어 41세가 되는 해에 귀국하여 국외

여행허가의무 위반으로 인한 병역법위반죄로 기소된 사안에서 이 사건 범죄는 **이른바 즉시범으로서 공소시효는 범행종료일인 국외여행허가기간 만료일부터 진행한다**고 보면서도 피고인의 국외 체류 목적 중에 이 사건 범죄로 인한 형사처분을 면할 목적이 있었다고 볼 여지가 있어 국외 체류기간 동안 이 사건 범죄에 대한 공소시효가 정지되었다고 볼 수 있다고 보아 면소판결을 한 원심판결을 파기·환송한 사안(대판 2022.12.1. 2019도5925).

[사건의 경과]

(1) 피고인이 14세에 미국으로 유학을 떠나 체류하면서 18세가 되어 병무청장으로부터 국외여행허가 및 기간연장허가를 받아오던 중 최종 국외여행 허가기간 만료 15일 전까지 기간연장허가를 받지 않고 미국에서 장기간 불법체류 상태로 지내다가 입영의무 등이 면제되는 연령을 넘어 41세가 되는 해에 귀국하여 국외여행허가의무 위반으로 인한 병역법위반죄로 기소된 사안

(2) 원심은, 이 사건 범죄는 즉시범으로서 최종 국외여행허가기간 만료일인 2002. 12. 31.경 종료하여 그 때부터 공소시효가 진행하며 공소시효기간 3년이 경과함에 따라 공소시효가 완성되었고, 피고인이 형사처분을 면할 목적으로 국외에 있었다는 점에 관한 아무런 증명이 없다고 보아 이 사건 공소사실을 유죄로 인정한 제1심 판결을 직권으로 파기하고 피고인에 대하여 면소판결을 선고하였음

(3) 대법원은 위 법리에 따라 이 사건 범죄는 이른바 즉시범으로서 공소시효는 범행종료일인 국외여행허가기간 만료일부터 진행한다고 보면서도 피고인의 국외 체류 목적 중에 이 사건 범죄로 인한 형사처분을 면할 목적이 있었다고 볼 여지가 있어 국외 체류기간 동안 이 사건 범죄에 대한 공소시효가 정지되었다고 볼 수 있다고 보아 원심판결을 파기·환송하였음

제4편

공 판

제1장   공판절차

제1절 Ⅰ 공판절차의 기본원칙
제2절 Ⅰ 공판심리의 범위

공소장변경 요부 관련 판례

---

69. 〈사실기재설에 따라 공소장변경이 필요한 사건〉

[1] 법원이 공소장의 변경 없이 직권으로 공소장에 기재된 공소사실과 다른 범죄사실을 인정하기 위해서는 공소사실의 동일성이 인정되는 범위 내이어야 할뿐더러 **피고인의 방어권 행사에 실질적인 불이익을 초래할 염려가 없어야 한다.**

[2] 군인인 피고인이 군 관련 납품업자에게 토지를 고가에 매도하여 '실거래금액으로 신고한 540,000,000원과의 차액인 155,150,000원을 뇌물로 수수하였다'고 공소제기되었고, 이에 대하여 원심이 공소장 변경 없이 '농지취득자격증명을 필요로 하여 본등기를 경료할 수 없는 토지를 처분하여 현금화하는 재산상 이익을 취득하여 뇌물로 수수하였다'라는 범죄사실을 유죄로 인정한 사안에서, 원심이 직권으로 인정한 위 범죄사실은 공소사실에 포함된 내용이 아니고, 피고인의 방어권 행사에 실질적인 불이익을 초래한다는 이유로 원심의 조치가 위법하다고 보아 원심을 파기환송한 사례(대판 2021.6.24. 2021도3791).

축소사실 관련 판례

---

70. 〈판결편의주의의 한계에 관한 판례〉★

법원은 공소사실의 동일성이 인정되는 범위 내에서 심리의 경과에 비추어 피고인의 방어권 행사에 실질적인 불이익을 초래할 염려가 없다고 인정되는 때에는, 공소장이 변경되지 않았더라도 직권으로 공소장에 기재된 공소사실과 다른 범죄사실을 인정할 수 있고, 이와 같은 경우 공소가 제기된 범죄사실과 대비하여 볼 때 실제로 인정되는 범죄사실의 사안이 가볍지 아니하여 공소장이 변경되지 않았다는 이유로 이를 처벌하지 않는다면 적정절차에 의한 신속한 실체적 진실의 발견이라는 형사소송의 목적에 비추어 **현저히 정의와 형평에 반하는 것**으로 인정되는 경우라면 법원으로서는 직권으로 그 범죄사실을 인정하여야 한다(대판 2022.4.28. 2021도9041).

[사건의 경과]

(1) 피고인이 연예기획사 매니저와 사진작가의 1인 2역을 하면서 청소년인 피해자에게 거짓말을 하여 피해자로 하여금 모델이 되기 위한 연기 연습 등의 일환으로 성관계를 한다는 착각에 빠지게 하여 위계로써 피해자를 간음하였다는 공소사실에 대하여, 원심은 피해자가 간음행위 자체에 대한 착오에 빠져 성관계를 하였다는 점의 증명이 부족하다고 보아 무죄로 판단하였음.

(2) **대법원은 피고인이 '간음행위에 이르게 된 동기' 내지 '간음행위와 결부된 비금전적 대가'에 관한 위계로 피해자를 간음한 것으로 볼 수 있는데, 이는 공소사실에 적시된 위계의 내용과 정확히 일치하지는 않으나, 공소사실의 동일성의 범위 내에 있고, 피고인의 방어권 행사에 실질적인 불이익을 초래할 염려도 없을뿐더러,** 원심이 대법원 2020. 8. 27. 선고 2015도9436 전원합의체 판결의 결과를 장기간 기다려 왔고 위 2015도9436 판결의 법리에 따르면 피고인의 행위는 위계에 의한 간음죄를 구성하는 등 판시와 같은 사정을 들어 **원심의 결론이 법원의 직권심판의무에 반한다고 판단**하였음.

71. 〈준강간죄의 장애미수 공소사실에 관한 심리결과 준강간죄의 불능미수 범죄사실이 인정되는 경우 직권심판의무가 인정되는지 여부〉

Q 준강간죄의 장애미수 공소사실에 관한 심리결과 준강간죄의 불능미수 범죄사실이 인정되는 경우 법원은 반드시 유죄판결하여야 하는가?

[1] 피고인이 피해자가 심신상실 또는 항거불능의 상태에 있다고 인식하고 그러한 상태를 이용하여 간음할 의사로 준강간의 실행에 착수하였으나, 피해자가 실제로는 심신상실 또는 항거불능의 상태에 있지 않은 경우에는 실행의 수단 또는 대상의 착오로 인하여 준강간죄에서 규정하고 있는 구성요건적 결과의 발생이 처음부터 불가능하였다고 볼 수 있다. 이때 피고인이 행위 당시에 인식한 사정을 놓고 일반인이 객관적으로 판단하여 보았을 때 준강간의 결과가 발생할 위험성이 있었다면 준강간죄의 불능미수가 성립한다.

[2] 법원은 공소사실의 동일성이 인정되는 범위 내에서 심리의 경과에 비추어 피고인의 방어권 행사에 실질적인 불이익을 초래할 염려가 없다고 인정되는 때에는, 공소장이 변경되지 않았더라도 직권으로 공소장에 기재된 공소사실과 다른 범죄사실을 인정할 수 있고, 이와 같은 경우 공소가 제기된 범죄사실과 대비하여 볼 때 실제로 인정되는 범죄사실의 사안이 가볍지 아니하여 공소장이 변경되지 않았다는 이유로 이를 처벌하지 않는다면 적정절차에 의한 신속한 실체적 진실의 발견이라는 형사소송의 목적에 비추어 현저히 정의와 형평에 반하는 것으로 인정되는 경우라면 법원으로서는 직권으로 그 범죄사실을 인정하여야 한다(대판 2024.4.12. 2021도9043).

[사실관계]

피고인이 술에 취하여 잠이 들어 항거불능 상태에 있던 피해자를 간음하려 하였으나 정신을 차린 피해자가 거부하며 항의하는 바람에 미수에 그쳤다는 이유로 준강간죄의 장애미수로 기소된 사안임

[원심의 판단]

원심은, 피고인에게 준강간 고의가 있었던 것으로는 보이나 당시 피해자가 항거불능 상태에 있었다는 점에 관한 증명이 부족하여 준강간죄의 장애미수가 성립한다고 볼 수 없고, 피고인의 행위를 준강간죄의 불능미수로 의율할 수는 있다고 보이나 피고인의 방어권 행사에 실질적인 불이익을 초래할 염려가 있으므로 공소장변경 없이 직권으로 준강간죄의 불능미수 범죄사실을 인정할 수는 없다는 이유로, 무죄로 판단하였음

[대법원의 판단]

대법원은, 피고인의 행위가 준강간죄의 불능미수에 해당한다고 볼 수 있고, 나아가 ① 이 사건 공소사실

과 준강간죄의 불능미수 범죄사실 사이에 범행일시, 장소, 피고인의 구체적 행위 등 기본적 사실에 차이가 없고, ② 공판 과정에서 준강간의 고의, 피해자의 항거불능 상태는 물론 준강간의 결과 발생 위험성에 관한 판단근거가 될 수 있는 피고인이 당시 인식한 피해자의 상태에 관한 공방 및 심리가 모두 이루어졌고 검사가 항소이유서에서 준강간죄의 불능미수 성립을 주장하고 피고인의 변호인이 그에 대한 답변서를 제출하기도 하여 직권으로 준강간죄 불능미수의 범죄사실을 인정하더라도 피고인의 방어권 행사에 실질적인 불이익을 초래할 염려가 있다고 볼 수 없으며, ③ 준강간죄의 불능미수가 중대한 범죄이고, 준강간죄의 장애미수와 사이에 범죄의 중대성, 죄질, 처벌가치 등 측면에서 별다른 차이가 없어, 공소장이 변경되지 않았다는 이유로 이를 처벌하지 않는다면 적정절차에 의한 신속한 실체적 진실의 발견이라는 형사소송의 목적에 비추어 현저히 정의와 형평에 반하므로 원심으로서는 준강간죄의 불능미수 범죄사실을 직권으로 인정하였어야 한다고 보아, 이 사건 공소사실을 무죄로 판단한 원심을 파기·환송함

공소사실의 동일성 관련 판례

72. 〈공소장변경의 한계 관련 공소사실 동일성 판단기준〉

[1] 형사소송법 제298조 제1항의 규정에 의하면, 검사는 법원의 허가를 얻어 공소장에 기재한 공소사실 또는 적용법조의 추가·철회 또는 변경을 할 수 있고, 법원은 공소사실의 동일성을 해하지 아니하는 한도에서 이를 허가하여야 한다고 되어 있는바, 이 규정의 취지는 검사의 공소장변경허가신청이 공소사실의 동일성을 해하지 아니하는 한 법원은 이를 허가하여야 한다는 뜻으로 해석되고, 공소사실의 동일성은 그 사실의 기초가 되는 사회적 사실관계가 기본적인 점에서 동일하면 그대로 유지되는 것이나, 이러한 기본적 사실관계의 동일성을 판단함에 있어서는 그 사실의 동일성이 갖는 법률적 기능을 염두에 두고 피고인의 행위와 그 사회적인 사실관계를 기본으로 하되 규범적 요소도 아울러 고려하여야 한다.

[2] 변경 전·후의 공소사실은 모두 「목재의 지속가능한 이용에 관한 법률」에 따라 미리 규격·품질 검사를 받아야 함에도 그와 같은 검사를 받지 않은 목탄 및 성형목탄을 국내로 수입하는 행위에 관한 것으로서, 행위의 주체, 범행의 일시 및 장소, 행위의 객체인 물품 및 수량, 검사의무의 근거가 되는 법률, 행위태양 등 공소사실의 기초되는 사실관계가 기본적인 점에서 동일하다고 볼 수 있으므로, 검사의 공소장변경허가신청을 받아들여 변경된 공소사실에 대하여 심리·판단하였어야 함에도 그와 같이 하지 아니한 원심의 판단에 공소사실의 동일성에 관한 법리를 오해하여 판결에 영향을 미친 잘못이 있다고 본 사례(대판 2021.7.21. 2020도13812).

73. 〈같은 날 무면허운전 행위를 여러 차례 반복한 사건〉★

[1] 무면허운전으로 인한 도로교통법 위반죄에 관해서는 어느 날에 운전을 시작하여 다음 날까지 동일한 기회에 일련의 과정에서 계속 운전을 한 경우 등 특별한 경우를 제외하고는 사회통념상 운전한 날을 기준으로 운전한 날마다 1개의 운전행위가 있다고 보는 것이 상당하므로 운전한 날마다 무면허운전으로 인한 도로교통법 위반의 1죄가 성립한다고 보아야 한다.

[2] 한편 같은 날 무면허운전 행위를 여러 차례 반복한 경우라도 그 범의의 단일성 내지 계속성이 인정되지 않거나 범행 방법 등이 동일하지 않은 경우 각 무면허운전 범행은 실체적 경합 관계에 있다고 볼 수 있으나, 그와 같은 특별한 사정이 없다면 각 무면허운전 행위는 동일 죄명에 해당하는 수 개의 동종 행위가 동일한 의사에 의하여 반복되거나 접속·연속하여 행하여진 것으로 봄이 상당하고 그로 인한 피해법익도 동일한 이상, 각 무면허운전 행위를 통틀어 포괄일죄로 처단하여야 한다.

[3] 포괄일죄에서는 공소장변경을 통한 종전 공소사실의 철회 및 새로운 공소사실의 추가가 가능한 점에 비추어 공소장변경허가를 결정할 때는 포괄일죄를 구성하는 개개 공소사실별로 종전 것과의 동일성을 따지기보다는 변경된 공소사실이 전체적으로 **포괄일죄의 범주 내에 있는지**, 즉 단일하고 계속된 범의하에 동종의 범행을 반복하여 행하고 피해법익도 동일한 경우에 해당한다고 볼 수 있는지에 초점을 맞추어야 한다.

[4] 피고인이 저녁 시간에 회사에서 퇴근하면서 무면허인 상태로 차량을 운전하여 인근 식당까지 이동하고(제1 무면허운전 혐의), 약 3시간이 경과 후 식당 인근에서 시동이 켜진 위 차량에서 술에 취해 잠이 든 상태로 발견되어 경찰에 의해 음주측정을 받은 다음(제2 무면허운전 및 음주운전 혐의), 검사가 피고인에 대하여 위 발견 직전 제2 무면허운전 및 음주운전을 하였다는 혐의로 기소하였다가 원심에 이르러 제2 무면허운전을 제1 무면허운전으로 공소장변경 허가신청을 한 사건에서, 검사가 공소장변경으로 철회하려는 공소사실(제2 무면허운전 혐의)과 추가하려는 공소사실(제1 무면허운전 혐의)은 시간 및 장소에 있어 일부 차이가 있으나, **같은 날 동일 차량을 무면허로 운전하려는 단일하고 계속된 범의 아래 동종 범행을 같은 방법으로 반복한 것으로 포괄하여 일죄에 해당**하고 그 기초가 되는 사회적 사실관계도 기본적인 점에서 동일하여 그 공소사실이 동일하다고 보아, 각 무면허운전의 공소사실이 다르다는 이유로 공소장변경을 불허한 원심을 파기한 사례(대판 2022.10.27. 2022도8806).

74. 〈폭력행위처벌법상 범죄집단활동죄와 개별적 범행이 실체적 경합이라는 판례〉★

[1] 공소장변경은 공소사실의 동일성이 인정되는 범위 내에서만 허용되고, 공소사실의 동일성이 인정되지 않는 범죄사실을 공소사실로 추가하는 취지의 공소장변경신청이 있는 경우 법원은 그 변경신청을 기각하여야 한다(형사소송법 제298조 제1항). 공소사실의 동일성은 그 사실의 기초가 되는 사회적 사실관계가 기본적인 점에서 동일하면 그대로 유지된다고 할 것이고, 이러한 기본적 사실관계의 동일성을 판단함에 있어서는 그 사실의 동일성이 갖는 법률적 기능을 염두에 두고 피고인의 행위와 그 사회적인 사실관계를 기본으로 하되 규범적 요소도 아울러 고려하여야 한다.

[2] 폭력행위 등 처벌에 관한 법률 제4조 제1항은 그 법에 규정된 범죄를 목적으로 하는 단체 등을 구성하거나 이에 가입하는 행위 또는 구성원으로 활동하는 행위를 처벌하도록 정하고 있고, 여기서 말하는 범죄단체 구성원으로서의 '활동'이란 범죄단체의 내부 규율 및 통솔 체계에 따른 조직적·집단적 의사 결정에 기초하여 행하는 범죄단체의 존속·유지를 지향하는 적극적인 행위를 의미한다.

[3] 범죄단체 등에 소속된 조직원이 저지른 폭력행위 등 처벌에 관한 법률(이하 '폭력행위처벌법'이라 한다) 위반(단체 등의 공동강요)죄 등의 개별적 범행과 폭력행위처벌법 위반(단체 등의 활동)죄는 범행의 목적이나 행위 등 측면에서 일부 중첩되는 부분이 있더라도, 일반적으로 구성요건을 달리하는 별개의 범죄로서 범행의 상대방, 범행 수단 내지 방법, 결과 등이 다를 뿐만 아니라 그 보호법익이 일치한다고 볼 수 없다. 또한 폭력행위처벌법 위반(단체 등의 구성·활동)죄와 위 개별적 범행은 특별한 사정이 없는 한 법률상 1개의 행위로 평가되는 경우로 보기 어려워 상상적 경합이 아닌 실체적 경합관계에 있다고 보아야 한다.

[4] 피고인이 공동강요 등을 목적으로 하는 폭력행위처벌법상 범죄집단의 조직원 중 수괴라고 보아 폭력행위처벌법 위반(단체 등의 구성·활동) 등 혐의로 공소제기된 후, 원심에 이르러 검사가 범죄집단 활동 과정에서 발생된 개별적 범행인 폭력행위처벌법 위반(단체 등의 공동강요) 범행을 추가하는 공소장변경 허가신청을 한 사건에서, 범죄집단의 조직원의 범죄집단활동죄와 그 범죄집단에서 활동하면서 저지르는 개별적 범행들은 범행 목적이나 행위 등이 일부 중첩되는 부분이 있더라도 범행의 상대방, 범행 수단·방법, 결과, 보호법익, 실체적 경합 관계 등 을 고려할 경우 **각 공소사실이 동일하다고 볼 수 없어 공소장변경을 허가할 수 없고 그 죄수관계는 실체적 경합관계에 있다**고 보아, 위 공소장변경을 허가하고 이를 유죄(상상적 경합관계)로 판단한 원심을 파기한 사례(대판 2022.9.7. 2022도6993).

75. 〈검사가 공소사실에 대한 검사의 의견을 기재한 서면을 제출한 사건〉★

Q 검사가 공소장변경허가신청서를 제출하지 않고 공소사실에 대한 검사의 의견을 기재한 서면을 제출하였다면, 이를 곧바로 공소장변경허가신청서를 제출한 것이라고 볼 수 있는가?

검사는 법원의 허가를 얻어 공소장에 기재한 공소사실 또는 적용법조의 추가 · 철회 또는 변경을 할 수 있다. 이 경우에 법원은 공소사실의 동일성을 해하지 아니하는 한도에서 허가하여야 한다(형사소송법 제298조 제1항). 검사가 형사소송법 제298조 제1항에 따라 공소장에 기재한 공소사실 또는 적용법조의 추가 · 철회 또는 변경을 하고자 하는 때에는 그 취지를 기재한 공소장변경허가신청서를 법원에 제출하여야 하고, 다만 피고인이 재정하는 공판정에서는 피고인에게 이익이 되거나 피고인이 동의하는 경우 구술에 의한 공소장변경을 허가할 수 있다(형사소송규칙 제142조 제1항, 제5항). 따라서 검사가 공소장변경허가신청서를 제출하지 않고 공소사실에 대한 검사의 의견을 기재한 서면을 제출하였더라도 이를 곧바로 공소장변경허가신청서를 제출한 것이라고 볼 수는 없다(대판 2022.1.13. 2021도13108).

76. 〈공소장변경허가신청에 대하여 허가 여부를 명시적으로 결정하지 않은 채 절차를 진행 사건〉★

[1] 법원은 검사의 공소장변경허가신청에 대해 결정의 형식으로 이를 허가 또는 불허가 하고, 법원의 허가 여부 결정은 공판정 외에서 별도의 결정서를 작성하여 고지하거나 공판정에서 구술로 하고 공판조서에 기재할 수도 있다. 만일 공소장변경허가 여부 결정을 공판정에서 고지하였다면 그 사실은 공판조서의 필요적 기재사항이다(형사소송법 제51조 제2항 제14호). 공소장변경허가신청이 있음에도 공소장변경 허가 여부 결정을 명시적으로 하지 않은 채 공판절차를 진행하면 현실적 심판대상이 된 공소사실이 무엇인지 불명확하여 피고인의 방어권 행사에 영향을 줄 수 있으므로 **공소장변경 허가 여부 결정은 위와 같은 형식으로 명시적인 결정을 하는 것이 바람직**하다.

[2] 공판기일의 소송절차로서 판결 기타의 재판을 선고 또는 고지한 사실은 공판조서에 기재되어야 하는데(형사소송법 제51조 제1항, 제2항 제14호), 공판조서의 기재가 명백한 오기인 경우를 제외하고는, 공판기일의 소송절차로서 공판조서에 기재된 것은 조서만으로써 증명하여야 하고 그 증명력은 공판조서 이외의 자료에 의한 반증이 허용되지 않는 절대적인 것이다. 반면에 어떤 소송절차가 진행된 내용이 공판조서에 기재되지 않았다고 하여 당연히 그 소송절차가 당해 공판기일에 행하여지지 않은 것으로 추정되는 것은 아니고 공판조서에 기재되지 않은 소송절차의 존재가 공판조서에 기재된 다른 내용이나 공판조서 이외의 자료로 증명될 수 있고, 이는 소송법적 사실이므로 자유로운 증명의 대상이 된다(대판 2023.6.15. 2023도3038).

[사건의 경과]

(1) 검사가 제1심판결에 양형부당을 이유로 항소한 다음, 원심의 제1회 공판기일이 열리기 전 먼저 기소하여 제1심 유죄가 선고된 업무상횡령 공소사실과 상상적 경합관계에 있는 업무상횡령 공소사실을 추가하는 취지임을 밝히며 공소장변경허가신청서를 제출하였으나, 원심은 제1회 공판기일을 진행하여 변론을 종결하고 검사의 항소를 기각하여 제1심판결을 그대로 유지하였음.

(2) 한편 원심은 공판정 외에서 공소장변경허가신청에 대한 결정을 하지 않았을 뿐만 아니라 공판조서 등 기록에 검사의 위 공소장변경허가신청 또는 위 공소장변경허가신청으로 추가하려 한 공소사실에 대하여 피고인 측의 의견 제출 등 원심에서 공소장변경허가 여부를 결정한 소송절차가 진행되었다는 내용이 없음

(3) 대법원은, 원심이 검사가 서면으로 제출한 공소장변경허가신청에 대하여 허가 여부를 결정해야 하고,

나아가 공소장변경허가신청 전후의 공소사실은 그 기본적 사실관계가 동일하므로 공소장변경을 허가하여 추가된 공소사실에 대하여 심리 · 판단했어야 한다는 이유로 원심판결을 파기 · 환송함

77. 〈검사의 공소장변경허가신청에 대하여 허가 여부를 명시적으로 결정하지 않은 사건〉

[1] 형사소송법 제298조 제1항의 규정에 의하면, '검사는 법원의 허가를 얻어 공소장에 기재한 공소사실 또는 적용법조의 추가 · 철회 또는 변경을 할 수 있고', '법원은 공소사실의 동일성을 해하지 아니하는 한도에서 이를 허가하여야 한다.'고 되어 있으므로, 위 규정의 취지는 검사의 공소장변경 신청이 공소사실의 동일성을 해하지 아니하는 한 법원은 이를 허가하여야 한다는 뜻으로 해석하여야 한다.

[2] 공소사실의 동일성은 그 사실의 기초가 되는 사회적 사실관계가 기본적인 점에서 동일하면 그대로 유지되고, 이러한 기본적 사실관계의 동일성을 판단할 때에는 그 사실의 동일성이 갖는 기능을 염두에 두고 피고인의 행위와 그 사회적인 사실관계를 기본으로 하되 규범적 요소도 아울러 고려하여야 한다.

[3] 법원은 검사의 공소장변경허가신청에 대해 결정의 형식으로 이를 허가 또는 불허가 하고, 법원의 허가 여부 결정은 공판정 외에서 별도의 결정서를 작성하여 고지하거나 공판정에서 구술로 하고 공판조서에 기재할 수도 있다.

[4] 만일 공소장변경허가 여부 결정을 공판정에서 고지하였다면 그 사실은 공판조서의 필요적 기재사항이다(형사소송법 제51조 제2항 제14호).

[5] 공소장변경허가신청이 있음에도 공소장변경 허가 여부 결정을 명시적으로 하지 않은 채 공판절차를 진행하면 현실적 심판대상이 된 공소사실이 무엇인지 불명확하여 피고인의 방어권 행사에 영향을 줄 수 있으므로 공소장변경 허가 여부 결정은 위와 같은 형식으로 명시적인 결정을 하는 것이 바람직하다.

[6] 공판기일의 소송절차로서 판결 기타의 재판을 선고 또는 고지한 사실은 공판조서에 기재되어야 하는데(형사소송법 제51조 제1항, 제2항 제14호), 공판조서의 기재가 명백한 오기인 경우를 제외하고는, 공판기일의 소송절차로서 공판조서에 기재된 것은 조서만으로써 증명하여야 하고 그 증명력은 공판조서 이외의 자료에 의한 반증이 허용되지 않는 절대적인 것이다.

[7] 반면에 어떤 소송절차가 진행된 내용이 공판조서에 기재되지 않았다고 하여 당연히 그 소송절차가 당해 공판기일에 행하여지지 않은 것으로 추정되는 것은 아니고 공판조서에 기재되지 않은 소송절차의 존재가 공판조서에 기재된 다른 내용이나 공판조서 이외의 자료로 증명될 수 있고, 이는 소송법적 사실이므로 자유로운 증명의 대상이 된다(대판 2023.6.15. 2023도3038).

[사건의 경과]

검사가 제1심판결에 양형부당을 이유로 항소한 다음, 원심의 제1회 공판기일이 열리기 전 먼저 기소하여 제1심 유죄가 선고된 업무상횡령 공소사실과 상상적 경합관계에 있는 업무상횡령 공소사실을 추가하는 취지임을 밝히며 공소장변경허가신청서를 제출하였으나, 원심은 제1회 공판기일을 진행하여 변론을 종결하고 검사의 항소를 기각하여 제1심판결을 그대로 유지하였음.

[원심의 판단]

한편 원심은 공판정 외에서 공소장변경허가신청에 대한 결정을 하지 않았을 뿐만 아니라 공판조서 등 기록에 검사의 위 공소장변경허가신청 또는 위 공소장변경허가신청으로 추가하려 한 공소사실에 대하여 피고인 측의 의견 제출 등 원심에서 공소장변경허가 여부를 결정한 소송절차가 진행되었다는 내용이 없음

[대법원의 판단]

대법원은, 원심이 검사가 서면으로 제출한 공소장변경허가신청에 대하여 허가 여부를 결정해야 하고, 나아가 공소장변경허가신청 전후의 공소사실은 그 기본적 사실관계가 동일하므로 공소장변경을 허가하여 추가된 공소사실에 대하여 심리·판단했어야 한다는 이유로 원심판결을 파기 · 환송함

78. 〈공소장변경허가신청서 부본을 송달·교부하지 않은 상태에서 공소장변경 허가한 사건〉★

[1] 법원은 공소사실 또는 적용법조의 추가, 철회 또는 변경(이하 '공소장의 변경'이라 한다)이 있을 때에는 그 사유를 신속히 피고인 또는 변호인에게 고지하여야 한다(형사소송법 제298조 제3항). 형사소송규칙 제142조 제1항은 '검사가 형사소송법 제298조 제1항에 따라 공소장에 기재한 공소사실 또는 적용법조의 추가, 철회 또는 변경을 하고자 하는 때에는 그 취지를 기재한 공소장변경허가신청서를 법원에 제출하여야 한다.'고 정하고, 제5항은 '법원은 제1항의 규정에도 불구하고 피고인이 재정하는 공판정에서는 피고인에게 이익이 되거나 피고인이 동의하는 경우 구술에 의한 공소장변경을 허가할 수 있다.'고 정하고 있다. 이와 같이 검사가 공소장변경신청을 하고자 할 때에는 서면으로 하는 것이 원칙이고, 예외적으로 피고인이 재정하는 공판정에서 피고인에게 이익이 되거나 피고인이 동의하는 경우에는 구술에 의한 공소장변경신청을 할 수 있다. 이는 심판의 대상을 명확히 한정하고 절차를 분명히 하여 피고인의 방어권 행사를 가능하게 하기 위한 것이다.

[2] 형사소송규칙 제142조 제2항, 제3항에 따르면, 검사가 서면으로 공소장변경신청을 하는 경우 피고인의 수에 상응한 부본을 첨부하여야 하고, 법원은 그 부본을 **피고인 또는 변호인에게 즉시 송달**하여야 한다.

[3] 위와 같은 공소장변경 절차에 관한 법규의 내용과 취지에 비추어 보면, 검사의 서면에 의한 공소장변경허가신청이 있는데도 법원이 피고인 또는 변호인에게 공소장변경허가신청서 부본을 송달·교부하지 않은 채 공소장변경을 허가하고 공소장변경허가신청서에 기재된 공소사실에 관하여 유죄판결을 하였다면, **공소장변경허가신청서 부본을 송달·교부하지 않은 법원의 잘못은 판결에 영향을 미친 법령 위반에 해당**한다. 다만 공소장변경 내용이 피고인의 방어권과 변호인의 변호권 행사에 지장이 없는 것이거나 피고인과 변호인이 공판기일에서 변경된 공소사실에 대하여 충분히 변론할 기회를 부여받는 등 **피고인의 방어권이나 변호인의 변호권이 본질적으로 침해되지 않았다고 볼 만한 특별한 사정이 있다면 판결에 영향을 미친 법령 위반이라고 할 수 없다**(대판 2021.6.30. 2019도7217).

[사건의 경과]

(1) 제1심에서 강제추행 공소사실에 대해 무죄가 선고되자 검사는 항소심에서 공연음란의 예비적 공소사실을 추가함.

(2) 원심은 공소장변경허가신청서 부본을 피고인 또는 변호인에게 송달·교부하지 않은 상태에서 공소장변경을 허가하고 변론을 종결한 다음 예비적 공소사실을 유죄로 인정함.

(3) 대법원은, 기존 공소사실과 예비적 공소사실은 심판대상과 피고인의 방어대상이 서로 다른데도 원심이 검사의 공소장변경허가신청서 부본을 피고인 또는 변호인에게 송달하거나 교부하지 않은 채 공판절차를 진행하여 당일 변론을 종결한 다음 기존 공소사실에 대하여 무죄로 판단한 제1심 판결을 파기하고 예비적 공소사실을 유죄로 판단한 것은 피고인의 방어권이나 변호인의 변호권을 본질적으로 침해한 것으로 볼 수 있다는 이유로 원심판결을 파기환송함.

79. 〈공소장변경절차가 필요하지 않은 경우임에도 공소장변경 절차를 거쳐 유죄 판단을 한 사건〉★

[1] 공소사실은 법원의 심판대상을 한정하고 피고인의 방어범위를 특정함으로써 피고인의 방어권을 보장하는 의미를 가지므로, 법원이 당초 공소사실과 다른 공소사실을 심판대상으로 삼아 유죄를 인정하기 위해서는 불고불리 원칙 및 피고인의 방어권 보장 등 형사소송의 기본원칙에 따라 공소장변경절차를 거치는 것이 원칙이다. 다만, 공소사실의 기본적 요소에 실질적인 영향을 미치지 않은 단순한 일시·장소·수단 등에 관한 사항 또는 명백한 오기의 정정에 해당하는 등 피고인이 방어권을 실질적으로 행사함에 지장이 없는 경우에는 예외적으로 공소장변경절차를 거치지 않고서도 직권으로 당초 공소사실과 동일성이 인정되는 범위 내의 다른 공소사실에 대하여 유죄를 인정할 수 있다. 따라서 공소장변경절차를 거쳐야

하는 경우임에도 이를 거치지 않은 채 직권으로 당초 공소사실과 다른 공소사실에 대하여 유죄를 인정하는 것은 피고인의 방어권을 침해하거나 불고불리 원칙에 위반되어 허용될 수 없지만, **공소장변경절차를 거치지 않고서도 직권으로 당초 공소사실과 다른 공소사실에 대하여 유죄를 인정할 수 있는 예외적인 경우임에도 공소장변경절차를 거친 다음 변경된 공소사실을 유죄로 인정하는 것은 심판대상을 명확히 특정함으로써 피고인의 방어권 보장을 강화하는 것이므로 특별한 사정이 없는 한 위법하다고 볼 수 없다.**

[2] 공소장변경허가신청의 내용이 일부 공소사실의 범행 방법을 추가하여 정정하는 것에 불과하여, 공소장변경절차를 거치지 않고서도 직권으로 유죄로 인정함에 별다른 제한이 없는 경우임에도, 원심이 공소장변경절차를 거친 다음 변경된 공소사실을 유죄로 인정한 것에 공소장변경에 관한 법리오해의 잘못이 없다고 보아 상고를 기각한 사례(대판 2022.12.15. 2022도10564).

80. 〈법원이 공판의 심리를 종결하고 판결선고기일까지 고지한 후 검사가 공소장변경을 신청한 사건〉★

법원이 공판의 심리를 종결하기 전에 한 공소장의 변경에 대하여는 공소사실의 동일성을 침해하지 않는 한도에서 허가해야 한다. 그러나 적법하게 공판의 심리를 종결하고 판결선고기일까지 고지한 후에 이르러서 한 검사의 공소장변경에 대하여는 그것이 변론재개신청과 함께 된 것이더라도 법원이 종결한 심리를 재개하여 공소장변경을 허가할 의무는 없다(대판 2022.7.14. 2022도4624).

제3절 l 공판준비절차
제4절 l 공판정의 심리
제5절 l 공판기일의 절차

선고 관련 판례

---

81. 〈법관의 서명날인이 없는 재판서에 의한 판결 사건〉★

Q 법관의 서명날인이 없는 재판서에 의한 판결은 형사소송법 제383조 제1호가 정한 '판결에 영향을 미친 법률의 위반이 있는 때'에 해당하는가?

[1] 형사소송법 제38조에 따르면 재판은 법관이 작성한 재판서에 의하여야 하고, 제41조에 따르면 재판서에는 재판한 법관이 서명날인하여야 하며, 재판장이 서명날인할 수 없는 때에는 다른 법관이 그 사유를 부기하고 서명날인하여야 한다. 이러한 법관의 서명날인이 없는 재판서에 의한 판결은 형사소송법 제383조 제1호가 정한 '판결에 영향을 미친 법률의 위반이 있는 때'에 해당하여 파기되어야 한다.

[2] 제1심법원이 제3회 공판기일에 판결서에 의하여 판결을 선고하였으나 그 판결서에 재판한 법관의 서명날인이 누락되어 있음에도 원심이 이를 간과한 채 피고인 1~8의 항소를 기각한 것은 형사소송법 제383조 제1호의 '판결에 영향을 미친 법률의 위반이 있는 때'에 해당한다고 보아 원심판결 중 위 피고인들에 대한 부분을 파기하고 원심법원에 환송한 사례(대판 2022.7.14. 2022도5129).

82. 〈'재판이 개판이야, 재판이 뭐 이 따위야' 사건〉★★

[사실관계]

제1심 재판장이 선고기일에 법정에서 '피고인을 징역 1년에 처한다.'는 주문을 낭독한 뒤 상소기간 등에 관한 고지를 하던 중 피고인이 '재판이 개판이야, 재판이 뭐 이 따위야.' 등의 말과 욕설을 하면서 난동을 부려 교도관이 피고인을 제압하여 구치감으로 끌고 갔는데, 제1심 재판장은 그 과정에서 피고인에게 원래 선고를 듣던 자리로 돌아올 것을 명하였고, 법정경위가 구치감으로 따라 들어가 피고인을 다시 법정으로 데리고 나오자, 제1심 재판장이 피고인에게 '선고가 아직 끝난 것이 아니고 선고가 최종적으로 마무리되기까지 이 법정에서 나타난 사정 등을 종합하여 선고형을 정정한다.'는 취지로 말하며 징역 3년을 선고하였다.

Q 법원이 판결을 선고함에 있어 피고인에게 적절한 훈계를 할 수 있는가?

[1] 형사소송법은 재판장이 판결을 선고함에는 주문을 낭독하고 이유의 요지를 설명하여야 하고(제43조 후문), 형을 선고하는 경우에는 피고인에게 상소할 기간과 상소할 법원을 고지하여야 한다고 정한다(제324조). 형사소송규칙은 재판장은 판결을 선고할 때 피고인에게 이유의 요지를 말이나 판결서 등본 또는 판결서 초본의 교부 등 적절한 방법으로 설명하고, 판결을 선고하면서 피고인에게 적절한 훈계를 할 수 있으며(제147조), 재판장은 판결을 선고하면서 피고인에게 형법 제59조의2, 형법 제62조의2의 규정에 의하여 보호관찰, 사회봉사 또는 수강을 명하는 경우에는 그 취지 및 필요하다고 인정하는 사항이 적힌 서면을 교부하여야 한다고 정한다(제147조의2 제1항).

Q 재판장이 주문을 낭독한 이후라도 선고가 종료되기 전까지는 일단 낭독한 주문의 내용을 정정하여 다시 선고할 수 있는가?

[2] 이러한 규정 내용에 비추어 보면 판결 선고는 전체적으로 하나의 절차로서 재판장이 판결의 주문을 낭독하고 이유의 요지를 설명한 다음 피고인에게 상소기간 등을 고지하고, 필요한 경우 훈계, 보호관찰 등 관련 서면의 교부까지 마치는 등 선고절차를 마쳤을 때에 비로소 종료된다. 재판장이 주문을 낭독한 이후라도 **선고가 종료되기 전까지는 일단 낭독한 주문의 내용을 정정하여 다시 선고할 수 있다.**

Q 판결 선고절차가 종료되기 전이라면 변경 선고가 무제한 허용된다고 할 수 있는가?

[3] 그러나 판결 선고절차가 종료되기 전이라도 변경 선고가 **무제한 허용된다고 할 수는 없다.** 재판장이 일단 주문을 낭독하여 선고 내용이 외부적으로 표시된 이상 재판서에 기재된 주문과 이유를 잘못 낭독하거나 설명하는 등 실수가 있거나 판결 내용에 잘못이 있음이 발견된 경우와 같이 **특별한 사정이 있는 경우에 변경 선고가 허용된다.**

Q 위와 같은 사실관계를 전제로 할 때 제1심 재판장의 판결선고는 적법한가?

[4] 제1심 재판장이 선고기일에 법정에서 '피고인을 징역 1년에 처한다.'는 주문을 낭독한 뒤 상소기간 등에 관한 고지를 하던 중 피고인이 '재판이 개판이야, 재판이 뭐 이 따위야.' 등의 말과 욕설을 하면서 난동을 부려 교도관이 피고인을 제압하여 구치감으로 끌고 갔는데, 제1심 재판장은 그 과정에서 피고인에게 원래 선고를 듣던 자리로 돌아올 것을 명하였고, 법정경위가 구치감으로 따라 들어가 피고인을 다시 법정으로 데리고 나오자, 제1심 재판장이 피고인에게 '선고가 아직 끝난 것이 아니고 선고가 최종적으로 마무리되기까지 이 법정에서 나타난 사정 등을 종합하여 선고형을 정정한다.'는 취지로 말하며 징역 3년을 선고한 사안에서,

위 변경 선고는 최초 낭독한 주문 내용에 잘못이 있다거나 재판서에 기재된 주문과 이유를 잘못 낭독하거나 설명하는 등 변경 선고가 정당하다고 볼 만한 특별한 사정이 발견되지 않으므로 위법하고, 피고인이 난동을 부린 것은 제1심 재판장이 징역 1년의 주문을 낭독한 이후의 사정이며, 제1심 재판장은 선고절차 중 피고인의 행동을 양형에 반영해야 한다는 이유로 이미 주문으로 낭독한 형의 3배에 해당하는 징역 3년으로 선고형을 변경하였는데, 선고기일에 피고인의 변호인이 출석하지 않았고, 피고인은 자신의 행동이 양형에 불리하게 반영되는 과정에서 어떠한 방어권도 행사하지 못하였다는 이유로, 이와 달리 보아 제1심 선고절차에 아무런 위법이 없다고 판단한 원심판결에 판결 선고절차와 변경 선고의 한계에 관한 법리오해의 잘못이 있다고 한 사례(대판 2022.5.13. 2017도3884).

83. 〈판결선고기일로 지정되지 않았던 일자에 판결선고절차를 진행한 사건〉

Q 판결선고기일로 지정되지 않았던 일자에 판결선고절차를 진행한 것이 공판기일의 지정에 관한 법령을 위반하여 판결에 영향을 미친 잘못이 있는가?

형사소송법은 공판기일의 지정 및 변경 절차에 관하여 다음과 같이 규정한다. 판결의 선고는 변론을 종결한 기일에 하여야 하나, 특별한 사정이 있는 때에는 따로 선고기일을 지정할 수 있다(제318조의4 제1항). 재판장은 공판기일을 정하거나 변경할 수 있는데(제267조, 제270조), 공판기일에는 피고인을 소환하여야 하고, 검사, 변호인에게 공판기일을 통지하여야 한다(제267조 제2항, 제3항). 다만 이와 같은 규정이 준수되지 않은 채로 공판기일의 진행이 이루어진 경우에도 그로 인하여 피고인의 방어권, 변호인의 변호권이 본질적으로 침해되지 않았다고 볼 만한 특별한 사정이 있다면 판결에 영향을 미친 법령 위반이라고 할수 없다(대판 2023.7.13. 2023도4371).

[사실관계]

원심이 제1회 공판기일인 2023. 3. 8. 변론을 종결하면서 피해자와의 합의서 등 피고인에게 유리한 양형자료 제출을 위한 기간을 고려하여 제2회 공판기일인 선고기일을 2023. 4. 7.로 지정하여 고지하였는데, 지정·고지된 바와 달리 2023. 3. 24. 피고인에 대한 선고기일이 진행되어 교도소에 재감중이던 피고인이 교도관의 지시에 따라 법정에 출석하였고, 원심이 피고인의 항소를 기각하는 판결을 선고한 사안임

[대법원의 판단]

대법원은, 원심이 판결선고기일로 지정되지 않았던 일자에 판결선고절차를 진행하는 것은 공판기일의 지정에 관한 법령을 위반하여 판결에 영향을 미친 잘못이 있다고 할 것이고, 설령 재판장이 피고인이 재정한 상태에서 선고를 하겠다고 고지함으로써 선고기일이 변경된 것으로 보더라도, 양형자료 제출 기회는 방어권 행사의 일환으로 보호될 필요가 있고, 형사소송법 제383조에 의하면 10년 미만의 형이 선고된 사건에서는 양형이 부당하다는 주장은 적법한 상고이유가 될 수 없으므로 피고인에게는 원심판결의 선고기일이 양형에 관한 방어권을 행사할 수 있는 마지막 시점으로서 의미가 있는데, 원심법원이 변론종결시 고지되었던 선고기일을 피고인과 변호인에게 사전에 통지하는 절차를 거치지 않은 채 급박하게 변경하여 판결을 선고함으로써 피고인의 방어권과 이에 관한 변호인의 변호권을 침해하여 판결에 영향을 미친 잘못이 있다는 이유로, 원심판결을 파기·환송함

제6절 | 증인신문과 감정 및 검증
제7절 | 공판절차의 특칙

제1절 | 증거의 의의와 종류
제2절 | 증명의 기본원칙

증명 관련 판례

---

84. 〈산부인과의원에서 여자아이 바꿔치기 사건〉

[1] 형사재판에서 범죄사실의 인정은 법관으로 하여금 합리적인 의심을 할 여지가 없을 정도의 확신을 가지게 하는 증명력을 가진 엄격한 증거에 의하여야 하므로, 검사의 증명이 그만한 확신을 가지게 하는 정도에 이르지 못한 경우에는 설령 피고인의 주장이나 변명이 모순되거나 석연치 않은 면이 있어 유죄의 의심이 가는 등의 사정이 있다고 하더라도 피고인의 이익으로 판단하여야 한다.

Q 법정형이 무거운 범죄의 경우 간접증거에 의하여 유죄를 인정할 수 있는가?

[2] 법정형이 무거운 범죄의 경우에도 직접증거 없이 **간접증거만으로 유죄를 인정할 수 있으나**, 그러한 유죄 인정에는 공소사실에 대한 관련성이 깊은 간접증거들에 의하여 신중한 판단이 요구되므로, 간접증거에 의하여 주요사실의 전제가 되는 간접사실을 인정할 때에는 증명이 합리적인 의심을 허용하지 않을 정도에 이르러야 하고, 하나하나의 간접사실 사이에 모순, 저촉이 없어야 하는 것은 물론 간접사실이 논리와 경험칙, 과학법칙에 의하여 뒷받침되어야 한다. 그러므로 유죄의 인정은 범행 동기, 범행수단의 선택, 범행에 이르는 과정, 범행 전후 피고인의 태도 등 **여러 간접사실로 보아 피고인이 범행한 것으로 보기에 충분할 만큼 압도적으로 우월한 증명이 있어야 한다.** 피고인은 무죄로 추정된다는 것이 헌법상의 원칙이고, 그 추정의 번복은 직접증거가 존재할 경우에 버금가는 정도가 되어야 한다.

[3] 그리고 범행에 관한 간접증거만이 존재하고 더구나 그 간접증거의 증명력에 한계가 있는 경우, 범인으로 지목되고 있는 자에게 범행을 저지를 만한 동기가 발견되지 않는다면, 만연히 무엇인가 동기가 분명히 있는데도 이를 범인이 숨기고 있다고 단정할 것이 아니라 반대로 간접증거의 증명력이 그만큼 떨어진다고 평가하는 것이 형사증거법의 이념에 부합하는 것이다.

Q 유전자검사나 혈액형검사 등 과학적 증거방법의 증명력은 법관이 사실인정을 할 때 상당한 정도로 구속력을 가지는가?

[4] 유전자검사나 혈액형검사 등 과학적 증거방법은 전제로 하는 사실이 모두 진실임이 증명되고 추론의 방법이 과학적으로 정당하여 오류의 가능성이 없거나 무시할 정도로 극소하다고 인정되는 경우에는 법관이 사실인정을 할 때 상당한 정도로 구속력을 가진다. 그러나 이 경우 법관은 과학적 증거방법이 증명하는 대상이 무엇인지, 즉 증거방법과 쟁점이 어떠한 관련성을 갖는지를 면밀히 살펴 신중하게 사실인정을 하여야 한다.

[5] 피고인의 딸인 A가 자신의 딸로 양육하던 이 사건 여아를 방치하여 사망하였는데, 이 사건 여아가 A의 딸이 아니라 피고인의 딸이라는 내용의 유전자 감정 결과가 나오자, 그 유전자 감정 결과를 기초로 하여 피고인을 현재 생사 및 행방이 불명인 피해자(A의 딸)에 대한 미성년자 약취 혐의로 기소한 사안에서, 유전자

감정 결과가 증명하는 대상은 이 사건 여아를 피고인의 친자로 볼 수 있다는 사실에 불과하고, 피고인이 쟁점 공소사실 기재 일시 및 장소에서 피해자를 이 사건 여아와 바꾸는 방법으로 약취하였다는 사실이 아니며, 피고인이 유전자 감정 결과에도 불구하고 자신이 범행을 저지르지 않았다는 점에 대하여 개연성 있는 설명을 하고 있지는 못하지만, 공소사실에 관한 목격자의 진술이나 CCTV 영상 등 직접적인 증거가 없고, 공소사실을 유죄로 확신하는 것을 주저하게 하는 의문점들이 남아 있으며, 그에 대하여 추가적인 심리가 가능하다고 보이는 이상, 유전자 감정 결과만으로 쟁점 공소사실이 증명되었다고 보기에는 어렵다는 이유로, 이와 달리 쟁점 공소사실을 유죄로 인정한 원심판결에는 형사재판에서 요구되는 증명의 정도에 관한 법리를 오해하여 필요한 심리를 다하지 않은 잘못이 있다고 하여 파기환송한 사례(대판 2022.6.16. 2022도2236).

85. 〈의료행위로 인한 업무상과실치사상죄의 성립 요건에 대한 사건〉

[1] 의료사고에서 의사의 과실을 인정하기 위해서는, 의사가 결과 발생을 예견할 수 있었음에도 이를 예견하지 못하였거나 결과 발생을 회피할 수 있었음에도 이를 회피하지 못하였는지 여부를 검토하여야 하고, 과실 유무를 판단할 때에는 같은 업무·직무에 종사하는 일반적 평균인의 주의 정도를 표준으로 하여 사고 당시의 일반적 의학의 수준과 의료 환경 및 조건, 의료행위의 특수성 등을 고려하여야 한다.

[2] 의료사고에서 의사의 과실과 결과 발생 사이에 인과관계를 인정하기 위해서는, 주의의무 위반이 없었더라면 그러한 결과가 발생하지 않았을 것임이 증명되어야 한다.

[3] 그러므로 의사에게 의료행위로 인한 업무상과실치사상죄를 인정하기 위해서는, 의료행위 과정에서 공소사실에 기재된 업무상과실의 존재는 물론 그러한 업무상과실로 인하여 환자에게 상해·사망 등 결과가 발생한 점에 대하여도 엄격한 증거에 따라 합리적 의심의 여지가 없을 정도로 증명이 이루어져야 한다.

[4] 설령, 의료행위와 환자에게 발생한 상해·사망 등 결과 사이에 인과관계가 인정되는 경우에도, 검사가 공소사실에 기재한 바와 같은 업무상과실로 평가할 수 있는 행위의 존재 또는 그 업무상과실의 내용을 구체적으로 증명하지 못하였다면, 의료행위로 인하여 환자에게 상해·사망 등 결과가 발생하였다는 사정만으로 의사의 업무상과실을 추정하거나 단순한 가능성·개연성 등 막연한 사정을 근거로 함부로 이를 인정할 수는 없다.

[5] 피고인이 시행한 주사치료로 인하여 피해자에게 상해가 발생하였다는 점은 인정되지만, 공소사실에 기재된 바와 같이 주사치료 과정에서 피고인이 맨손으로 주사하였다거나 알코올 솜의 미사용·재사용, 오염된 주사기의 사용 등 비위생적 조치를 취한 사실에 대한 증명이 합리적 의심을 배제할 정도로 이루어졌다고 볼 수 없고, 달리 공소사실에 기재된 바와 같은 피고인의 업무상과실로 평가될 만한 행위의 존재나 업무상과실의 내용이 구체적으로 증명되었다고 보기도 어려운 사안에서, 피고인의 주사치료와 피해자의 상해 발생 사이에 인과관계가 인정된다는 등의 사정만을 이유로 피고인의 업무상과실은 물론 그것과 피해자의 상해 사이의 인과관계까지도 인정한 원심의 판단에 의료행위로 인한 업무상과실치상죄에서 '업무상과실'의 인정기준과 증명책임에 대한 법리를 오해함으로써 판결에 영향을 미친 잘못이 있다고 보아 원심판결을 파기·환송한 사례(대판 2023.1.12. 2022도11163).

86. 〈추가 음주 사건〉

[1] 음주하고 운전한 직후에 운전자의 혈액이나 호흡 등 표본을 검사하여 혈중알코올농도를 측정할 수 있는 경우가 아니라면 이른바 위드마크(Widmark) 공식을 사용하여 수학적 방법에 따른 계산결과로 운전 당시의 혈중알코올농도를 추정할 수 있다. 운전 시부터 일정한 시간이 경과한 후에 음주측정기 또는 혈액 채취 등에 의하여 측정한 혈중알코올농도는 운전 시가 아닌 측정 시의 수치에 지나지 아니하므로 운전 시의 혈중알코올농도를 구하기 위하여는 여기에 운전 시부터 측정 시까지의 알코올분해량을 더하는 방식이 사용된다.

[2] 일반적으로 범죄구성요건 사실의 존부를 알아내기 위하여 위와 같은 과학공식 등의 경험칙을 이용하는 경우에는 그 법칙 적용의 전제가 되는 개별적이고 구체적인 사실에 관하여 엄격한 증명을 요한다고 할 것이다. 시간의 경과에 의한 알코올의 분해소멸에 관해서는 평소의 음주정도, 체질, 음주속도, 음주 후 신체활동의 정도 등이 시간당 알코올분해량에 영향을 미칠 수 있으므로, 특별한 사정이 없는 한 해당 운전자의 시간당 알코올분해량이 평균인과 같다고 쉽게 단정할 것이 아니라 증거에 의하여 명확히 밝혀야 하고, 증명을 위하여 필요하다면 전문적인 학식이나 경험이 있는 사람들의 도움 등을 받아야 하며, 만일 공식을 적용할 때 불확실한 점이 남아 있고 그것이 피고인에게 불이익하게 작용한다면 그 계산결과는 합리적인 의심을 품게 하지 않을 정도의 증명력이 있다고 할 수 없다. 그러나 시간당 알코올분해량에 관하여 알려져 있는 신빙성 있는 통계자료 중 피고인에게 가장 유리한 것을 대입하여 위드마크 공식을 적용하여 운전 시의 혈중알코올농도를 계산하는 것은 피고인에게 실질적인 불이익을 줄 우려가 없으므로 그 계산결과는 유죄의 인정자료로 사용할 수 있다고 하여야 한다(대판 2023.12.28. 2020도6417).

[사실관계]

피고인이 화물차를 운전하다가 사고를 낸 후 현장을 이탈하여 소주 1병을 마셨고, 이후 이루어진 음주측정에서 혈중알코올농도가 0.169%로 측정되었는데, 약 두 달 후 경찰이 피고인에게 정상적인 상태에서 소주 1병을 마시도록 한 뒤 음주측정을 실시하여 혈중알코올농도가 0.115%로 측정되자, 피고인이 0.054%의 술에 취한 상태로 화물차를 운전하였다는 공소사실로 기소된 사안임

[원심의 판단]

원심은, 피고인이 소주 1병을 마셨을 경우 위드마크 공식에 따라 피고인에게 가장 유리한 수치를 적용하여 계산된 결과는 0.141%이고, 이를 사고 이후 음주측정치인 0.169%에서 공제하면 사고 당시 피고인의 혈중알코올농도 추정치는 0.028%가 된다고 보아, 이 사건 공소사실을 무죄로 판단하였음

[대법원의 판단]

대법원은, 위와 같이 판시하면서 죄증을 인멸하기 위해 추가음주가 이루어지는 경우 정당한 형사처벌의 필요성이 인정되지만, 별도의 입법적 조치가 없는 현상황에서는 위드마크 공식을 통해 혈중알코올농도를 추정할 밖에 없다고 보아, 공소사실을 무죄로 판단한 원심판결을 수긍하여 상고를 기각함

엄격한 증명의 대상 관련 판례

87. 〈마스크 매점매석 행위 사건〉

[1] 물가안정법 제26조, 제7조 위반죄는 초과 주관적 위법요소인 '폭리 목적'을 범죄성립요건으로 하는 목적범이므로, '폭리 목적'은 고의와 별도로 요구됨은 물론 엄격한 증명의 대상이 된다.

[2] '폭리 목적'에 대한 증명책임도 검사에게 있으므로, 행위자가 이 사건 고시 제5조에서 정한 매점매석 행위를 하였다는 사실만으로 폭리 목적을 추정할 수는 없다.

[3] 다만, 행위자에게 폭리 목적이 있음을 증명할 직접증거가 없는 경우에도 피고인이 해당 물품을 매입한 시점·경위, 판매를 위한 노력의 정도, 판매에 이르지 못한 사정, 해당 물품의 시가 변동 및 시장 상황, 매입 및 판매 형태·수량 등 간접사실을 종합적으로 고려하여 판단할 수 있다(대판 2024.1.4. 2023도2836).

[원심의 판단]

원심은, 피고인 회사가 2019. 12. 31. 이전에 마스크 재고를 보유하였거나 마스크 매출을 발생시켰다고 볼 자료가 없는 이상 '2020. 1. 1. 이후 신규로 영업을 한 사업자'로서 매점매석 행위를 한 사실이 인정된다고 판단하였음

[대법원의 판단]

대법원은, 피고인들의 마스크 공급판매 시점, 수량, 공급 상대방, 매입단가 및 판매단가, 피고인들이 마스크를 판매하지 못하게 된 경위 등에 비추어 피고인들에게 '폭리목적'이 있었다거나 피고인들이 '2010. 1. 1. 이후 신규 영업을 한 사업자'에 해당한다고 단정하기 어렵다고 보아, 이와 달리 판단한 원심판결을 파기·환송함

거증책임 관련 판례

88. 〈'제국의 위안부' 명예훼손 사건〉

Q 명예훼손 사건에서 학문의 자유로서 보호되는 영역에 속하지 않는다는 점은 누가 증명하여야 하는가?

형사재판에서 공소가 제기된 범죄의 구성요건을 이루는 사실은 그것이 주관적 요건이든 객관적 요건이든 그 증명책임이 검사에게 있으므로, 해당 표현이 학문의 자유로서 보호되는 영역에 속하지 않는다는 점은 검사가 증명하여야 한다(대판 2023.10.26. 2017도18697).

89. 〈예비군법 위반과 정당한 사유〉

[1] 예비군법 제15조 제9항 제1호는 병역법 제88조 제1항과 마찬가지로 국민의 국방의 의무를 구체화하기 위하여 마련된 것이고, 예비군훈련도 집총이나 군사훈련을 수반하는 병역의무의 이행이라는 점에서 병역법 제88조 제1항에서 정한 '정당한 사유'에 관한 대법원 2018. 11. 1. 선고 2016도10912 전원합의체 판결의 법리에 따라 예비군법 제15조 제9항 제1호에서 정한 '정당한 사유'를 해석함이 타당하다. 따라서 **진정한 양심에 따른 예비군훈련 거부의 경우에도 예비군법 제15조 제9항 제1호에서 정한 '정당한 사유'에 해당한다고 보아야 한다.**

[2] **정당한 사유가 없다는 사실은 범죄구성요건이므로 검사가 증명**하여야 한다. 다만 진정한 양심의 부존재를 증명한다는 것은 마치 특정되지 않은 기간과 공간에서 구체화되지 않은 사실의 부존재를 증명하는 것과 유사하다. 위와 같은 불명확한 사실의 부존재를 증명하는 것은 사회통념상 불가능한 반면 그 존재를 주장·증명하는 것이 좀 더 쉬우므로, 이러한 사정은 검사가 증명책임을 다하였는지를 판단할 때 고려하여야 한다. 따라서 양심상의 이유로 예비군훈련 거부를 주장하는 피고인은 자신의 예비군훈련 거부가 그에 따라 행동하지 않고서는 인격적 존재가치가 파멸되고 말 것이라는 절박하고 구체적인 양심에 따른 것이며 그 양심이 깊고 확고하며 진실한 것이라는 사실의 존재를 수긍할 만한 소명자료를 제시하고, 검사는 제시된 자료의 신빙성을 탄핵하는 방법으로 진정한 양심의 부존재를 증명할 수 있다. 이때 예비군훈련 거부자가 제시하여야 할 소명자료는 적어도 검사가 그에 기초하여 정당한 사유가 없다는 것을 증명하는 것이 가능할 정도로 구체성을 갖추어야 한다(대판 2021.1.28. 2018도4708).

90. 〈강간죄에서 사실상 피해자의 진술이 유일한 사건에서의 진술의 신빙성 판단〉

[1] 증거의 증명력은 법관의 자유판단에 맡겨져 있으나 그 판단은 논리와 경험의 법칙에 합치하여야 하고, 형사재판에 있어서 유죄로 인정하기 위한 심증 형성의 정도는 합리적인 의심을 할 여지가 없을 정도여야 하나, 이는 모든 가능한 의심을 배제할 정도에 이를 것까지 요구하는 것은 아니며, **증명력이 있는 것으로 인정되는 증거를 합리적인 근거가 없는 의심을 일으켜 배척하는 것은 자유심증주의의 한계를 벗어나는 것으로 허용될 수 없다.**

[2] **피해자 등의 진술**은 그 진술 내용의 주요한 부분이 일관되며, 경험의 법칙에 비추어 비합리적이거나 진술 자체로 모순되는 부분이 없고, 또한 허위로 피고인에게 불리한 진술을 할 만한 동기나 이유가 분명하게 드러나지 않는 이상, 그 진술의 신빙성을 특별한 이유 없이 함부로 배척해서는 아니 된다.

[3] **강간죄에서 공소사실을 인정할 증거로 사실상 피해자의 진술이 유일한 경우**에 피고인의 진술이 경험의 법칙상 합리성이 없고 그 자체로 모순되어 믿을 수 없다고 하여 그것이 공소사실을 인정하는 직접증거가 되는 것은 아니지만, 이러한 사정은 법관의 자유판단에 따라 피해자 진술의 신빙성을 뒷받침하거나 직접증거인 피해자 진술과 결합하여 공소사실을 뒷받침하는 간접정황이 될 수 있다.

[4] 강간죄가 성립하기 위한 가해자의 폭행·협박이 있었는지 여부는 그 폭행·협박의 내용과 정도는 물론 유형력을 행사하게 된 경위, 피해자와의 관계, 성교 당시와 그 후의 정황 등 모든 사정을 종합하여 **피해자가 성교 당시 처하였던 구체적인 상황을 기준으로 판단**하여야 하고, 사후적으로 보아 피해자가 성교 이전에 범행 현장을 벗어날 수 있었다거나 피해자가 사력을 다하여 반항하지 않았다는 사정만으로 가해자의 폭행·협박이 피해자의 항거를 현저히 곤란하게 할 정도에 이르지 않았다고 섣불리 단정하여서는 아니 된다(대판 2022.3.31. 2018도19037).

[사건의 경과]

(1) 해군 함장(당시 중령)이던 피고인이 같은 부대에서 근무하던 초급 부하 장교인 피해자를 강간하여 피해자로 하여금 치료 일수를 알 수 없는 외상 후 스트레스 장애에 이르게 하였다는 혐의로 기소된 사안임.

(2) 대법원은 위 법리 등을 기초로, 원심판결 중 ① 공소사실의 핵심 경위에 관한 피해자 진술의 신빙성을 배척한 부분에는 논리와 경험의 법칙을 위반하여 자유심증주의의 한계를 벗어난 잘못이 있고, ② 폭행·협박을 수단으로 한 강간 사실과 그에 관한 피고인의 고의가 인정되지 않는다고 보아 강간으로 인한 상해 결과의 발생 여부에 관해 나아가 심리·판단하지 않은 부분에는 군인등강간치상죄의 폭행, 고의 등에 관한 법리를 오해하여 필요한 심리를 다하지 않은 잘못이 있다고 보아 원심을 파기환송함.

91. 〈인접한 시기에 같은 피해자를 상대로 저질러진 동종 범죄 사건〉

[1] 형사재판에서 범죄사실에 대한 유죄의 인정은 법관으로 하여금 합리적인 의심을 할 여지가 없을 정도로 공소사실이 진실한 것이라는 확신을 가지게 하는 증명력을 가진 증거에 의하여야 하므로, 그와 같은 증거가 없다면 설령 피고인에게 유죄의 의심이 간다고 하더라도 피고인의 이익으로 판단할 수밖에 없다.

[2] 사실인정의 전제로 이루어지는 증거의 취사선택과 증명력에 대한 판단은 자유심증주의의 한계를 벗어나지 않는 한 사실심 법원의 재량에 속한다(형사소송법 제308조). 인접한 시기에 같은 피해자를 상대로 저질러진 동종 범죄라도 각각의 범죄에 따라 범행의 구체적인 경위, 피해자와 피고인 사이의 관계, 피해자를 비롯한 관련 당사자의 진술 등이 다를 수 있다. 따라서 사실심 법원은 인접한 시기에 같은 피해자를 상대로 저질러진 동종 범죄에 대해서도 각각의 범죄에 따라 피해자 진술의 신빙성이나 그 신빙성 유무

를 기초로 한 범죄 성립 여부를 달리 판단할 수 있고, 이것이 실체적 진실발견과 인권보장이라는 형사소송의 이념에 부합한다(대판 2022.3.31. 2018도19472, 2018전도126).

[사건의 경과]

(1) 해군 甲 함정 포술장(소령)인 피고인이 같은 부대에서 근무하던 초급 부하 장교인 피해자를 2회 강간하고 10회 강제추행하여 피해자로 하여금 치료 일수를 알 수 없는 외상 후 스트레스 장애에 이르게 하였다는 사실 등으로 기소된 사안에서, 대법원은 위 법리 등에 기초하여, 이 사건 공소사실을 무죄로 판단한 원심을 수긍하였음.

(2) 한편 피고인과 같은 부대에서 근무하던 상관(함장)이 이 사건 공소사실 범행 일시와 인접한 시기에 이 사건 피해자에 대해 군인등강간치상죄를 저질렀다고 기소된 사건(이하 '관련 사건'이라 한다)에서 공소사실을 무죄로 판단한 원심판결에 법리오해 등의 잘못이 있다는 판단이 내려졌으나, 대법원은 관련 사건과 이 사건은 사건의 구체적인 경위, 피고인과 피해자의 관계, 피해자의 진술 등이 서로 다르므로 피해자 진술의 신빙성이나 그 신빙성 유무를 기초로 한 범죄 성립 여부가 달리 판단될 수 있다고 보았음.

92. 〈모발감정결과 필로폰 성분이 검출된 사건〉

[1] 마약류 투약사실을 밝히기 위한 모발감정은 검사 조건 등 외부적 요인에 의한 변수가 작용할 수 있고, 그 결과에 터 잡아 투약가능기간을 추정하는 방법은 모발의 성장속도가 일정하다는 것을 전제로 하고 있으나 실제로는 개인에 따라 적지 않은 차이가 있고, 동일인이라도 모발의 채취 부위, 건강상태 등에 따라 편차가 있으며, 채취된 모발에도 성장기, 휴지기, 퇴행기 단계의 모발이 혼재함으로 인해 정확성을 신뢰하기 어려운 문제가 있다. 또한 모발감정결과에 기초한 투약가능기간의 추정은 수십 일에서 수개월에 걸쳐 있는 경우가 많은데, 마약류 투약범죄의 특성상 그 기간 동안 여러 번의 투약가능성을 부정하기 어려운 점에 비추어 볼 때, 그와 같은 방법으로 추정한 투약가능기간을 공소 제기된 범죄의 범행시기로 인정하는 것은, 피고인의 방어권 행사에 현저한 지장을 초래할 수 있고, 투약 시마다 별개의 범죄를 구성하는 마약류 투약범죄의 성격상 이중기소 여부나 일사부재리의 효력이 미치는 범위를 판단하는 데에도 곤란한 문제가 생길 수 있다. 그러므로 모발감정결과만을 토대로 마약류 투약기간을 추정하고 유죄로 판단하는 것은 신중하여야 한다.

[2] 피고인 甲이 마약류취급자가 아님에도 향정신성의약품인 메트암페타민(이하 '필로폰'이라 한다)을 물에 희석하여 일회용 주사기에 넣고 주사하는 방법으로 투약했다는 등의 공소사실로 기소된 사안에서, 공소사실에 기재된 투약시점 이전에 이루어진 甲의 모발에 대한 1차 감정의뢰회보는 그 이전에 甲이 필로폰을 투약했을 가능성을 뒷받침하는 것이기는 하지만, 길이 4~7cm가량의 모발에 대해 구간별 또는 절단모발로 감정이 이루어지지 않은 이상, 필로폰의 투약시점을 특정할 수 없음은 물론 모근부위부터 어느 정도 범위에서 필로폰이 검출되었는지를 알 수 있는 아무런 증거가 없는 점, 甲의 모발에 대한 2차 감정의뢰회보도 그 이전에 甲이 필로폰을 투약했을 가능성을 뒷받침하는 것이기는 하지만, 1차 감정의뢰회보에서 모근부위부터 최대 7cm까지 필로폰이 검출되었을 가능성이 있는 이상, 공소사실 기재 일시에 필로폰을 투약하지 않았더라도 약 1개월 21일이 경과된 후인 2차 감정의뢰회보에서 모근부위 길이 1cm 지점부터 최대 9cm 지점까지 필로폰이 검출될 가능성이 있기 때문에 길이 6~9cm가량의 모발 모근부위부터 3cm 단위로 절단한 3개 구간에서 모두 필로폰이 검출되었다는 사정만으로는 공소사실 기재 일시에 필로폰을 투약한 점을 뒷받침하는 객관적인 증명력이 있다고 보기 어려운 점, 甲의 소변에 대한 감정의뢰회보에서도 필로폰이 검출되지 않았음은 물론 甲이 사용하던 차량에서 발견된 소형주사기에서도 甲의 사용을 추단케 할 만한 DNA 등이 전혀 검출되지 않은 이상, 차량에서 발견된 소형주사기 및 거기서 필로폰이 검출되었다는 사정이 공소사실을 뒷받침하는 간접사실에 해당한다고 선뜻 단정하기도 어려운 점 등을 종합하면, 甲의 모발에 대한 감정에서 필로폰이 검출되었다는 사정과 甲이 사용하던 차량을 압수 · 수색하여 발견

된 주사기에서 필로폰이 검출된 사정만으로 필로폰 투약 사실을 유죄로 인정한 원심판단에 증거재판주의, 자유심증주의 원칙을 위반한 잘못이 있다고 한 사례(대판 2023.8.31. 2023도8024).

[원심의 판단]

피고인의 4~7cm 길이 1차 모발검사에서 필로폰이 검출된 후 필로폰 투약을 하였다는 공소사실에 관하여, 원심은 1개월 후 2차 모발검사에서 1~3cm, 3~6cm, 7cm 이상의 절단모발 전부에서 필로폰이 검출되었다는 점과 법인차량 압수수색에서 필로폰 성분 주사기가 발견된 점 등을 근거로 필로폰 투약 사실을 유죄로 인정하였음

[대법원의 판단]

대법원은, 1차 모발검사는 그 이전에 피고인이 필로폰을 투약했을 가능성을 뒷받침하는 것이기는 하지만 길이 4~7cm 가량의 모발에 대해 구간별 또는 절단모발로 감정이 이뤄지지 않은 이상, 필로폰의 투약시점을 특정할 수 없음은 물론 모근부위부터 어느 정도의 범위에서 필로폰이 검출되었는지를 알 수 있는 아무런 증거도 없고, 이와 같이 1차 모발검사 결과 최대 7cm까지 필로폰이 검출되었을 가능성이 있는 이상, 약 1개월 21일이 경과된 후인 2차 모발검사 당시 모근부위 길이 1cm 지점부터 최대 9cm 지점까지 필로폰이 검출될 가능성이 있어, 길이 6~9cm 가량의 모발의 모근부위부터 3cm 단위로 절단한 3개 구간에서 모두 필로폰이 검출되었다는 2차 모발검사 결과는 1차 모발검사 결과와 사실상 동일한 내용에 불과한 것일 가능성을 배제하기 어려워 이 부분 공소사실인 필로폰 투약의 점을 뒷받침하는 객관적인 증명력이 있다고 보기 어렵고, 나아가 법인차량 압수수색에서 필로폰 투약 관련 증거가 발견되지 않았다가 1개월 후 동일차량 압수수색에서 필로폰 성분 주사기가 발견되었다고 하더라도, 피고인의 DNA 등이 검출되지 않은 이상 위와 같은 사정이 이 부분 공소사실을 뒷받침하는 간접사실에 해당한다고 단정하기도 어려워, 필로폰 투약사실을 유죄로 인정한 원심의 판단에 증거재판주의, 자유심증주의 원칙에 관한 법리를 위반함으로써 판결에 영향을 미친 잘못이 있다는 이유로, 원심판결을 파기·환송함

93. 〈공판과정에서 피해자가 제출한 탄원서를 피고인에 대한 유죄의 증거로 사용할 수 없다는 판례〉

법원은 피해자 등의 신청이 있는 때에 그 피해자 등을 증인으로 신문하여야 하고(형사소송법 제294조의2 제1항), 피해자 등을 신문하는 경우 피해의 정도 및 결과, 피고인의 처벌에 관한 의견, 그 밖에 당해 사건에 관한 의견을 진술할 기회를 주어야 한다(형사소송법 제294조의2 제2항). 나아가 법원은 필요하다고 인정하는 경우 직권으로 또는 피해자 등의 신청에 따라 피해자 등을 공판기일에 출석하게 하여 형사소송법 제294조의2 제2항에 정한 사항으로서 범죄사실의 인정에 해당하지 않는 사항에 관하여 증인신문에 의하지 아니하고 의견을 진술하거나 의견진술에 갈음하여 의견을 기재한 서면을 제출하게 할 수 있다(형사소송규칙 제134조의10 제1항 및 제134조의11 제1항). 다만 위 각 조항에 따른 진술과 서면은 범죄사실의 인정을 위한 증거로 할 수 없다(형사소송규칙 제134조의12)(대판 2024.3.12. 2023도11371).

[원심의 판단]

원심은, 피고인의 사실오인 내지 법리오해 주장에 관하여 판단하면서, 피해자 진술의 신빙성이 인정되는 사정의 하나로서 피해자가 공판과정에서 제출한 탄원서의 일부 기재 내용을 적시하여 이 사건 공소사실을 유죄로 판단하였음

[대법원의 판단]

대법원은, 위와 같은 법리를 설시하면서, 원심은 피해자가 공판과정에서 제출한 탄원서를 유죄의 증거로 사용한 것에는 잘못이 있으나, 증거능력이 인정되는 나머지 적법하게 채택된 증거들에 의하더라도 이 사건 공소사실을 유죄로 인정하기에 충분하므로, 위와 같은 원심의 잘못은 판결에 영향이 없다고 보아 피고인의 상고를 기각함

94. 〈자폐성 장애 겸 지적장애인이 '추행'을 하였는지 문제된 사건〉

Q '추행'의 고의를 부인하는 경우의 판단기준 및 피고인이 장애인인 경우의 심리상 유의할 점은 무엇인가?

[1] 「성폭력범죄의 처벌 등에 관한 특례법」(이하 '성폭력처벌법'이라 한다) 제11조의 '공중 밀집 장소에서의 추행죄'의 '추행'이란 일반인을 기준으로 객관적으로 성적 수치심이나 혐오감을 일으키게 하고 선량한 성적 도덕관념에 반하는 행위로서 피해자의 성적 자기결정권을 침해하는 것을 의미한다. 성폭력처벌법 제11조 위반죄가 성립하기 위해서는 주관적 구성요건으로서 추행을 한다는 인식을 전제로 적어도 미필적으로나마 이를 용인하는 내심의 의사가 있어야 하므로, 피고인이 추행의 고의를 부인하는 경우에는 고의와 상당한 관련성이 있는 간접사실을 증명하는 방법에 따를 수밖에 없다. 이 경우 피고인의 나이 · 지능 · 시적능력 및 판단능력, 직업 및 경력, 피고인이 공소사실 기재 행위에 이르게 된 경위와 동기, 피고인과 피해자의 관계, 구체적 행위 태양 및 행위 전후의 정황, 피고인의 평소 행동양태 · 습관 등 객관적 사정을 종합하여 판단해야 하고, 피고인이 고의로 추행을 하였다고 볼 만한 징표와 어긋나는 사실의 의문점이 해소되어야 한다. <u>이는 피고인이 자폐성 장애인이거나 지적장애인에 해당하는 경우에도 마찬가지로서, 외관상 드러난 피고인의 언행이 비장애인의 관점에서 이례적이라거나 합리적이지 않다는 이유만으로 함부로 고의를 추단하거나 이를 뒷받침하는 간접사실로 평가하여서는 아니 되고, 전문가의 진단이나 감정 등을 통해 피고인의 장애 정도, 지적 · 판단능력 및 행동양식 등을 구체적으로 심리한 후 피고인이 공소사실 기재 행위 당시 특정 범행의 구성요건 해당 여부에 관한 인식을 전제로 이를 용인하는 내심의 의사까지 있었다는 점에 관하여 합리적인 의심을 할 여지가 없을 정도의 확신에 이르러야 한다.</u>

Q 피고인이 제출한 증거가 피고인의 주장 사실을 인정하기에 부족하다는 이유로 유죄를 선고할 수 있는가?

[2] 형사피고인은 유죄의 판결이 확정될 때까지는 무죄로 추정된다(헌법 제27조 제4항, 형사소송법 제275조의2). 무죄추정의 원칙은 수사를 하는 단계뿐만 아니라 판결이 확정될 때까지 형사절차와 형사재판 전반을 이끄는 대원칙으로서, '의심스러우면 피고인의 이익으로'라는 오래된 법언에 내포된 것이며 우리 형사법의 기초를 이루고 있다. 형사소송법 제307조 제2항이 "범죄사실의 인정은 합리적인 의심이 없는 정도의 증명에 이르러야 한다."라고 정한 것의 의미는, 법관은 검사가 제출하여 공판절차에서 적법하게 채택 · 조사한 증거만으로 유죄를 인정하여야 하고, 법관이 합리적인 의심을 할 여지가 없을 만큼 확신을 가지는 정도의 증명력을 가진 엄격한 증거에 의하여 공소사실을 증명할 책임은 검사에게 있다는 것이다. 결국 검사가 법관으로 하여금 그만한 확신을 가지게 하는 정도로 증명하지 못한 경우에는 설령 피고인의 주장이나 변명이 모순되거나 석연치 않은 면이 있는 등 유죄의 의심이 가는 사정이 있다고 하더라도 피고인의 이익으로 판단하여야 한다. <u>따라서 피고인이 유리한 증거를 제출하면서 범행을 부인하는 경우에도 공소사실에 대한 증명책임은 여전히 검사에게 있고, 피고인이 공소사실과 배치되는 자신의 주장 사실에 관하여 증명할 책임까지 부담하는 것은 아니므로, 검사가 제출한 증거와 피고인이 제출한 증거를 종합하여 볼 때 공소사실에 관하여 조금이라도 합리적인 의심이 있는 경우에는 무죄를 선고하여야 할 것이지, 피고인이 제출한 증거만으로 피고인의 주장 사실을 인정하기에 부족하다는 이유를 들어 공소사실에 관하여 유죄 판결을 선고하는 것은 헌법상 무죄추정의 원칙은 물론 형사소송법상 증거재판주의 및 검사의 증명책임에 반하는 것이어서 허용될 수 없다.</u>

Q 성범죄 사건을 심리할 때 '성인지적 관점'의 의미와 한계는 무엇인가?

[3] 성범죄 사건을 심리할 때에는 사건이 발생한 맥락에서 성차별 문제를 이해하고 양성평등을 실현할 수 있도록 '성인지적 관점'을 유지하여야 하므로, 개별적 · 구체적 사건에서 성범죄 피해자가 처하여 있는 특별한 사정을 충분히 고려하지 않은 채 피해자 진술의 증명력을 가볍게 배척하는 것은 정의와 형평의 이념에

입각하여 논리와 경험의 법칙에 따른 증거판단이라고 볼 수 없지만, 이는 성범죄 피해자 진술의 증명력을 제한 없이 인정하여야 한다거나 그에 따라 해당 공소사실을 무조건 유죄로 판단해야 한다는 의미는 아니다.

가) 성범죄 피해자 진술에 대하여 성인지적 관점을 유지하여 보더라도, 진술 내용 자체의 합리성·타당성 뿐만 아니라 객관적 정황, 다른 경험칙 등에 비추어 증명력을 인정할 수 없는 경우가 있을 수 있다.

나) 또한 피고인은 물론 피해자도 하나의 객관적 사실 중 서로 다른 측면에서 자신이 경험한 부분에 한정 하여 진술하게 되고, 여기에는 자신의 주관적 평가나 의견까지 어느 정도 포함될 수밖에 없으므로, 하나 의 객관적 사실에 대하여 피고인과 피해자 모두 자신이 직접 경험한 사실만을 진술하더라도 그 내용이 일치하지 않을 가능성이 항시 존재한다. 즉, 피고인이 일관되게 공소사실 자체를 부인하는 상황에서 공 소사실을 인정할 직접적 증거가 없거나, 피고인이 공소사실의 객관적 행위를 한 사실은 인정하면서도 고의와 같은 주관적 구성요건만을 부인하는 경우 등과 같이 사실상 피해자의 진술만이 유죄의 증거가 되는 경우에는, 피해자 진술의 신빙성을 인정하더라도 피고인의 주장은 물론 피고인이 제출한 증거, 피 해자 진술 내용의 합리성·타당성, 객관적 정황과 다양한 경험칙 등에 비추어 피해자의 진술만으로 피고 인의 주장을 배척하기에 충분할 정도에 이르지 않아 법관으로 하여금 합리적인 의심을 할 여지가 없을 정도로 공소사실이 진실한 것이라는 확신을 가질 수 없게 되었다면, 피고인의 이익으로 판단하여야 한다.

[4] 형사소송법은 형사사건의 실체에 대한 유죄·무죄의 심증 형성은 법정에서의 심리에 의하여야 한다 는 공판중심주의의 한 요소로서, 법관의 면전에서 직접 조사한 증거만을 재판의 기초로 삼을 수 있고 증명 대상이 되는 사실과 가장 가까운 원본 증거를 재판의 기초로 삼아야 하며 원본 증거의 대체물 사용 은 원칙적으로 허용되어서는 안 된다는 실질적 직접심리주의를 채택하고 있다. 이는 법관이 법정에서 직접 원본 증거를 조사하는 방법을 통하여 사건에 대한 신선하고 정확한 심증을 형성할 수 있고 피고인에 게 원본 증거에 관한 직접적인 의견진술의 기회를 부여함으로써 실체적 진실을 발견하고 공정한 재판을 실현할 수 있기 때문이다.

Q 공소사실을 부인하는 내용이 기재된 피의자신문조서에 관하여 증거동의 한 경우 그 중 일부만을 발췌하여 유죄의 증거로 사용할 수 있는가?

[5] 반면, 수사기관이 작성한 진술조서는 수사기관이 피조사자에 대하여 상당한 시간에 걸쳐 이루어진 문답 과정을 그대로 옮긴 '녹취록'과는 달리 수사기관의 관점에서 조사결과를 요약·정리하여 기재한 것 에 불과할 뿐만 아니라 진술의 신빙성 유무를 판단할 때 가장 중요한 요소 중 하나인 진술 경위는 물론 피조사자의 진술 당시 모습·표정·태도, 진술의 뉘앙스, 지적능력·판단능력 등과 같은 피조사자의 상 태 등을 정확히 반영할 수 없는 본질적 한계가 있다. 따라서 피고인이 수사과정에서 공소사실을 부인하였 고 그 내용이 기재된 피의자신문조서 등에 관하여 증거동의를 한 경우에는, 형사소송법에 따라 증거능력 자체가 부인되는 것은 아니지만, 전체적 내용이나 진술의 맥락·취지를 고려하지 않은 채 그 중 일부만을 발췌하여 유죄의 증거로 사용하는 것은 함부로 허용할 수 없다. 특히 지적능력·판단능력 등과 같이 본질 적으로 수사기관이 작성한 진술조서에 나타나기 어려운 피고인의 상태에 대해서는 공판중심주의 및 실질적 직접심리주의 원칙에 따라 검사가 제출한 객관적인 증거에 대하여 적법한 증거조사를 거친 후 이를 인정하 여야 할 것이지, 공소사실을 부인하는 취지의 피고인의 진술이 기재된 피의자신문조서 중 일부를 근거로 이 를 인정하여서는 아니 된다(대판 2024.1.4. 2023도13081).

[원심의 판단]
원심은, ① 피고인의 지하철 내에서의 이동경로 및 신체적 접촉 정도 등에 관한 피해자 및 목격자의 진술 내용을 고려하면, 피고인 측이 제출한 소견서 등만으로는 자폐성 장애에 따른 '상동행동'으로서 추행의 고의가 없었다고 단정하기 어렵다는 취지의 제1심 판결 이유를 인용하면서, ② 피고인이 자폐성 장애 및 2급 지적장애인으로서 언어·사회성 등의 발달이 지연되어 사회적 관습과 규칙을 이해하고 내면화하는

것에 어려움이 있는 것으로 보이지만, 2016년 실시된 피고인에 대한 심리평가결과와 수사과정에서의 일부 질문에 대한 답변 내용에 비추어, 피고인의 지적 또는 의지적 상태가 자신이 한 행동의 사회적 의미를 전혀 이해하지 못하는 수준의 상태에 해당한다고 볼 정도는 아닌 점, ③ 피고인이 피해자의 맞은편에 앉아 있다가 피해자 옆으로 옮겨 앉은 후 공소사실 기재와 같은 행위를 한 점에 비추어 자폐성 장애로 인한 상동행동에 기인한 것이라고 보기 어려운 점 등을 추가적인 이유로 하여, 추행의 고의를 부인하는 피고인의 주장을 배척하고 공소사실을 유죄로 판단하였음

[대법원의 판단]

대법원은, ① 피고인이 피해자를 따라간 것처럼 계속 자리를 이동하였다는 점에 관해서는 "자폐성 장애로 인한 '빈자리 채워 앉기에 관한 강박 증상'의 발현에 불과하다."는 피고인의 주장 및 장애 상태와 이를 뒷받침하는 객관적 발현 증상에 관한 이론적 근거도 존재하는 것으로 보이는 점, ② 피해자가 피고인이 상박 중 일부를 고의로 비볐다고 생각한 것은 자폐성 장애로 인하여 피고인도 의식하지 못한 채 별다른 의미 없이 팔을 위 아래로 움직이는 '상동행동'의 일환일 가능성을 배제하기 어려운 점, ③ '피고인이 제출한 증거만으로는 자폐성 장애에 따른 상동행동으로서 추행의 고의가 없었다고 단정하기는 어렵다.'는 취지의 원심의 판단은 헌법상 무죄추정의 원칙은 물론 형사소송법상 증거재판주의 및 검사의 증명책임에 반한다고 볼 여지가 큰 점, ④ 피해자 진술만으로는 추행의 고의를 부인하는 피고인의 주장을 배척하기에 충분할 정도에 이르렀다고까지 단정할 수 없는 점, ⑤ 피고인이 일관되게 공소사실을 부인하는 내용의 경찰 작성 피의자신문조서는 증거동의를 하였기에 증거능력 자체는 인정되지만, 원심이 그 중 일부 내용만을 근거로 피고인의 진술태도나 지적상태·인지능력 등과 같은 피고인의 상태를 추단한 후 이를 공소사실을 뒷받침하는 유죄의 증거로 사용하는 것은 허용될 수 없는 점 등을 종합하면, 피고인에게 추행의 고의를 인정하기 어렵다고 보아, 이와 달리 판단한 원심판결을 파기·환송함

수사와 신빙성 관련 판례

95. 〈검사가 증인신문할 사람을 미리 수사기관에 소환하여 면담한 사건〉★★

Q 검사가 공판기일에 증인으로 신청하여 신문할 사람을 특별한 사정 없이 미리 수사기관에 소환하여 면담하는 절차를 거친 후 증인이 법정에서 피고인에게 불리한 내용의 진술을 한 경우에는 어떠한 요건하에 증인의 법정진술을 신빙할 수 있는가?

[1] 헌법은 제12조 제1항 후문에서 적법절차의 원칙을 천명하고, 제27조에서 재판받을 권리를 보장하고 있다. 형사소송법은 이를 실질적으로 구현하기 위하여, 피고사건에 대한 실체심리가 공개된 법정에서 검사와 피고인 양 당사자의 공격·방어활동에 의하여 행해져야 한다는 당사자주의와 공판중심주의, 공소사실의 인정은 법관의 면전에서 직접 조사한 증거만을 기초로 해야 한다는 직접심리주의와 증거재판주의를 기본원칙으로 채택하고 있다. 이에 따라 공소가 제기된 후에는 그 사건에 관한 형사절차의 모든 권한이 사건을 주재하는 수소법원에 속하게 되며, 수사의 대상이던 피의자는 검사와 대등한 당사자인 피고인의 지위에서 방어권을 행사하게 된다.

[2] 이러한 형사소송법의 기본원칙에 비추어 보면, <u>검사가 공판기일에 증인으로 신청하여 신문할 사람을 특별한 사정 없이 미리 수사기관에 소환하여 면담하는 절차를 거친 후 증인이 법정에서 피고인에게 불리한 내용의 진술을 한 경우, 검사가 증인신문 전 면담 과정에서 증인에 대한 회유나 압박, 답변 유도나 암시 등으로 증인의 법정진술에 영향을 미치지 않았다는 점이 담보되어야 증인의 법정진술을 신빙할 수 있다고 할 것</u>

이다. 검사가 증인신문 준비 등 필요에 따라 증인을 사전 면담할 수 있다고 하더라도 법원이나 피고인의 관여 없이 일방적으로 사전 면담하는 과정에서 증인이 훈련되거나 유도되어 법정에서 왜곡된 진술을 할 가능성도 배제할 수 없기 때문이다. 증인에 대한 회유나 압박 등이 없었다는 사정은 검사가 증인의 법정진술이나 면담과정을 기록한 자료 등으로 사전면담 시점, 이유와 방법, 구체적 내용 등을 밝힘으로써 증명하여야 한다(대판 2021.6.10. 2020도15891).

[사건의 경과]

(1) 피고인이 2000. 10.경부터 2011. 5.경까지 갑으로부터 직무에 관하여 신용카드 사용대금, 상품권, 차명 휴대전화 사용대금, 주대, 금원 등 합계 51,600,345원 이상의 뇌물을 수수함과 동시에, 공무원의 지위를 이용하여 다른 공무원의 직무에 속한 사항의 알선에 관하여 같은 액수 상당의 뇌물을 수수하였다고 하여 「특정범죄 가중처벌 등에 관한 법률」 위반(뇌물)으로 기소된 사안임.

(2) 제1심은 공소시효가 완성되지 않은 일부 상품권 및 일부 차명 휴대전화 사용대금에 대해서는 무죄, 나머지 공소시효가 완성된 부분에 대해서는 이유면소로 판단함.

(3) 원심은 갑의 수원지검 사건 관련 법정진술 및 차명 휴대전화 관련 원심 법정진술의 신빙성을 인정하여 신용카드 사용대금, 차명 휴대전화 사용대금, 2009. 5. 19. 주대, 금원 부분에 대해서는 유죄로, 상품권, 2009. 2. 26. 및 2009. 3. 25. 주대 부분에 대해서는 이유무죄로 판단함.

(4) 대법원은 갑이 제1심과 원심 법정에서 진술하기 전에 검찰에 소환되어 면담하는 과정에서 수사기관의 회유나 압박, 답변 유도나 암시 등의 영향을 받아 종전에 한 진술을 공소사실에 부합하는 진술로 변경하였을 가능성을 배제하기 어려우므로, 검사가 증인신문 전 면담 과정에서 회유나 압박 등으로 갑의 법정진술에 영향을 미치지 않았다는 점을 증인의 진술 등으로 증명하지 못하는 한 갑의 수원지검 사건 관련 법정진술 및 차명 휴대전화 관련 원심 법정진술은 신빙성을 인정하기 어렵다고 보아 원심을 파기환송하였음.

제3절 | 자백배제법칙
제4절 | 위법수집증거배제법칙

영장주의 위반 관련 판례

96. 〈나이트클럽 음란 공연을 영장 없이 촬영한 사건〉★★

Q 수사기관의 영장 없는 범행장면 촬영이 적법하기 위한 요건은 무엇인가?

[1] 수사기관이 범죄를 수사하면서 현재 범행이 행하여지고 있거나 행하여진 직후이고, 증거보전의 필요성 및 긴급성이 있으며, 일반적으로 허용되는 상당한 방법으로 촬영한 경우라면 위 촬영이 영장 없이 이루어졌다 하여 이를 위법하다고 할 수 없다.

[2] 다만 촬영으로 인하여 초상권, 사생활의 비밀과 자유, 주거의 자유 등이 침해될 수 있으므로 수사기관이 일반적으로 허용되는 상당한 방법으로 촬영하였는지 여부는 수사기관이 촬영장소에 통상적인 방법으로 출입하였는지 또 촬영장소와 대상이 사생활의 비밀과 자유 등에 대한 보호가 합리적으로 기대되는 영역에 속하는지 등을 종합적으로 고려하여 신중하게 판단하여야 한다(대판 2023.4.27. 2018도8161).

[사건의 경과]

(1) 원심은, 경찰관들이 나이트클럽에 손님으로 가장하고 출입하여 나이트클럽 무대 위의 음란 공연을 촬영하는 것이 강제수사에 해당하는데도 사전 또는 사후에 영장을 발부받지 않았으므로 그 촬영물은 위법수집증거로서 증거능력이 없다는 등의 이유로 무죄를 선고하였음.

(2) 대법원은, 경찰관들이 피고인들에 대한 혐의가 포착된 상태에서 나이트클럽 내의 음란행위 영업에 관한 증거를 보전하기 위한 필요에 의하여 불특정 다수에게 공개된 장소인 나이트클럽에 통상적인 방법으로 출입하여 손님들에게 공개된 모습을 촬영한 것은 영장 없이 이루어졌다고 하여 위법하다고 볼 수 없다는 이유로, 이와 달리 판단한 원심판결을 파기·환송함.

적법절차 관련 판례

97. 〈외국인을 체포하거나 구속하면서 지체없이 영사통보권 등이 있음을 고지하지 않았던 사건〉★

[1] 수사기관이 외국인을 체포하거나 구속하면서 지체 없이 영사통보권 등이 있음을 고지하지 않았다면 체포나 구속 절차는 국내법과 같은 효력을 가지는 체포나 구속 절차에 영사관계에 관한 비엔나협약 제36조 제1항 (b)호를 위반한 것으로 위법하다.

[2] 사법경찰관이 인도네시아 국적의 외국인인 피고인을 출입국관리법 위반의 현행범인으로 체포하면서 소변과 모발을 임의제출 받아 압수하였고, 소변검사 결과에서 향정신성의약품인 MDMA(일명 엑스터시) 양성반응이 나오자 피고인은 출입국관리법 위반과 마약류 관리에 관한 법률 위반(향정) 범행을 모두 자백한 후 구속되었는데, 피고인이 검찰 수사 단계에서 자신의 구금 사실을 자국 영사관에 통보할 수 있음을 알게 되었음에도 수사기관에 영사기관 통보를 요구하지 않은 사안에서, 사법경찰관이 체포 당시 피고인에게 영사통보권 등을 지체 없이 고지하지 않았으므로 체포나 구속 절차에 영사관계에 관한 비엔나협약(Vienna Convention on Consular Relations, 1977. 4. 6. 대한민국에 대하여 발효된 조약 제594호) 제36조 제1항 (b)호를 위반한 위법이 있으나, 제반 사정을 종합하면 피고인이 영사통보권 등을 고지받았더라도 영사의 조력을 구하였으리라고 보기 어렵고, 수사기관이 피고인에게 영사통보권 등을 고지하지 않았더라도 그로 인해 피고인에게 실질적인 불이익이 초래되었다고 볼 수 없어 피고인에게 영사통보권 등을 고지하지 않은 사정이 수사기관의 증거 수집이나 이후 공판절차에 상당한 영향을 미쳤다고 보기 어려우므로, 절차 위반의 내용과 정도가 중대하거나 절차 조항이 보호하고자 하는 외국인 피고인의 권리나 법익을 본질적으로 침해하였다고 볼 수 없어 체포나 구속 이후 수집된 증거와 이에 기초한 증거들은 유죄 인정의 증거로 사용할 수 있다고 한 사례(대판 2022.4.28. 2021도17103).

제5절 | 전문증거

98. 〈"피해자로부터 '피고인이 추행했다'는 취지의 말을 들었다." 사건〉★

[1] 다른 사람의 진술을 내용으로 하는 진술이 전문증거인지는 요증사실이 무엇인지에 따라 정해진다. 다른 사람의 진술, 즉 원진술의 내용인 사실이 요증사실인 경우에는 전문증거이지만, 원진술의 존재 자체가 요증사실인 경우에는 본래증거이지 전문증거가 아니다.

[2] 어떤 진술 내용의 진실성이 범죄사실에 대한 직접증거로 사용될 때는 전문증거가 되지만, 그와 같은 진술을 하였다는 것 자체 또는 진술의 진실성과 관계없는 간접사실에 대한 정황증거로 사용될 때는 반드시 전문증거가 되는 것이 아니다. 그러나 어떠한 내용의 진술을 하였다는 사실 자체에 대한 정황증거로 사용될 것이라는 이유로 진술의 증거능력을 인정한 다음 그 사실을 다시 진술 내용이나 그 진실성을 증명하는 간접사실로 사용하는 경우에 그 진술은 전문증거에 해당한다. 그 진술에 포함된 원진술의 내용인 사실을 증명하는 데 사용되어 원진술의 내용인 사실이 요증사실이 되기 때문이다. 이러한 경우 형사소송법 제311조부터 제316조까지 정한 요건을 충족하지 못한다면 증거능력이 없다(대판 2021.2.25. 2020도17109).

[사건의 경과]

(1) 원심은, 증인 양○○의 제1심 법정진술 중 "피해자로부터 '피고인이 추행했다'는 취지의 말을 들었다." 는 부분은 '피고인이 피해자를 추행한 사실의 존부'에 대한 증거로 사용되는 경우에는 전문증거에 해당하나 피해자가 양○○에게 위와 같은 진술을 하였다는 것 자체에 대한 증거로 사용되는 경우에는 양○○가 경험한 사실에 관한 진술에 해당하여 전문법칙이 적용되지 않고, 나아가 위 양○○의 진술도 피해자의 진술에 부합한다고 판단하였음.

(2) 대법원은, 원심의 판단은 피해자가 양○○에게 '피고인이 추행했다'는 진술을 하였다는 것 자체에 대한 증거로 사용된다는 이유로 증거능력을 인정한 것이나, 원심은 위와 같이 판단한 다음 양○○의 위 진술이 피해자의 진술에 부합한다고 보아 양○○의 위 진술을 피해자의 진술 내용의 진실성을 증명하는 간접사실로 사용하였으므로 위 양○○의 진술은 전문증거에 해당하고, 형사소송법 제310조의2, 제316조 제2항의 요건을 갖추지 못하므로 증거능력이 없다고 판단함.

(3) 한편 대법원은, 이 부분 원심판단에는 전문증거에 관한 법리를 오해한 잘못이 있으나 피해자 진술의 신빙성을 인정한 원심판단에 잘못이 없으므로 판결결과에 영향이 없다고 보아 피고인의 상고를 기각함.

99. 〈조사자 증언에서 형사소송법 제316조 제1항의 특신상태 존재 여부가 문제된 사건〉

Q 조사자 증언에서 형사소송법 제316조 제1항 '특신상태'의 의미는 무엇인가?

[1] 형사소송법은 검사, 사법경찰관 등 수사기관이 작성한 피의자신문조서는 그 피의자였던 피고인 또는 변호인이 공판준비 또는 공판기일에 내용을 인정하지 아니하면 증거능력을 부정하면서도(제312조 제1항, 제3항), 검사, 사법경찰관 등 공소제기 전에 피고인을 피의자로 조사하였거나 그 조사에 참여하였던 자,

즉 조사자의 공판준비 또는 공판기일에서의 진술이 피고인의 수사기관 진술을 내용으로 하는 것인 때에는 그 진술이 '특히 신빙할 수 있는 상태하에서 행하여졌음이 증명된 때'에 한하여 이를 증거로 할 수 있다고 규정하고 있다(제316조 제1항). 여기서 '그 진술이 특히 신빙할 수 있는 상태하에서 행하여졌음'이란 그 진술을 하였다는 것에 허위 개입의 여지가 거의 없고, 그 진술내용의 신빙성이나 임의성을 담보할 구체적이고 외부적인 정황이 있음을 의미한다.

Q 조사자 증언에서 피고인의 수사기관 진술이 '특히 신빙할 수 있는 상태하에서 행하여졌음'에 대한 증명의 정도는 어떠한가?

[2] 이러한 특신상태는 증거능력의 요건에 해당하므로 검사가 그 존재에 대하여 구체적으로 주장·증명하여야 하는데, 피고인의 수사기관 진술이 '특히 신빙할 수 있는 상태하에서 행하여졌음에 대한 증명'은 단지 그러할 개연성이 있다는 정도로는 부족하고 합리적인 의심의 여지를 배제할 정도에 이르러야 한다. 피고인이나 변호인이 그 내용을 인정하지 않더라도 검사, 사법경찰관 등 조사자의 법정증언을 통하여 피고인의 수사기관 진술내용이 법정에 현출되는 것을 허용하는 것은, 형사소송법 제312조 제1항, 제3항이 피고인의 수사기관 진술은 신용성의 정황적 보장이 부족하다고 보아 피고인이나 변호인이 그 내용을 인정하지 않는 이상 피의자신문조서의 증거능력을 인정하지 않음으로써 그 진술내용이 법정에 현출되지 않도록 규정하고 있는 것에 대하여 중대한 예외를 인정하는 것이어서, 이를 폭넓게 허용하는 경우 형사소송법 제312조 제1항, 제3항의 입법취지와 기능이 크게 손상될 수 있기 때문이다(대판 2023.10.26. 2023도7301).

[원심의 판단]

원심은, 피고인을 경찰에서 조사하였던 경찰관의 제1심 증언을 유죄의 증거로 삼아 이 사건 공소사실을 유죄로 판단한 제1심판결을 그대로 유지하였음

[대법원의 판단]

대법원은, 위와 같은 법리를 설시한 후 피고인이 경찰 조사 당시 변호인의 동석 없이 진술한 점, 피고인의 진술 중 범인만이 알 수 있는 내용에 관한 자발적, 구체적 진술로 평가될 수 있는 부분이 존재하지 않는 점, 오히려 피고인은 임의동행 직후 경찰관이 소변의 임의제출을 종용하자 필로폰 투약 사실을 인정하고, 이후 경찰관이 발신 기지국 위치를 통하여 확인된 사실을 기초로 진술번복을 유도하자 그에 따라 공소사실 기재와 같은 필로폰 투약 범행을 인정한 것으로 보이는 등 피고인이 조사 당시 그 진술내용을 신빙하기 어려운 상태에 있었다고 의심되는 정황이 존재하는 점 등에 비추어 보면, 피고인을 경찰에서 조사하였던 경찰관의 제1심 증언은 증거능력이 인정된다고 보기 어렵다고 보아, 이와 달리 판단한 원심을 파기·환송함

제312조 제1항 관련 판례

100. 〈검사 작성 피의자신문조서의 증거능력 인정 요건〉★★

2020. 2. 4. 법률 제16924호로 개정되어 2022. 1. 1.부터 시행된 형사소송법 제312조 제1항은 검사가 작성한 피의자신문조서는 공판준비, 공판기일에 그 피의자였던 피고인 또는 변호인이 그 내용을 인정할 때에 한정하여 증거로 할 수 있다고 규정하고 있다. 여기서 '그 내용을 인정할 때'라 함은 피의자신문조서의 기재 내용이 진술 내용대로 기재되어 있다는 의미가 아니고 그와 같이 진술한 내용이 실제 사실과 부합한다는 것을 의미한다. 따라서 피고인이 공소사실을 부인하는 경우 검사가 작성한 피의자신문조서 중 공소사실을 인정하는 취지의 진술 부분은 그 내용을 인정하지 않았다고 보아야 한다(대판 2023.4.27. 2023도2102).

[사건의 경과]

(1) 검사는 2021. 6. 10. 메트암페타민을 투약하여 유죄 확정판결을 받은 피고인에 대하여 "2021. 3.부터 2021. 6.경까지 위 확정판결의 범죄사실과 같은 장소에서 같은 방법으로 메트암페타민을 2회 투약하였다"는 범죄사실로 기소하였고, 원심은 이를 자백하는 내용의 검찰 피의자신문조서 등을 근거로 유죄를 선고함.

(2) 대법원은, 확정판결의 범죄사실과 이 사건 공소사실의 범행 장소와 방법이 동일하고 이 사건 공소사실의 '일시' 기재만으로는 이 사건 공소사실이 확정판결의 범죄사실과 동일한지 판단할 수 없어 심판의 대상이나 방어의 범위가 특정되었다고 볼 수 없고,

(3) 피고인은 제1심에서 공소사실을 부인하였으므로 증거목록에 피고인이 제1심에서 검찰 피의자신문조서에 동의한 것으로 기재되어 있어도 그 중 공소사실을 인정하는 취지의 진술 내용을 인정하지 않았다고 보아야 하고 증거목록에 위와 같이 기재되어 있는 것은 착오 기재이거나 조서를 잘못 정리한 것으로 이해될 뿐 이로써 위 검찰 피의자신문조서가 증거능력을 가지게 되는 것은 아니라고 판단하여 원심판결을 파기·환송함.

101. 〈형사소송법 제312조 제1항의 해석〉★★

[1] 2020. 2. 4. 법률 제16924호로 개정되어 2022. 1. 1.부터 시행된 형사소송법 제312조 제1항은 검사가 작성한 피의자신문조서의 증거능력에 대하여 '적법한 절차와 방식에 따라 작성된 것으로서 공판준비, 공판기일에 그 피의자였던 피고인 또는 변호인이 그 내용을 인정할 때에 한정하여 증거로 할 수 있다'고 규정하였다. 여기서 '그 내용을 인정할 때'라 함은 피의자신문조서의 기재 내용이 진술 내용대로 기재되어 있다는 의미가 아니고 **그와 같이 진술한 내용이 실제 사실과 부합한다는 것을 의미한다.**

[2] 형사소송법 제312조 제1항에서 정한 '검사가 작성한 피의자신문조서'란 당해 피고인에 대한 피의자신문조서만이 아니라 **당해 피고인과 공범관계에 있는 다른 피고인이나 피의자에 대하여 검사가 작성한 피의자신문조서도 포함**되고, 여기서 말하는 '공범'에는 형법 총칙의 공범 이외에도 서로 대향된 행위의 존재를 필요로 할 뿐 각자의 구성요건을 실현하고 별도의 형벌 규정에 따라 처벌되는 강학상 필요적 공범 또는 대향범까지 포함한다. 따라서 피고인이 자신과 공범관계에 있는 다른 피고인이나 피의자에 대하여 검사가 작성한 피의자신문조서의 내용을 부인하는 경우에는 형사소송법 제312조 제1항에 따라 유죄의 증거로 쓸 수 없다 (대판 2023.6.1. 2023도3741).

[사건의 경과]

(1) 피고인과 변호인이 필로폰 매도 범행과 관련하여 필로폰을 매수한 '김○○에 대한 검찰 피의자신문조서 사본'에 대해 내용 부인 취지에서 증거로 사용함에 동의하지 않는다는 의견을 밝혔음에도, 원심이 이를 증거로 하여 유죄 판단을 한 제1심 판결을 유지하였음.

(2) 대법원은, 원심의 판단이 형사소송법 제312조 제1항에서 관한 법리를 오해한 것이지만, 적법하게 채택한 나머지 증거능력 있는 증거만으로도 이 부분 공소사실을 유죄로 인정하기에 충분하므로, 위와 같은 원심의 일부 부적절한 판단이 판결에 영향을 미친 잘못에 해당한다고 볼 수는 없다고 보아 피고인의 상고를 기각함.

제312조 제3항 관련 판례

---

102. 〈수사기관에 제출된 변호인의견서 사건〉

[1] 구 형사소송법(2020. 2. 4. 법률 제16924호로 개정되기 전의 것) 제312조 제3항에 의하면, 검사 이외

의 수사기관이 작성한 피의자신문조서는 그 피의자였던 피고인 또는 변호인이 그 내용을 인정할 때에 한하여 증거로 할 수 있다. 피의자의 진술을 기재한 서류 내지 문서가 수사기관의 수사과정에서 작성된 것이라면 그 서류나 문서의 형식과 관계없이 피의자신문조서와 달리 볼 이유가 없으므로, 수사기관이 작성한 압수조서에 기재된 피의자였던 피고인의 자백 진술 부분은 피고인 또는 변호인이 내용을 부인하는 이상 증거능력이 없다.

[2] 한편, 위 규정에서 '그 내용을 인정할 때'라 함은 피의자신문조서의 기재 내용이 진술 내용대로 기재되어 있다는 의미가 아니고 그와 같이 진술한 내용이 실제 사실과 부합한다는 것을 의미하므로, 피고인이 공소사실을 부인하는 경우 수사기관이 작성한 피의자신문조서 중 공소사실을 인정하는 취지의 진술 부분은 그 내용을 인정하지 않았다고 보아야 한다.

[3] 수사기관에 제출된 변호인의견서 즉, 변호인이 피의사건의 실체나 절차에 관하여 자신의 의견 등을 기재한 서면에 피의자가 당해사건 수사기관에 한 진술이 인용되어 있는 경우가 있다. 변호인의견서에 기재된 이러한 내용의 진술은 수사기관의 수사과정에서 작성된 '피의자의 진술이 기재된 신문조서나 진술서 등'으로부터 독립하여 증거능력을 가질 수 없는 성격의 것이고, '피의자의 진술이 기재된 신문조서나 진술서 등'의 증거능력을 인정하지 않는 경우에 변호인의견서에 기재된 동일한 내용의 피의자 진술 부분을 유죄의 증거로 사용할 수 있다면 피의자였던 피고인에게 불의의 타격이 될 뿐만 아니라 피의자 등의 보호를 목적으로 하는 변호인의 지위나 변호인 제도의 취지에도 반하게 된다. 따라서 피고인이 피의자였을 때 수사기관에 한 진술이 기재된 조서나 수사과정에서 작성된 진술서 등의 증거능력을 인정할 수 없다면 수사기관에 제출된 변호인의견서에 기재된 같은 취지의 피의자 진술 부분도 유죄의 증거로 사용할 수 없다(대판 2024.5.30. 2020도16796).

[사건의 경과]

(1) 압수조서의 압수경위 란 및 수사기관에 제출된 변호인 의견서에도 피고인이 피의사실을 전부 자백하였다는 취지로 기재되어 있는데, 피고인이 공판과정에서 일관되게 쟁점 공소사실을 부인하면서 경찰에서 작성된 피의자신문조서의 내용을 부인한 사안임

(2) 원심은, 피고인이 제1심에서 위 압수조서 및 변호인의견서에 대하여 증거동의를 하였다는 이유 등을 들어, 쟁점 공소사실을 유죄로 판단하였음

(3) 대법원은 위와 같은 법리를 설시하면서, ① 피고인이 쟁점 공소사실을 일관되게 부인하면서 경찰에서 작성된 피의자신문조서의 내용을 부인하는 등 위 압수조서에 기재된 자백의 내용을 인정하지 않았다고 보아야 하므로 이를 유죄의 증거로 사용할 수 없고, ② 경찰에서 작성된 피고인에 대한 피의자신문조서의 증거능력을 인정할 수 없는 이상 변호인의견서 중 피고인이 피의자였을 때 경찰에서 같은 취지로 진술한 부분 역시 유죄의 증거로 사용할 수 없다고 보아, 이와 달리 본 원심을 파기·환송함

제312조 제4항 관련 판례

103. 〈같은 날 이루어진 1, 2회 검찰 피의자신문 중 2회 피의자신문만을 영상녹화한 사건〉★★

Q 같은 날 이루어진 1, 2회 검찰 피의자신문 중 2회 피의자신문만을 영상녹화하였어도 해당 영상녹화물에 의하여 구 형사소송법(2020. 2. 4. 법률 제16924호로 개정되기 전의 것) 제312조 제2항에 따라 피고인이 된 피의자에 대한 검사 작성의 제2회 피의자신문조서의 실질적 진정성립을 증명할 수 있는가?

Q 형사소송법 및 형사소송규칙에서 영상녹화물에 대한 봉인절차를 둔 취지는 무엇인가?

[1] 형사소송법 및 형사소송규칙에서 영상녹화물에 대한 봉인절차를 둔 취지는 영상녹화물의 조작가능성을 원천적으로 봉쇄하여 영상녹화물 원본과의 동일성과 무결성을 담보하기 위한 것이다. 이러한 형사소송법 등의 규정 내용과 취지에 비추어 보면, 검사가 작성한 피고인이 된 피의자의 진술을 기재한 조서의 실질적 진정성립을 증명하려면 원칙적으로 봉인되어 피의자가 기명날인 또는 서명한 영상녹화물을 조사하는 방법으로 하여야 하고 특별한 사정이 없는 한 봉인절차를 위반한 영상녹화물로는 이를 증명할 수 없다. 다만 형사소송법 등이 정한 봉인절차를 제대로 지키지 못했더라도 영상녹화물 자체에 원본으로서 동일성과 무결성을 담보할 수 있는 수단이나 장치가 있어 조작가능성에 대한 합리적 의심을 배제할 수 있는 경우에는 그 영상녹화물을 법정 등에서 재생·시청하는 방법으로 조사하여 영상녹화물의 조작 여부를 확인함과 동시에 위 조서에 대한 실질적 진정성립의 인정 여부를 판단할 수 있다고 보아야 한다. 그와 같은 예외적인 경우라면 형사소송법 등이 봉인절차를 마련하여 둔 취지와 구 형사소송법(2020. 2. 4. 법률 제16924호로 개정되기 전의 것) 제312조 제2항에서 '영상녹화물이나 그 밖의 객관적인 방법'에 의하여 실질적 진정성립을 증명할 수 있도록 한 취지에 부합하기 때문이다.

Q 형사소송법 등에서 조사가 개시된 시점부터 조사가 종료되어 조서에 기명날인 또는 서명을 마치는 시점까지 조사 전 과정이 영상녹화되는 것을 요구하는 취지는 무엇인가?

[2] 형사소송법 등에서 조사가 개시된 시점부터 조사가 종료되어 조서에 기명날인 또는 서명을 마치는 시점까지 조사 전 과정이 영상녹화되는 것을 요구하는 취지는 진술 과정에서 연출이나 조작을 방지하고자 하는 데 있다. 여기서 조사가 개시된 시점부터 조사가 종료되어 조서에 기명날인 또는 서명을 마치는 시점까지라 함은 기명날인 또는 서명의 대상인 조서가 작성된 개별 조사에서의 시점을 의미하므로 수회의 조사가 이루어진 경우에도 최초의 조사부터 모든 조사 과정을 빠짐없이 영상녹화하여야 한다고 볼 수 없고, 같은 날 이루어진 수회의 조사라 하더라도 특별한 사정이 없는 한 조사 과정 전부를 영상녹화하여야 하는 것도 아니다(대판 2022.7.14. 2020도13957). [COMMENT] 2020년 개정 이전의 제312조 제2항의 해석론과 관련된 판례이나 제312조 제4항에 응용할 수 있으므로 이를 이곳에 게재한다.

104. 〈사법경찰관이 피해자들의 진술을 영상녹화하면서 사전에 서면 동의서를 받지 않은 사건〉★★

Q 사법경찰관이 피해자들의 진술을 영상녹화하면서 사전에 영상녹화에 동의한다는 취지의 서면 동의서를 받지 않았고, 피해자들이 조서를 열람하는 도중 영상녹화가 중단되어 피해자들의 조서 열람과정 일부와 조서에 기명날인 또는 서명을 마치는 과정이 녹화되지 않은 영상녹화물에 의하여 피해자들에 대한 진술조서의 실질적 진정성립을 인정할 수 있는가?

[1] 형사소송법 제312조 제4항은 "검사 또는 사법경찰관이 피고인이 아닌 자의 진술을 기재한 조서는 적법한 절차와 방식에 따라 작성된 것으로서 그 조서가 검사 또는 사법경찰관 앞에서 진술한 내용과 동일하게 기재되어 있음이 원진술자의 공판준비 또는 공판기일에서의 진술이나 영상녹화물 또는 그 밖의 객관적인 방법에 의하여 증명되고, 피고인 또는 변호인이 공판준비 또는 공판기일에 그 기재 내용에 관하여 원진술자를 신문할 수 있었던 때에는 증거로 할 수 있다. 다만 그 조서에 기재된 진술이 특히 신빙할 수 있는 상태하에서 행하여졌음이 증명된 때에 한한다."라고 규정하여 수사기관이 작성한 피고인이 아닌 자에 대한 진술조서의 실질적 진정성립은 공판준비 또는 공판기일에서의 원진술자의 진술 외에 영상녹화물 또는 그 밖의 객관적인 방법에 의하여 인정할 수 있도록 하고 있다.

[2] 형사소송법 제312조 제4항이 실질적 진정성립을 증명할 수 있는 방법으로 규정하는 영상녹화물에 대하여는 형사소송법 및 형사소송규칙에서 영상녹화의 과정, 방식 및 절차 등을 엄격하게 규정하고 있으므로(형사소송법 제221조 제1항 후문, 형사소송규칙 제134조의2, 제134조의3) 수사기관이 작성한 피고인 아닌 자의 진술을 기재한 조서에 대한 실질적 진정성립을 증명할 수 있는 수단으로서 형사소송법 **제312조 제4항에 규정된 '영상녹화물'이라 함은 형사소송법 및 형사소송규칙에 규정된 방식과 절차에 따라 제작되어 조사 신청된 영상녹화물을 의미한다**고 봄이 타당하다.

[3] 형사소송법은 제221조 제1항 후문에서 "검사 또는 사법경찰관은 피의자가 아닌 자의 출석을 요구하여 진술을 들을 경우 그의 동의를 받아 영상녹화할 수 있다."라고 규정하고 있고, 형사소송규칙은 제134조의3에서 검사는 피의자가 아닌 자가 공판준비 또는 공판기일에서 조서가 자신이 검사 또는 사법경찰관 앞에서 진술한 내용과 동일하게 기재되어 있음을 인정하지 아니하는 경우 그 부분의 성립의 진정을 증명하기 위하여 영상녹화물의 조사를 신청할 수 있고(제1항), 검사가 이에 따라 영상녹화물의 조사를 신청하는 때에는 피의자가 아닌 자가 영상녹화에 동의하였다는 취지로 기재하고 기명날인 또는 서명한 서면을 첨부하여야 하며(제2항), 조사 신청한 영상녹화물은 조사가 개시된 시점부터 조사가 종료되어 피의자 아닌 자가 조서에 기명날인 또는 서명을 마치는 시점까지 전 과정이 영상녹화된 것으로서 피의자 아닌 자의 진술이 영상녹화되고 있다는 취지의 고지, 영상녹화를 시작하고 마친 시각 및 장소의 고지, 신문하는 검사 또는 사법경찰관과 참여한 자의 성명과 직급의 고지, 조사를 중단·재개하는 경우 중단 이유와 중단 시각, 중단 후 재개하는 시각, 조사를 종료하는 시각의 내용을 포함하는 것이어야 한다고 규정하고 있다(제3항에 의하여 제134조의2 제3항 제1호부터 제3호, 제5호, 제6호를 준용한다). **형사소송규칙에서 피의자 아닌 자가 기명날인 또는 서명한 영상녹화 동의서를 첨부하도록 한 취지**는 피의자 아닌 자의 영상녹화에 대한 진정한 동의를 받아 영상녹화를 시작했는지를 확인하기 위한 것이고, **조사가 개시된 시점부터 조사가 종료되어 조서에 기명날인 또는 서명을 마치는 시점까지 조사 전 과정이 영상녹화된 것을 요구하는 취지**는 진술 과정에서 연출이나 조작을 방지하여야 할 필요성이 인정되기 때문이다.

[4] 이러한 형사소송법과 형사소송규칙의 규정 내용과 취지에 비추어 보면, 수사기관이 작성한 피고인이 아닌 자의 진술을 기재한 조서에 대하여 실질적 진정성립을 증명하기 위해 영상녹화물의 조사를 신청하려면 영상녹화를 시작하기 전에 피고인 아닌 자의 동의를 받고 그에 관해서 피고인 아닌 자가 기명날인 또는 서명한 영상녹화 동의서를 첨부하여야 하고, 조사가 개시된 시점부터 조사가 종료되어 참고인이 조서에 기명날인 또는 서명을 마치는 시점까지 조사 전 과정이 영상녹화되어야 하므로 이를 위반한 영상녹화물에 의하여는 특별한 사정이 없는 한 피고인 아닌 자의 진술을 기재한 조서의 실질적 진정성립을 증명할 수 없다(대판 2022.6.16. 2022도364).

[사건의 경과]

(1) 사법경찰관이 피해자들의 진술을 영상녹화하면서 사전에 영상녹화에 동의한다는 취지의 서면 동의서를 받지 않았고, 피해자들이 조서를 열람하는 도중 영상녹화가 중단되어 피해자들의 조서 열람과정 일부와 조서에 기명날인 또는 서명을 마치는 과정이 녹화되지 않은 영상녹화물에 의하여 피해자들에 대한 진술조서의 실질적 진정성립을 인정할 수 있는지 여부가 문제된 사안

(2) 제1심은, '위법수집증거 배제법칙의 예외 법리'가 형사소송법 제312조 제4항에 규정된 영상녹화물에 의한 조서의 실질적 진정성립 인정 방법 및 절차에도 적용될 수 있다는 전제에서, 형사소송법과 형사소송규칙에 규정된 영상녹화의 방법이나 절차 위반행위가 그 입법 취지나 적법절차의 실질적인 내용을 침해하는 경우에 해당하지 않고, 영상녹화물을 조서의 실질적 진정성립을 증명할 수 있는 수단으로서의 활용을 배제하는 것이 오히려 헌법과 형사소송법이 적법절차의 원칙과 실체적 진실 규명의 조화를 통하여 형사사법 정의를 실현하려고 한 취지에 반하는 결과를 초래하는 경우에는 형사소송법과 형사소송규칙에 규정된 영상녹화의 방법이나 절차를 위반하여 제작된 영상녹화물이더라도 예외적으로 조서의 실질적 진정성립을 증명하기 위한 수단으로 사용할 수 있다고 판단하여 위 피해자들에 대한 진술을 녹화한 영상녹화물에

의하여 피해자들에 대한 진술조서의 실질적 진정성립이 증명되었다고 보아 그 증거능력을 인정하였고, 원심도 제1심의 판단을 수긍하였음.

(3) 대법원은 증거능력이 인정되지 않는 전문증거에 대하여 예외적으로 증거능력을 부여하기 위한 요건을 정한 법조항은 엄격하게 해석·적용되어야 한다는 전제에서, 형사소송법 제312조 제4항에서 조서의 실질적 진정성립을 증명하기 위한 수단으로 규정하는 영상녹화물도 형사소송법과 형사소송규칙에서 정한 방식과 절차에 따라 제작·조사 신청되어야 하고, 만일 이를 위반하였다면 특별한 사정이 없는 한 그러한 영상녹화물에 의하여는 조서의 실질적 진정성립이 증명되지 않는다고 보아, 사전에 피해자들로부터 서면 동의를 받지 않고 조사 전 과정이 녹화되지 않은 영상녹화물에 의하여 피해자들에 대한 진술조서의 실질적 진정성립을 인정할 수 없다고 판단하였음

(4) 다만 위 피해자들에 대한 진술조서의 증거능력이 부정되더라도 위 증거를 제외한 원심이 유죄 인정의 증거로 삼은 나머지 증거만으로도 피고인의 피해자들에 대한 공갈 범행을 인정할 수 있으므로 원심의 증거능력에 관한 법리오해의 잘못이 판결에 영향을 미치지 않았다고 보아 상고기각판결을 선고하였음

제312조 제5항 관련 판례

105. 〈형사소송법 제312조 제5항의 적용대상인 '수사과정에서 작성한 진술서'의 범위〉★

Q '수사과정에서 작성한 진술서'의 경우에도 '적법한 절차와 방식에 따라 작성된 것'이어야 한다는 법리가 적용되는가?

[1] 형사소송법 제312조 제5항은 피고인 또는 피고인이 아닌 자가 수사과정에서 작성한 진술서의 증거능력에 관하여 형사소송법 제312조 제1항부터 제4항까지 준용하도록 규정하고 있으므로, 검사 또는 사법경찰관이 피고인이 아닌 자의 진술을 기재한 조서의 증거능력이 인정되려면 '적법한 절차와 방식에 따라 작성된 것'이어야 한다는 법리가 피고인이 아닌 자가 수사과정에서 작성한 진술서의 증거능력에 관하여도 적용된다.

Q '수사과정에서 작성한 진술서'의 경우에도 '수사과정확인서'를 작성하여야 하는가?

[2] 한편 검사 또는 사법경찰관이 피의자가 아닌 자의 출석을 요구하여 조사하는 경우에는 피의자를 조사하는 경우와 마찬가지로 조사장소에 도착한 시각, 조사를 시작하고 마친 시각, 그 밖에 조사과정의 진행경과를 확인하기 위하여 필요한 사항을 조서에 기록하거나 별도의 서면에 기록한 후 수사기록에 편철하도록 하는 등 조사과정을 기록하게 한 형사소송법 제221조 제1항, 제244조의4 제1항, 제3항의 취지는 수사기관이 조사과정에서 피조사자로부터 진술증거를 취득하는 과정을 투명하게 함으로써 그 과정에서의 절차적 적법성을 제도적으로 보장하려는 것이다. 따라서 수사기관이 수사에 필요하여 피의자가 아닌 자로부터 진술서를 작성·제출받는 경우에도 그 절차는 준수되어야 하므로, 피고인이 아닌 자가 수사과정에서 진술서를 작성하였지만 수사기관이 조사과정의 진행경과를 확인하기 위하여 필요한 사항을 그 진술서에 기록하거나 별도의 서면에 기록한 후 수사기록에 편철하는 등 적절한 조치를 취하지 아니하여 형사소송법 제244조의4 제1항, 제3항에서 정한 절차를 위반한 경우에는, 그 진술증거 취득과정의 절차적 적법성의 제도적 보장이 침해되지 않았다고 볼 만한 특별한 사정이 없는 한 '적법한 절차와 방식'에 따라 수사과정에서 진술서가 작성되었다고 할 수 없어 증거능력을 인정할 수 없다.

[3] 이러한 형사소송법 규정 및 문언과 그 입법 목적 등에 비추어 보면, 형사소송법 제312조 제5항의 적용대상인 '수사과정에서 작성한 진술서'란 수사가 시작된 이후에 수사기관의 관여 아래 작성된 것이거나, 개시된 수사와 관련하여 수사과정에 제출할 목적으로 작성한 것으로, 작성 시기와 경위 등 여러 사정에 비추어 그 실질이 이에 해당하는 이상 명칭이나 작성된 장소 여부를 불문한다.

[4] 경찰관이 입당원서 작성자의 주거지, 근무지를 방문하여 그 작성 경위 등을 질문한 후 작성을 요구하여 제출받은 '진술서'에 대해서는 형사소송법 제312조 제5항이 적용되므로 형사소송법 제244조의4에서 정한 절차 등을 준수하지 않았음을 이유로 증거능력을 부정한 원심의 판단을 수긍한 사례(대판 2022.10.27. 2022도9510).

106. 〈휴대폰 몰카 범인 잡은 경찰관 사건〉★★

[사실관계]

사법경찰관 P는 잠복근무 중 A가 2018. 3. 26. 08:14경 서울 (주소 생략) 지하철 ○호선 △△역 에스컬레이터에서 휴대전화기의 카메라를 이용하여 성명불상의 여성 피해자의 치마 속을 몰래 촬영하는 것을 발견하고 현행범으로 적법하게 체포하였다. 그리고 체포현장에서 범행에 사용된 휴대전화기를 임의제출 형식으로 압수하면서 압수조서를 작성하였다. 휴대전화기에 대한 압수조서의 '압수경위'란에는, 이 부분 공소사실과 관련하여 "2018. 3. 26. 08:15경 지하철 ○호선 △△역 승강장 및 '가' 게이트 앞에서 경찰관이 소매치기 및 성폭력 등 지하철범죄 예방·검거를 위한 비노출 잠복근무 중 검정 재킷, 검정 바지, 흰색 운동화를 착용한 20대가량 남성이 짧은 치마를 입고 에스컬레이터를 올라가는 여성을 쫓아가 뒤에 밀착하여 치마 속으로 휴대폰을 집어넣는 등 해당 여성의 신체를 몰래 촬영하는 행동을 하였다"는 내용이 포함되어 있고, 그 하단에는 이 부분 공소사실에 관한 A의 범행을 직접 목격하면서 위 압수조서를 작성한 사법경찰관 및 사법경찰리의 각 기명날인이 들어가 있다.

Q 위와 같은 사실관계를 전제로 할 때 '압수경위'란의 내용은 어떠한 요건하에 증거능력이 인정될 수 있는가?

Q 위와 같은 사실관계를 전제로 할 때 '압수경위'란의 내용은 A의 자백에 대한 보강증거가 될 수 있는가?

[1] 피고인이 지하철역 에스컬레이터에서 휴대전화기의 카메라를 이용하여 성명불상 여성 피해자의 치마 속을 몰래 촬영하다가 현행범으로 체포되어 성폭력범죄의 처벌 등에 관한 특례법 위반(카메라등이용촬영)으로 기소된 사안에서, 피고인은 공소사실에 대해 자백하고 검사가 제출한 모든 서류에 대하여 증거로 함에 동의하였는데, 그 서류들 중 체포 당시 임의제출 방식으로 압수된 피고인 소유 휴대전화기(이하 '휴대전화'라고 한다)에 대한 압수조서의 '압수경위'란에 '지하철역 승강장 및 게이트 앞에서 경찰관이 지하철범죄 예방·검거를 위한 비노출 잠복근무 중 검정 재킷, 검정 바지, 흰색 운동화를 착용한 20대가량 남성이 짧은 치마를 입고 에스컬레이터를 올라가는 여성을 쫓아가 뒤에 밀착하여 치마 속으로 휴대폰을 집어넣는 등 해당 여성의 신체를 몰래 촬영하는 행동을 하였다'는 내용이 포함되어 있고, 그 하단에 피고인의 범행을 직접 목격하면서 위 압수조서를 작성한 사법경찰관 및 사법경찰리의 각 기명날인이 들어가 있으므로, **위 압수조서 중 '압수경위'란에 기재된 내용은 피고인이 범행을 저지르는 현장을 직접 목격한 사람의 진술이 담긴 것으로서 형사소송법 제312조 제5항에서 정한 '피고인이 아닌 자가 수사과정에서 작성한 진술서'에 준하는 것으로 볼 수 있고**, 이에 따라 휴대전화기에 대한 임의제출절차가 적법하였는지에 영향을 받지 않는 별개의 독립적인 증거에 해당하여, 피고인이 증거로 함에 동의한 이상 유죄를 인정하기 위한 증거로 사용할 수 있을 뿐 아니라 피고인의 자백을 보강하는 증거가 된다고 볼 여지가 많다는 이유로, 이와 달리 피고인의 자백을 뒷받침할 보강증거가 없다고 보아 무죄를 선고한 원심판결에 자백의 보강증거 등에 관한 법리를 오해하거나 필요한 심리를 다하지 아니한 잘못이 있다고 한 사례.

[2] 범죄를 실행 중이거나 실행 직후의 현행범인은 누구든지 영장 없이 체포할 수 있고(형사소송법 제212조), 검사 또는 사법경찰관은 피의자 등이 유류한 물건이나 소유자 · 소지자 또는 보관자가 임의로 제출한 물건은 영장 없이 압수할 수 있으므로(제218조), 현행범 체포현장이나 범죄 현장에서도 소지자 등이 임의로 제출하는 물건은 형사소송법 제218조에 의하여 영장 없이 압수하는 것이 허용되고, 이 경우 검사나 사법경찰관은 별도로 사후에 영장을 받을 필요가 없다(대판 2019.11.14. 2019도13290).

제313조 관련 판례

107. 〈조세범칙조사를 담당하는 세무공무원 사건〉★

Q 조세범칙조사를 담당하는 세무공무원이 피고인이 된 혐의자 또는 참고인에 대하여 심문한 내용을 기재한 조서는 검사 · 사법경찰관 등 수사기관이 작성한 조서와 동일하게 볼 수 있는가?

[1] 사법경찰관리 또는 특별사법경찰관리에 대하여는 헌법과 형사소송법 등 법령에 따라 국민의 생명 · 신체 · 재산 등을 보호하기 위하여 광범위한 기본권 제한조치를 할 수 있는 권한이 부여되어 있으므로, 소관 업무의 성질이 수사업무와 유사하거나 이에 준하는 경우에도 명문의 규정이 없는 한 함부로 그 업무를 담당하는 공무원을 사법경찰관리 또는 특별사법경찰관리에 해당한다고 해석할 수 없다.

[2] 그러므로 조세범칙조사를 담당하는 세무공무원이 피고인이 된 혐의자 또는 참고인에 대하여 심문한 내용을 기재한 조서는 검사 · 사법경찰관 등 수사기관이 작성한 조서와 동일하게 볼 수 없으므로 형사소송법 제312조에 따라 증거능력의 존부를 판단할 수는 없고, 피고인 또는 피고인이 아닌 자가 작성한 진술서나 그 진술을 기재한 서류에 해당하므로 형사소송법 제313조에 따라 공판준비 또는 공판기일에서 작성자 · 진술자의 진술에 따라 성립의 진정함이 증명되고 나아가 그 진술이 특히 신빙할 수 있는 상태 아래에서 행하여 진 때에 한하여 증거능력이 인정된다(대판 2022.12.15. 2022도8824).

108. 〈수사보고서의 증거능력〉

수사기관이 작성한 수사보고서는 전문증거로서 형사소송법 제311조 · 제312조 · 제315조 · 제316조의 적용대상이 아님이 분명하므로, 형사소송법 제313조의 서류에 해당하여야만 증거능력이 인정될 수 있는 바, 형사소송법 제313조가 적용되기 위해서는 그 서류에 진술자의 서명 또는 날인이 있어야 한다(대판 2023.1.12. 2022도14645).

109. 〈제313조 제1항 단서의 작성자의 의미〉★★

[1] 구 형사소송법(2016. 5. 29. 법률 제14179호로 개정되기 전의 것) 제313조 제1항은 '형사소송법 제311조, 제312조의 규정 이외에 피고인 또는 피고인이 아닌 자가 작성한 진술서나 그 진술을 기재한 서류로서 그 작성자 또는 진술자의 자필이거나 그 서명 또는 날인이 있는 것은 공판준비나 공판기일에서의 그 작성자 또는 진술자의 진술에 의하여 그 성립의 진정함이 증명된 때에는 증거로 할 수 있다. 단, 피고인의 진술을 기재한 서류는 공판준비 또는 공판기일에서의 그 작성자의 진술에 의하여 그 성립의 진정함이 증명되고 그 진술이 특히 신빙할 수 있는 상태하에서 행하여진 때에 한하여 피고인의 공판준비 또는 공판기일에서의 진술에 불구하고 증거로 할 수 있다.'라고 규정하고 있다. 피고인이 피고인의 진술을 기재한

서류를 증거로 할 수 있음에 동의하지 않은 이상 그 서류에 기재된 피고인의 진술 내용을 증거로 사용하려면 **형사소송법 제313조 제1항 단서에 따라 공판준비 또는 공판기일에서 작성자의 진술에 의하여 그 서류에 기재된 피고인의 진술 내용이 피고인이 진술한 대로 기재된 것임이 증명**되고 나아가 진술이 특히 신빙할 수 있는 상태하에서 행하여진 것임이 인정되어야 한다. 여기서 '특히 신빙할 수 있는 상태'라 함은 진술 내용이나 서류의 작성에 허위개입의 여지가 거의 없고, 진술 내용의 신빙성이나 임의성을 담보할 구체적이고 외부적인 정황이 있는 것을 말한다.

[2] 충남 ○○군 사무관인 피고인이 어선 선주들로부터 1,020만 원 상당의 뇌물을 수수하는 등으로 뇌물수수죄 등으로 기소된 사건에서, 국무조정실 산하 정부합동공직복무점검단 소속 점검단원이 작성한 피고인의 진술을 기재한 서류(확인서)의 증거능력에 관하여 작성자인 점검단원의 진술에 의하여 성립의 진정함이 증명되고 나아가 진술이 특히 신빙할 수 있는 상태하에서 행하여졌다고 보아 형사소송법 제313조 제1항 단서에 따라 확인서의 증거능력을 인정한 사례(대판 2022.4.28. 2018도3914).

110. 〈대검찰청 소속 진술분석관이 피해자와의 면담 내용을 녹화한 영상녹화물 사건〉

[1] 헌법 제12조 제1항이 규정한 적법절차의 원칙과 헌법 제27조에 의하여 보장된 공정한 재판을 받을 권리를 구현하기 위하여 형사소송법은 공판중심주의와 구두변론주의 및 직접심리주의를 기본원칙으로 하고 있다. 따라서 형사소송법이 수사기관에서 작성된 조서 등 서면증거에 대하여 일정한 요건을 충족하는 경우에 증거능력을 인정하는 것은 실체적 진실발견의 이념과 소송경제의 요청을 고려하여 예외적으로 허용하는 것일 뿐이므로 증거능력 인정 요건에 관한 규정은 엄격하게 해석·적용하여야 한다.

[2] 형사소송법은 제310조의2에서 원칙적으로 전문증거의 증거능력을 인정하지 않고, 제311조부터 제316조까지 정한 요건을 충족하는 경우에만 예외적으로 증거능력을 인정한다. 형사소송법 제311조는 법원 또는 법관의 조서의 증거능력에 관하여 규정하고, 제312조 제1항 내지 제3항은 검사 또는 검사 이외의 수사기관이 작성한 피의자신문조서의 증거능력에 관하여 규정한다. 형사소송법 제312조 제4항은 검사 또는 사법경찰관이 피고인이 아닌 자의 진술을 기재한 조서에 대하여 적법한 절차와 방식에 따라 작성된 것으로서 실질적 진정성립이 증명되고 반대신문이 보장되며 진술이 특히 신빙할 수 있는 상태하에서 행하여졌음이 증명된 때에 한하여 증거능력을 인정한다. 형사소송법 제312조 제5항은 피고인 또는 피고인이 아닌 자의 진술서가 수사과정에서 작성된 경우 같은 조 제1항 내지 제4항을 준용한다. 형사소송법 제313조 제1항은 '전2조의 규정 이외에 피고인 또는 피고인이 아닌 자가 작성한 진술서나 그 진술을 기재한 서류'로서 그 작성자 또는 진술자의 자필이거나 그 서명 또는 날인이 있는 것에 대하여 그 진정성립이 증명되면 증거능력을 인정한다. 수사과정에서 작성된 서류의 증거능력에 관하여 형사소송법 제313조 제1항보다 더욱 엄격한 요건을 규정한 형사소송법 제312조의 취지에 비추어 보면, 형사소송법 제313조 제1항이 규정하는 서류는 수사과정 외에서 작성된 서류를 의미한다.

[3] 수사기관이 제작한 영상녹화물의 증거능력 내지 증거로서의 사용 범위는 더욱 엄격하게 제한되어 있다. 즉 검사 또는 사법경찰관이 피고인이 아닌 자를 조사하는 과정에서 형사소송법 제221조 제1항에 따라 제작한 영상녹화물은, 다른 법률에서 달리 규정하고 있는 등의 특별한 사정이 없는 한 공소사실을 직접 증명할 수 있는 독립적인 증거로 사용할 수 없다. 또한 영상녹화물이 형사소송법 제312조 제4항에 의하여 검사 또는 사법경찰관이 피고인이 아닌 자의 진술을 기재한 조서에 대한 실질적 진정성립을 증명하는 수단으로 사용될 때에도 그 영상녹화물은 형사소송법 및 형사소송규칙에 규정된 방식과 절차에 따라 제작되어야 한다.

[4] 이러한 헌법과 형사소송법의 규정 및 전문증거의 증거능력 인정에 관한 해석 원칙에 비추어 보면, 피고인이 아닌 자의 진술을 기재한 서류가 비록 수사기관이 아닌 자에 의하여 작성되었다고 하더라도, 수사가 시작된 이후 수사기관의 관여나 영향 아래 작성된 경우로서 서류를 작성한 자의 신분이나 지위,

서류를 작성한 경위와 목적, 작성 시기와 장소 및 진술을 받는 방식 등에 비추어 실질적으로 고찰할 때 그 서류가 수사과정 외에서 작성된 것이라고 보기 어렵다면, 이를 형사소송법 제313조 제1항의 '전2조의 규정 이외에 피고인이 아닌 자의 진술을 기재한 서류'에 해당한다고 할 수 없다. 나아가 전문증거의 증거 능력은 이를 인정하는 법적 근거가 있는 때에만 예외적으로 인정된다는 원칙 및 수사기관이 제작한 영상녹화물의 증거능력 내지 증거로서의 사용 범위를 다른 전문증거보다 더욱 엄격하게 제한하는 관련 판례의 취지에 비추어 보면, 수사기관이 아닌 자가 수사과정에서 피고인이 아닌 자의 진술을 녹화한 영상녹화물의 증거능력도 엄격하게 제한할 필요가 있다(대판 2024.3.28. 2023도15133).

[사건의 경과]

대검찰청 소속 진술분석관이 피고인들의 「성폭력범죄의 처벌 등에 관한 특례법」 위반(친족관계에의한강간)등 혐의에 대한 수사과정에서 검사로부터 「성폭력범죄의 처벌 등에 관한 특례법」 제33조에 따라 피해자 진술의 신빙성 여부에 대한 의견조회를 받아 자신이 피해자를 면담하는 내용을 녹화하였고, 검사가 위 영상녹화물을 법원에 증거로 제출한 사안임

[대법원의 판단]

대법원은, 위 법리를 설시하면서, 진술분석관의 소속 및 지위, 진술분석관이 피해자와 면담을 하고 이 사건 영상녹화물을 제작한 경위와 목적, 진술분석관이 면담과 관련하여 수사기관으로부터 확보한 자료의 내용과 성격, 면담 방식과 내용, 면담 장소 등을 앞서 본 법리에 비추어 살펴보면, 이 사건 영상녹화물은 수사과정 외에서 작성된 것이라고 볼 수 없으므로 형사소송법 제313조 제1항에 따라 증거능력을 인정할 수 없고, 이 사건 영상녹화물은 수사기관이 작성한 피의자신문조서나 피고인이 아닌 자의 진술을 기재한 조서가 아니고, 피고인 또는 피고인이 아닌 자가 작성한 진술서도 아니므로 형사소송법 제312조에 의하여 증거능력을 인정할 수도 없다는 이유로, 위 영상녹화물의 증거능력을 부정한 원심판결을 수긍하여 상고를 기각함

제314조 관련 판례

111. 〈증인이 정당한 이유 없이 증언을 거부한 사건〉★★

[사실관계]

A는 마약류취급자가 아님에도 2017. 3. 27. 19:10경 고양시 백석역 앞 노상에서 640만 원을 지급받기로 하고 B에게 필로폰 약 41.5g을 교부하여 필로폰을 매매(매도)하였다는 공소사실로 기소되었다. 검사는 B에 대하여 A의 범죄사실에 대한 진술조서를 작성하였다. 공판정에서 A가 부동의하자, 검사는 B를 증인으로 신청하였다. 제1심에서 B는 증인으로 출석하였으나, '자신의 관련사건이 항소심 계속 중에 있다'는 증언거부 사유로 증언을 거부하였다. 제1심 법원이 A에게 무죄를 선고하자, 검사는 항소하였다. 항소심에서 검사는 다시 B를 증인으로 신청하였고, B는 증인으로 출석하였으나(이때 B의 재판은 확정되었음), "선서를 거부하기로 판단하였기 때문에 선서를 거부한다"고 하여 증언을 거부하였다.

Q 위와 같은 사실관계를 전제로 할 때 B의 진술조서를 A에 대한 증거로 사용할 수 있는가?

[다수의견]

[1] 수사기관에서 진술한 참고인이 법정에서 증언을 거부하여 피고인이 반대신문을 하지 못한 경우에는 정당하게 증언거부권을 행사한 것이 아니라도, 피고인이 증인의 증언거부 상황을 초래하였다는 등의 특별한 사정이 없는 한 형사소송법 제314조의 '그 밖에 이에 준하는 사유로 인하여 진술할 수 없는 때'에

해당하지 않는다고 보아야 한다. 따라서 증인이 정당하게 증언거부권을 행사하여 증언을 거부한 경우와 마찬가지로 수사기관에서 그 증인의 진술을 기재한 서류는 증거능력이 없다.

[2] 피고인이 증인에게 필로폰을 매도하였다는 공소사실로 기소되었는데, 증인이 자신에 대한 관련 형사판결이 확정되었음에도 정당한 이유 없이 법정 증언을 거부한 사안에서, 증인이 증언을 거부하여 피고인이 반대신문을 하지 못하였다면, 피고인이 그러한 증언거부 상황을 초래하였다는 등 특별한 사정이 없는 한 형사소송법 제314조의 '그 밖에 이에 준하는 사유로 인하여 진술할 수 없는 때'에 해당하지 않고, 따라서 수사기관에서 그 증인의 진술을 기재한 서류는 증거능력이 없다고 보아, 같은 취지의 원심 무죄판결에 증거법칙에 관한 법령을 위반한 잘못이 없다는 이유로 검사의 상고를 기각한 사례(대판 2019.11.21. 2018도13945 전합).
[COMMENT] 위와 같은 다수의견에 대하여, 증인이 정당하게 증언거부권을 행사한 것으로 볼 수 없는 경우는 형사소송법 제314조의 '그 밖에 이에 준하는 사유로 인하여 진술할 수 없는 때'에 해당한다는 대법관 박상옥의 별개의견이 있고, 다수의견에 대한 대법관 권순일, 대법관 김선수의 보충의견이 있음.

112. 〈양벌규정의 종업원과 사업주는 형사증거법상 공범 내지 이에 준하는 관계에 있다고 본 판례〉★★

[1] 형사소송법 제312조 제3항은 검사 이외의 수사기관이 작성한 해당 피고인에 대한 피의자신문조서를 유죄의 증거로 하는 경우뿐만 아니라 검사 이외의 수사기관이 작성한 해당 피고인과 공범관계에 있는 다른 피고인이나 피의자에 대한 피의자신문조서를 해당 피고인에 대한 유죄의 증거로 채택할 경우에도 적용된다. 따라서 해당 피고인과 공범관계가 있는 다른 피의자에 대하여 검사 이외의 수사기관이 작성한 피의자신문조서는 그 피의자의 법정진술에 의하여 그 성립의 진정이 인정되는 등 형사소송법 제312조 제4항의 요건을 갖춘 경우라고 하더라도 해당 피고인이 공판기일에서 그 조서의 내용을 부인한 이상 이를 유죄 인정의 증거로 사용할 수 없고, 그 당연한 결과로 위 피의자신문조서에 대하여는 사망 등 사유로 인하여 법정에서 진술할 수 없는 때에 예외적으로 증거능력을 인정하는 규정인 형사소송법 제314조가 적용되지 아니한다. 그리고 이러한 법리는 공동정범이나 교사범, 방조범 등 공범관계에 있는 자들 사이에서뿐만 아니라, 법인의 대표자나 법인 또는 개인의 대리인, 사용인, 그 밖의 종업원 등 행위자의 위반행위에 대하여 행위자가 아닌 법인 또는 개인이 양벌규정에 따라 기소된 경우, 이러한 법인 또는 개인과 행위자 사이의 관계에서도 마찬가지로 적용된다고 보아야 한다.

[2] 피고인이 운영하는 병원의 사무국장으로 근무하던 공소외인이 저지른 행위에 대하여 피고인이 양벌규정인 의료법 제91조를 적용법조로 기소된 사안에서, 검사가 증거로 제출한 사법경찰관 작성의 공소외인에 대한 피의자신문조서에 관해서는 피고인이 증거동의를 한 바가 없고 오히려 그 내용을 부인하였음에도 불구하고, 원심은 위 피의자신문조서에 대하여는 형사소송법 제312조 제3항이 아니라 형사소송법 제312조 제4항 및 제314조가 적용된다고 보아 그 증거능력을 인정하여 피고인에게 유죄를 인정한 것을 파기한 사례임(대판 2020.6.11. 2016도9367). [COMMENT] 양벌규정의 종업원과 사업주는 형사증거법상 공범 내지 이에 준하는 관계에 있다고 보아, 망인인 종업원에 대한 경찰 피의자신문조서는 형사소송법 제312조 제3항 소정의 '검사 이외의 수사기관이 작성한 피의자신문조서'에 해당하므로, 같은 법 제314조에 기초하여 위 경찰 피의자신문조서의 증거능력을 인정할 수 없다고 본 사건임.

113. 〈반대신문권의 기회는 제공되었으나 반대신문사항을 모두 신문하지 못한 사건〉★★

[1] 피고인에게 불리한 증거인 증인이 주신문의 경우와 달리 반대신문에 대하여는 답변을 하지 아니하는 등 진술내용의 모순이나 불합리를 그 증인신문 과정에서 드러내어 이를 탄핵하는 것이 사실상 곤란하였고, 그것이 피고인 또는 변호인에게 책임있는 사유에 기인한 것이 아닌 경우라면, 관계 법령의 규정 혹은 증인의 특성 기타 공판절차의 특수성에 비추어 이를 정당화할 수 있는 특별한 사정이 존재하지 아니하는 이상, 이와 같이 실질적 반대신문권의 기회가 부여되지 아니한 채 이루어진 증인의 법정진술은 위법한 증거

로서 증거능력을 인정하기 어렵다. 이 경우 피고인의 책문권 포기로 그 하자가 치유될 수 있으나, 책문권 포기의 의사는 명시적인 것이어야 한다.

[2] 형사소송법 제314조에서 '그 진술이 특히 신빙할 수 있는 상태 하에서 행하여졌음'이라 함은 그 진술 내용이나 조서의 작성에 허위개입의 여지가 거의 없고, 그 진술 내용의 신빙성이나 임의성을 담보할 구체적이고 외부적인 정황이 있는 경우를 가리키고, 이에 대한 증명은 단지 그러할 개연성이 있다는 정도로는 부족하며, 합리적 의심의 여지를 배제할 정도에 이르러야 한다. 형사소송법은 수사기관에서 작성된 조서 등 서면증거에 대하여 일정한 요건 아래 증거능력을 인정하는데, 이는 실체적 진실발견의 이념과 소송경제의 요청을 고려하여 예외적으로 허용하는 것이므로, 그 증거능력 인정 요건에 관한 규정은 엄격하게 해석·적용하여야 한다.

[3] 형사소송법 제312조, 제313조는 진술조서 등에 대하여 피고인 또는 변호인의 반대신문권이 보장되는 등 엄격한 요건이 충족될 경우에 한하여 증거능력을 인정할 수 있도록 함으로써 직접심리주의 등 기본원칙에 대한 예외를 정하고 있는데, 형사소송법 제314조는 원진술자 또는 작성자가 사망·질병·외국거주·소재불명 등의 사유로 공판준비 또는 공판기일에 출석하여 진술할 수 없는 경우에 그 진술이 특히 신빙할 수 있는 상태 하에서 행하여졌다는 점이 증명되면 원진술자 등에 대한 반대신문의 기회조차도 없이 증거능력을 부여할 수 있도록 함으로써 보다 중대한 예외를 인정한 것이므로, 그 요건을 더욱 엄격하게 해석·적용하여야 한다(대판 2022.3.17. 2016도17054).

[사건의 경과]

(1) 피고인이 이○○와 공동하여 위험한 물건을 휴대하고 피해자를 폭행하여 치료일수 미상의 상해를 가하였다는 혐의로 기소된 사건임.

(2) 피해자는 제1심 제2회 공판기일에 출석하여 검찰의 주신문 전부와 변호인의 반대신문사항 중 절반가량에 대하여 진술한 상태에서 증인신문이 속행되었으나, 그 이후부터 법정에 출석하지 아니하다가 원심에 이르러 소재불명 상태가 되었음.

(3) 제1심은 제2회 공판조서 중 피해자의 진술기재 등을 유죄의 증거로 삼아 피고인에게 징역 3년을 선고하였으나, 원심은 피해자에 대한 증인신문조서와 검찰, 경찰 각 진술조서의 증거능력을 인정하지 않고, 나머지 증거들만으로는 공소사실을 인정하기에 부족하다고 판단하여 무죄를 선고하였는데, 대법원은 이러한 원심을 수긍하였음.

114. 〈유서의 증거능력과 관련하여 형사소송법 제314조의 '특히 신빙할 수 있는 상태' 존재 여부가 문제된 사건〉

Q 형사소송법 제314조 '특히 신빙할 수 있는 상태'의 의미 및 그에 관한 증명의 정도는 어떠한가?

[1] 형사소송법 제314조에서 '그 진술 또는 작성이 특히 신빙할 수 있는 상태하에서 행하여졌음'이란 그 진술 내용이나 조서 또는 서류의 작성에 허위가 개입할 여지가 거의 없고, 그 진술 내지 작성 내용의 신빙성이나 임의성을 담보할 구체적이고 외부적인 정황이 있는 경우를 가리킨다.

[2] 형사소송법은 수사기관에서 작성된 조서 등 서면증거에 대하여 일정한 요건 아래 증거능력을 인정하는데, 이는 실체적 진실발견의 이념과 소송경제의 요청을 고려하여 예외적으로 허용하는 것이므로, 그 증거능력 인정 요건에 관한 규정은 엄격하게 해석·적용하여야 한다.

[3] 형사소송법 제312조, 제313조는 진술조서 등에 대하여 피고인 또는 변호인의 반대신문권이 보장되는 등 엄격한 요건이 충족될 경우에 한하여 증거능력을 인정할 수 있도록 함으로써 직접심리주의 등 기본원칙에 대한 예외를 정하고 있는데, 형사소송법 제314조는 원진술자 또는 작성자가 사망·질병·외국거주·소재불명 등의 사유로 공판준비 또는 공판기일에 출석하여 진술할 수 없는 경우에 그 진술이 특히 신빙할

수 있는 상태하에서 행하여졌다는 점이 증명되면 원진술자 등에 대한 반대신문의 기회조차도 없이 증거능력을 부여할 수 있도록 함으로써 보다 중대한 예외를 인정한 것이므로, 그 요건을 더욱 엄격하게 해석·적용하여야 한다.

[4] 따라서 형사소송법 제314조에서 '특히 신빙할 수 있는 상태하에서 행하여졌음에 대한 증명'은 단지 그러할 개연성이 있다는 정도로는 부족하고, 합리적 의심의 여지를 배제할 정도, 즉 법정에서의 반대신문 등을 통한 검증을 굳이 거치지 않더라도 진술의 신빙성을 충분히 담보할 수 있어 실질적 직접심리주의와 전문법칙에 대한 예외로 평가할 수 있는 정도에 이르러야 한다(대판 2024.4.12. 2023도13406).

[사실관계]

피고인들이 망인과 합동하여 2006. 11.경 피해자(여, 당시 14세)의 심신상실 또는 항거불능 상태를 이용하여 간음하였다는 「성폭력범죄의 처벌 및 피해자보호 등에 관한 법률」 위반(특수준강간)으로 기소된 사안임

[원심의 판단]

원심은, 망인이 2021. 3. 31.경 자살하기 직전 작성한 유서가 '특히 신빙할 수 있는 상태'에서 작성되었다고 보아 형사소송법 제314조에 따라 증거능력을 인정하고 이를 유죄의 증거로 삼아 이 사건 공소사실을 유죄로 판단하였음

[대법원의 판단]

대법원은, ① 망인이 사건 이후 14년 이상 경과하도록 피고인들이나 피해자에게는 물론, 가족이나 친구 등 가까운 사람에게 이 사건을 언급하거나 죄책감 등을 호소한 적이 없어 자신의 범행을 참회할 의도로 이 사건 유서를 작성하였다고 단정하기 어렵고, 따라서 허위 개입의 여지가 거의 없다고 단정할 수 있을 정도로 작성 동기나 경위가 뚜렷하다고 평가할 수 없는 점, ② 망인은 수사기관에서조차 이 사건 유서의 작성 경위, 구체적 의미 등에 관하여 진술한 바가 없는 점, ③ 이 사건 유서가 사건 발생일 즈음이 아니라 사건 발생일로부터 무려 14년 이상 경과된 이후 작성된 점, ④ 망인이 자살 직전 A4 용지 1장 분량으로 작성한 이 사건 유서는 그 표현이나 구체성에 한계가 있을 수밖에 없고, 실제 이 사건 유서에는 피고인들의 구체적인 행위내용에 관한 세세한 묘사 없이 '유사성행위', '성관계'라고 추상적으로 기재되어 있을 뿐, 구체적 정황이나 실행행위 분담 내용, 시간적·장소적 협동관계에 관한 구체적·세부적 기재가 없으며, 그 기재 내용이 객관적 증거, 진술증거로 뒷받침된다고 보기도 어려운 점, ⑤ 이 사건 유서의 내용 중 피해자의 진술 등과 명백히 배치되는 부분도 존재하는 점 등에 비추어 보면, 망인에 대한 반대신문이 가능하였다면 그 과정에서 구체적, 세부적 진술이 현출됨으로써 기억의 오류, 과장, 왜곡, 거짓 진술 등이 드러났을 가능성을 배제하기 어려워, 이 사건 유서의 내용이 법정에서의 반대신문 등을 통한 검증을 굳이 거치지 않아도 될 정도로 신빙성이 충분히 담보된다고 평가할 수 없고, 따라서 이 사건 유서의 증거능력을 인정한 원심의 판단은 수긍하기 어렵다고 보아, 이 사건 유서를 유죄의 주요 증거로 삼아 이 사건 공소사실을 유죄로 판단한 원심을 파기·환송함

녹음테이프 관련 판례

115. 〈피해아동의 부모가 피해아동의 가방에 녹음기를 넣어 녹음한 사건〉

Q 통신비밀보호법 제14조 제1항의 '공개되지 않았다'는 것은 반드시 비밀과 동일한 의미인가?

[1] 통신비밀보호법 제14조 제1항은 "누구든지 공개되지 아니한 타인 간의 대화를 녹음하거나 전자장치 또는 기계적 수단을 이용하여 청취할 수 없다."라고 규정하고, 제14조 제2항 및 제4조는 "제14조 제1항을

위반한 녹음에 의하여 취득한 대화의 내용은 재판 또는 징계절차에서 증거로 사용할 수 없다."라는 취지로 규정하고 있다.

[2] 통신비밀보호법 제14조 제1항이 공개되지 않은 타인 간의 대화를 녹음 또는 청취하지 못하도록 한 것은, 대화에 원래부터 참여하지 않는 제3자가 일반 공중이 알 수 있도록 공개되지 않은 타인 간의 발언을 녹음하거나 전자장치 또는 기계적 수단을 이용하여 청취해서는 안 된다는 취지이다. 여기서 '공개되지 않았다'는 것은 반드시 비밀과 동일한 의미는 아니고 일반 공중에게 공개되지 않았다는 의미이며, 구체적으로 공개된 것인지는 발언자의 의사와 기대, 대화의 내용과 목적, 상대방의 수, 장소의 성격과 규모, 출입의 통제 정도, 청중의 자격 제한 등 객관적인 상황을 종합적으로 고려하여 판단해야 한다(대판 2024.1.11. 2020도1538).

[사건의 경과]

피해아동의 담임교사인 피고인이 피해아동에게 수업시간 중 교실에서 "학교 안 다니다 온 애 같아."라고 말하는 등 정서적 학대행위를 하였다는 이유로 기소되었는데, 피해아동의 부모가 피해아동의 가방에 녹음기를 넣어 수업시간 중 교실에서 피고인이 한 발언을 몰래 녹음한 녹음파일, 녹취록 등의 증거능력이 문제된 사안임.

[원심의 판단]

원심은, 피고인이 30명 정도 상당수의 학생들을 상대로 발언하였고, 국민생활에 필요한 기초적인 교육을 목적으로 하는 초등학교 교육은 공공적인 성격을 가지므로 피고인이 수업시간 교실에서 한 발언이 통신비밀보호법 제14조 제1항의 '공개되지 아니한 대화'에 해당하지 않는 점, 피해아동의 부모와 피해아동은 밀접한 인적 관련이 있는 점, 피해아동의 부모는 피고인의 아동학대 행위 방지를 위하여 녹음에 이르게 되었고, 녹음 외에 별다른 유효적절한 수단이 없었으며, 아동학대 범죄의 사회적 해악을 고려하면 증거 수집의 필요성이 인정되는 점 등을 이유로 녹음파일 등의 증거능력을 인정하고 이를 유죄의 증거로 삼아 일부 공소사실을 유죄로 판단하였음.

[대법원의 판단]

대법원은, 위와 같은 법리를 설시한 후, ① 초등학교 교실은 출입이 통제되는 공간이고, 수업시간 중 불특정 다수가 드나들 수 있는 장소가 아니며, 수업시간 중인 초등학교 교실에 학생이 아닌 제3자가 별다른 절차 없이 참석하여 담임교사의 발언 내용을 청취하는 것은 상정하기 어려우므로, 초등학교 담임교사가 교실에서 수업시간 중 한 발언은 통상적으로 교실 내 학생들만을 대상으로 하는 것으로서 교실 내 학생들에게만 공개된 것일 뿐, 일반 공중이나 불특정 다수에게 공개된 것이 아닌 점, ② 피고인의 발언은 특정된 30명의 학생들에게만 공개되었을 뿐, 일반 공중이나 불특정 다수에게 공개되지 않았으므로, 대화자 내지 청취자가 다수였다는 사정만으로 '공개된 대화'로 평가할 수는 없고, 대화 내용이 공적인 성격을 갖는지 여부나 발언자가 공적 인물인지 여부 등은 '공개되지 않은 대화'에 해당하는지 여부를 판단하는 데에 영향을 미치지 않는 점, ③ 피해아동의 부모는 피고인의 수업시간 중 발언의 상대방, 즉 대화에 원래부터 참여한 당사자에 해당하지 않는 점 등에 비추어 보면, 이 사건 녹음파일 등은 통신비밀보호법 제14조 제1항을 위반하여 '공개되지 아니한 타인 간의 대화'를 녹음한 것이므로 통신비밀보호법 제14조 제2항 및 제4조에 따라 증거능력이 부정된다고 보아야 하고, 사생활 및 통신의 불가침을 국민의 기본권의 하나로 선언하고 있는 헌법규정과 통신 및 대화의 비밀 보호, 통신 및 대화의 자유 신장을 목적으로 제정된 통신비밀보호법의 취지에 비추어 보면, 원심이 들고 있는 사정들을 이유로 이 사건 녹음파일 등의 증거능력을 인정할 수는 없다고 보아, 이와 달리 판단한 원심판결을 파기·환송함.

116. 〈가사재판과 불법감청〉

[1] 통신비밀보호법 제2조에 의하면 '전기통신'이란 유선·무선·광선 및 기타의 전자적 방식에 의하여

모든 종류의 음향·문언·부호 또는 영상을 송신하거나 수신하는 것을 말하고(제3호), '감청'이란 전기통신에 대하여 당사자의 동의 없이 전자장치·기계장치 등을 사용하여 통신의 음향·문언·부호·영상을 청취·공독하여 그 내용을 지득 또는 채록하거나 전기통신의 송·수신을 방해하는 것을 말한다(제7호). 통신비밀보호법 제3조 제1항은 통신비밀보호법, 형사소송법, 군사법원법의 규정에 의하지 아니한 전기통신의 감청 또는 공개되지 아니한 타인 간 대화의 녹음을 금지하고 있고, 같은 법 제4조는 제3조의 규정을 위반하여 불법감청에 의하여 지득 또는 채록된 전기통신의 내용은 재판 또는 징계절차에서 증거로 사용할 수 없다고 규정하고 있다.

[2] 또한 통신비밀보호법 제14조 제1항은 누구든지 공개되지 아니한 타인 간의 대화를 녹음할 수 없다고 규정하고, 제2항은 제4조의 규정은 제1항의 규정에 의한 녹음에 관하여 이를 적용한다고 규정하고 있다.

[3] 이에 따르면 제3자가 전기통신의 당사자인 송신인과 수신인의 동의를 받지 않고 전화통화 내용을 녹음한 행위는 전기통신의 감청에 해당하여 통신비밀보호법 제3조 제1항 위반이 되고, 이와 같이 불법감청에 의하여 녹음된 전화통화 내용은 제4조에 의하여 증거능력이 없다. 이러한 법리는 대화에 원래부터 참여하지 않는 제3자가 같은 법 제14조 제1항을 위반하여 일반 공중이 알 수 있도록 공개되지 않은 타인 간의 발언을 녹음한 경우에도 마찬가지이다(대판 2024.4.16. 2023므16593).

[사건의 경과]

원고가 피고를 상대로 원고의 배우자 A와 피고의 부정행위로 인해 혼인파탄에 이르렀음을 이유로 손해배상을 청구하면서 소송 과정에서 A의 휴대전화에 설치한 이른바 '스파이앱'을 통해 A와 피고가 나눈 대화와 전화통화를 녹음한 파일들을 부정행위의 증거로 제출한 사안임.

[원심의 판단]

원심은, 원고가 제출한 녹음파일의 증거능력을 인정하는 한편, A가 피고와 팔짱을 끼고 다니고 수차례 식당에서 함께 식사하였으며 피고에게 가방을 사주기도 하는 등 부정행위를 하였고 이러한 부정행위는 원고와 A의 혼인관계가 파탄된 원인 중 하나라고 보아, 원고의 피고에 대한 위자료 청구를 일부 인용하였음.

[대법원의 판단]

대법원은 위와 같은 법리를 설시한 후, 녹음파일의 증거능력에 관한 원심의 이유 설시에 일부 부적절한 부분이 있으나 A와 피고의 부정행위를 인정하여 원고의 위자료 청구를 일부 인용한 원심의 결론은 정당하다는 이유로, 원심판결을 수긍하여 상고를 기각함.

제6절 ㅣ 당사자 동의
제7절 ㅣ 탄핵증거

영상녹화물 증거능력 관련 판례

---

117. 〈피해자 갑(녀, 12세)에게 유사성행위와 추행한 사건〉★

[1] 「성폭력범죄의 처벌 등에 관한 특례법」(이하 '성폭력처벌법'이라 한다) 제30조는 제1항에서 "성폭력범죄의 피해자가 19세 미만이거나 신체적인 또는 정신적인 장애로 사물을 변별하거나 의사를 결정할 능력이 미약한 경우에는 피해자의 진술 내용과 조사 과정을 비디오녹화기 등 영상물 녹화장치로 촬영·보존

하여야 한다."라고 정하고, 제6항에서 "제1항에 따라 촬영한 영상물에 수록된 피해자의 진술은 공판준비기일 또는 공판기일에 피해자나 조사 과정에 동석하였던 신뢰관계에 있는 사람 또는 진술조력인의 진술에 의하여 그 성립의 진정함이 인정된 경우에 증거로 할 수 있다."라고 정한다. 「아동·청소년의 성보호에 관한 법률」(이하 '청소년성보호법'이라 한다) 제26조는 제1항에서 "아동·청소년대상 성범죄 피해자의 진술내용과 조사과정은 비디오녹화기 등 영상물 녹화장치로 촬영·보존하여야 한다."라고 정하고, 제2항에서 제4항까지 영상물 녹화의 방식과 절차를 정하며, 제6항에서 "제1항부터 제4항까지의 절차에 따라 촬영한 영상물에 수록된 피해자의 진술은 공판준비기일 또는 공판기일에 피해자 또는 조사과정에 동석하였던 신뢰관계에 있는 자의 진술에 의하여 그 성립의 진정함이 인정된 때에는 증거로 할 수 있다."라고 정한다.

헌법재판소는 2021. 12. 23. 선고 2018헌바524 사건에서 "성폭력처벌법(2012. 12. 18. 법률 제11556호로 전부 개정된 것) 제30조 제6항 중 '제1항에 따라 촬영한 영상물에 수록된 피해자의 진술은 공판준비기일 또는 공판기일에 조사 과정에 동석하였던 신뢰관계에 있는 사람 또는 진술조력인의 진술에 의하여 그 성립의 진정함이 인정된 경우에 증거로 할 수 있다'는 부분 가운데 19세 미만 성폭력범죄 피해자에 관한 부분은 헌법에 위반된다."라고 결정하였다(이하 위 결정을 '이 사건 위헌 결정', 위헌 결정이 선고된 법률 조항을 '이 사건 위헌 법률 조항'이라 한다). 그 이유는 다음과 같다.

자기에게 불리하게 진술한 증인에 대하여 반대신문의 기회를 부여해야 한다는 절차적 권리의 보장은 피고인의 '공정한 재판을 받을 권리'의 핵심적인 내용을 이룬다. 피고인의 반대신문권을 보장하면서도 미성년 피해자를 보호할 수 있는 조화로운 방법을 상정할 수 있는데도, 피고인의 반대신문권을 실질적으로 배제하여 피고인의 방어권을 과도하게 제한하는 이 사건 위헌 법률 조항은 피해의 최소성, 법익의 균형성 요건을 충족하지 못하여 과잉금지 원칙을 위반하고 피고인의 공정한 재판을 받을 권리를 침해한다.

[2] 피고인이 위력으로써 13세 미만 미성년자인 피해자 갑(녀, 12세)에게 유사성행위와 추행을 하였다는 성폭력범죄의 처벌 등에 관한 특례법(이하 '성폭력처벌법'이라 한다) 위반의 공소사실에 대하여, 원심이 갑의 진술과 조사 과정을 촬영한 영상물과 속기록을 중요한 증거로 삼아 유죄로 인정하였는데, 피고인은 위 영상물과 속기록을 증거로 함에 동의하지 않았고, 조사 과정에 동석하였던 신뢰관계인에 대한 증인신문이 이루어졌을 뿐 원진술자인 갑에 대한 증인신문은 이루어지지 않은 사안에서, 헌법재판소는 2021. 12. 23. 성폭력처벌법 제30조 제6항 중 19세 미만 성폭력범죄 피해자의 진술을 촬영한 영상물의 증거능력을 규정한 부분(이하 '위헌 법률 조항'이라 한다)에 대해 과잉금지 원칙 위반 등을 이유로 위헌결정을 하였는데, 위 위헌결정의 효력은 결정 당시 법원에 계속 중이던 사건에도 미치므로 위헌 법률 조항은 위 영상물과 속기록의 증거능력을 인정하는 근거가 될 수 없고, 한편 피고인의 범행은 아동·청소년의 성보호에 관한 법률(이하 '청소년성보호법'이라 한다) 제26조 제1항의 아동·청소년대상 성범죄에 해당하므로 같은 법 제26조 제6항에 따라 영상물의 증거능력이 인정될 여지가 있으나, 청소년성보호법 제26조 제6항 중 위헌 법률 조항과 동일한 내용을 규정한 부분은 위헌결정의 심판대상이 되지 않았지만 위헌 법률 조항에 대한 위헌결정 이유와 마찬가지로 과잉금지 원칙에 위반될 수 있으므로, 청소년성보호법 제26조 제6항의 위헌 여부 또는 그 적용에 따른 위헌적 결과를 피하기 위하여 갑을 증인으로 소환하여 진술을 듣고 피고인에게 반대신문권을 행사할 기회를 부여할 필요가 있는지 여부 등에 관하여 심리·판단하였어야 한다는 이유로, 이와 같은 심리에 이르지 않은 채 위 영상물과 속기록을 유죄의 증거로 삼은 원심판결에 법리오해 또는 심리미진의 잘못이 있다고 한 사례(대판 2022.4.14. 2021도14530).

[사건의 경과]

⑴ 성폭력처벌법과 청소년성보호법이 적용되는 공소사실에 관하여 피고인이 영상물과 속기록을 증거로 할 수 있음을 동의하지 않았고, 신뢰관계인에 대한 증인신문이 이루어졌을 뿐 원진술자인 피해자에 대한 증인신문은 이루어지지 않은 사안에서, 원심은 피해자의 진술과 조사과정을 촬영한 영상물과 속기록을 중요한 증거로 삼아 공소사실을 유죄로 인정함.

(2) 대법원은 피해자 영상물의 증거능력에 관한 성폭력처벌법 제30조 제6항에 대한 2021. 12. 23.자 위헌 결정의 효력이 병행사건에 미치기 때문에 이 사건에서 성폭력처벌법 제30조 제6항을 적용할 수 없다고 판단하고, 위 성폭력처벌법 규정과 동일한 내용을 규정하고 있는 청소년성보호법 제26조에 대해서는, 아직 위헌 결정이 이루어지지 않아 법률의 효력이 유지되고 있지만, 하급심에서는 그 위헌성 여부 또는 피해자를 증인으로 소환하여 피고인의 반대신문권을 보장할 필요가 있는지 여부에 대하여 심리가 이루어져야 한다고 판단하면서 원심을 파기환송함.

118. 〈친딸이자 미성년자인 피해자들을 강제로 추행한 사건〉★

[1] 「성폭력범죄의 처벌 등에 관한 특례법」(이하 '성폭력처벌법'이라 한다) 제30조는 제1항에서 "성폭력범죄의 피해자가 19세 미만이거나 신체적인 또는 정신적인 장애로 사물을 변별하거나 의사를 결정할 능력이 미약한 경우에는 피해자의 진술 내용과 조사 과정을 비디오녹화기 등 영상물 녹화장치로 촬영·보존하여야 한다."라고 규정하고, 제6항에서 "제1항에 따라 촬영한 영상물에 수록된 피해자의 진술은 공판준비기일 또는 공판기일에 피해자나 조사 과정에 동석하였던 신뢰관계에 있는 사람 또는 진술조력인의 진술에 의하여 그 성립의 진정함이 인정된 경우에 증거로 할 수 있다."라고 규정한다. 「아동·청소년의 성보호에 관한 법률」(이하 '청소년성보호법'이라 한다) 제26조는 제1항에서 "아동·청소년대상 성범죄 피해자의 진술내용과 조사과정은 비디오녹화기 등 영상물 녹화장치로 촬영·보존하여야 한다."라고 규정하고, 제2항에서 제4항까지 영상물 녹화의 방식과 절차를 정하며, 제6항에서 "제1항부터 제4항까지의 절차에 따라 촬영한 영상물에 수록된 피해자의 진술은 공판준비기일 또는 공판기일에 피해자 또는 조사과정에 동석하였던 신뢰관계에 있는 자의 진술에 의하여 그 성립의 진정함이 인정된 때에는 증거로 할 수 있다."라고 규정한다. 「아동학대범죄의 처벌 등에 관한 특례법」(이하 '아동학대처벌법'이라 한다) 제17조 제1항은 "아동학대범죄의 조사·심리에 관하여는 성폭력처벌법 제29조부터 제32조까지, 제34조부터 제41조까지 및 청소년성보호법 제29조를 각각 준용한다. 이 경우 '성폭력' 또는 '아동·청소년대상 성범죄'는 '아동학대범죄'로, '피해자'는 '피해아동'으로 본다."라고 규정한다.

[2] 그런데 헌법재판소는 2021. 12. 23. 선고 2018헌바524 사건에서 "성폭력처벌법(2012. 12. 18. 법률 제11556호로 전부개정된 것) 제30조 제6항 중 '제1항에 따라 촬영한 영상물에 수록된 피해자의 진술은 공판준비기일 또는 공판기일에 조사 과정에 동석하였던 신뢰관계에 있는 사람 또는 진술조력인의 진술에 의하여 그 성립의 진정함이 인정된 경우에 증거로 할 수 있다' 부분 가운데 19세 미만 성폭력범죄 피해자에 관한 부분은 헌법에 위반된다."는 결정을 선고하였다(이하 위 결정을 '이 사건 위헌 결정', 위헌 결정이 선고된 법률 조항을 '이 사건 위헌 법률 조항'이라 한다). **이 사건 위헌 결정 이유는, 자기에게 불리하게 진술한 증인에 대하여 반대신문의 기회를 부여해야 한다는 절차적 권리의 보장은 피고인의 '공정한 재판을 받을 권리'의 핵심적인 내용을 이루는데, 피고인의 반대신문권을 보장하면서도 미성년 피해자를 보호할 수 있는 조화로운 방법을 상정할 수 있음에도, 피고인의 반대신문권을 실질적으로 배제하여 피고인의 방어권을 과도하게 제한하는 이 사건 위헌 법률 조항은 피해의 최소성, 법익의 균형성 요건을 충족하지 못하여 과잉금지 원칙을 위반하고 피고인의 공정한 재판을 받을 권리를 침해한다는 것이다.**

[3] 청소년성보호법 제26조 제6항 중 이 사건 위헌 법률 조항과 동일한 내용을 규정하고 있는 부분(이하 '이 사건 청소년성보호법 조항'이라 한다)은 이 사건 위헌 결정의 심판대상이 되지 아니하였지만 이 사건 위헌 법률 조항에 대한 위헌 결정 이유와 같은 이유에서 과잉금지 원칙에 위반될 수 있다. 따라서 원심으로서는 이 사건 청소년성보호법 조항의 위헌 여부 또는 그 적용에 따른 위헌적 결과를 피하기 위하여 피해자들을 증인으로 소환하여 그 진술을 듣고 피고인에게 반대신문권을 행사할 기회를 부여할 필요가 있는지 여부 등에 관하여 심리·판단하였어야 한다.

[4] 한편 형사소송법 제318조 제1항은 "검사와 피고인이 증거로 할 수 있음을 동의한 서류 또는 물건은 진정한 것으로 인정한 때에는 증거로 할 수 있다."라고 규정한다. 피고인은 이 사건 영상물과 속기록이 모두 증거능력이 없다고 주장하면서 이를 증거로 함에 동의하지 않다가 이 사건 위헌 법률 조항 또는 이 사건 청소년성보호법 조항에 따라 이 사건 영상물이 증거로 채택되어 증거조사가 이루어지게 되자 증거에 관한 의견을 변경하여 이 사건 속기록을 증거로 함에는 동의하였다. 그런데 이 사건 속기록은 이 사건 영상물의 진술 내용을 그대로 녹취한 것으로서 이 사건 영상물 속의 발언자를 특정하고 내용을 명확하게 함으로써 증거조사절차가 효율적으로 이루어질 수 있도록 하기 위하여 작성된 것에 불과하다. 이 사건 위헌 결정으로 인하여 이 사건 영상물의 증거능력이 인정될 수 없는 경우라면, 비록 피고인이 이 사건 속기록에 대해서는 증거로 함에 동의하였다고 하더라도 그 동의의 경위와 사유 등에 비추어 이 사건 영상물과 속기록 사이에 증거능력의 차이를 둘 수 있는 합리적 이유가 존재한다는 등의 특별한 사정이 없는 한, 이 사건 속기록을 진정한 것으로 인정하기는 어렵다(대판 2022.4.14. 2021도14616).

[공소사실의 요지]
이 사건 공소사실의 요지는 피고인이 친딸이자 미성년자인 피해자들을 강제로 추행함과 동시에 성적 학대행위를 하여 성폭력처벌법 제5조 제2항, 제7조 제3항, 형법 제298조 및 아동복지법 제71조 제1항 제1의2호, 제17조 제2호에 해당하는 죄를 범하였고, 피고인이 피해자들을 폭행함과 동시에 신체적 학대행위를 하여 형법 제260조 제1항과 아동복지법 제71조 제1항 제2호, 제17조 제3호에 해당하는 죄를 범하였다는 것이다.

[사건의 경과]
(1) 경찰은 사건이 미성년자에 대한 성폭력범죄에 해당한다는 이유로 피해자들의 진술 내용과 조사 과정을 영상으로 촬영하였다. 그리고 속기사로 하여금 영상물에 대한 속기록을 작성하도록 하였다. 검사는 경찰이 촬영한 영상물과 속기록(이하 '이 사건 영상물', '이 사건 속기록'이라 한다)을 증거로 제출하였다.

(2) 피고인은, 경찰이 피해자들의 모친 공소외인에게 요청하여 사전에 피해자들과 피해내용을 담은 문답서를 작성하도록 한 이후 피해자들에 대한 조사가 이루어졌음을 이유로, 이 사건 영상물과 속기록은 위법하게 수집한 증거로서 증거능력이 없고, 설령 그렇지 않더라도 사전 연습에 의하여 오염된 것이므로 신빙하기 어렵다고 주장하면서, 이를 증거로 함에 동의하지 않았다.

(3) 제1심은 제2회 공판기일에서 경찰 조사과정에 동석하였던 신뢰관계에 있는 사람에 해당하는 공소외인을 증인으로 신문하여 이 사건 영상물의 진정성립을 인정하는 진술을 듣고 이 사건 영상물을 증거로 채택하였다. 원진술자인 피해자들에 대한 증인신문은 이루어지지 않았다.

(4) 이 사건 영상물에 대한 증거조사가 이루어진 제1심 제5회 공판기일에서, 피고인은 증거에 관한 의견을 변경하여 이 사건 속기록을 증거로 함에 동의하였고, 이에 따라 이 사건 속기록까지 증거로 채택되어 영상물과 함께 증거조사가 이루어졌다. 한편 피고인은 이 사건 영상물과 속기록이 모두 위법수집증거에 해당하여 증거능력이 없다는 주장을 유지하였다.

(5) 원심은, 이 사건 영상물이 청소년성보호법 제26조에 따라 촬영·보존된 영상물로서 위 법률에 따른 절차적 요건을 모두 갖추고 있고, 문답서 작성행위가 경찰 조사에 영향을 미쳤다고 단정할 수 없으며, 진술 오염 가능성은 신빙성 판단에 관련된 문제일 뿐 증거능력을 배척하는 사유에 해당하지 않는다는 등의 이유로 이 사건 영상물의 증거능력을 인정한 제1심의 판단을 유지하였다. 그리고 이 사건 속기록을 주요한 증거로 삼아 이 사건 공소사실을 유죄로 인정하였다.

[대법원의 판단]
(1) 대법원은 피해자 영상물의 증거능력에 관한 성폭력처벌법 제30조 제6항에 대한 2021. 12. 23.자 위헌결정의 효력이 병행사건에 미치기 때문에 이 사건에서 성폭력처벌법 제30조 제6항을 적용할 수 없다고 판단하고, 위 성폭력처벌법 규정과 동일한 내용을 규정하고 있는 청소년성보호법 제26조에 대해서는, 아직

위헌 결정이 이루어지지 않아 법률의 효력이 유지되고 있지만, 하급심에서는 그 위헌성 여부 또는 피해자를 증인으로 소환하여 피고인의 반대신문권을 보장할 필요가 있는지 여부에 대하여 심리가 이루어져야 한다고 판단하면서 원심을 파기환송함.

(2) 한편 이 사건에서는 피고인이 이후 영상물에 대한 속기록에 관해서는 증거동의를 하여, 위와 같이 영상물의 증거능력을 인정하기 어렵더라도 속기록을 유죄의 증거로 삼을 수 있는지가 문제되었음. 대법원은 판시와 같은 제반사정에 비추어 증거동의를 이유로 형사소송법 제318조 제1항에 따라 속기록만의 증거능력을 인정하기 위해서는 속기록을 진정한 것으로 인정할 수 있는지에 대한 심리·판단이 필요하다는 이유로, 원심이 이러한 심리·판단 없이 속기록을 유죄의 증거로 삼은 것 또한 부당하다고 판단하였음.

제8절 | 자백의 보강법칙
제9절 | 공판조서의 증명력

제3장 재 판

제1절 | 재판의 의의와 종류

119. 〈군판사가 재판서에 다른 군판사의 인영을 날인한 사건〉★

[1] 군사법원법 제72조에 의하면 재판은 재판관인 군판사가 작성한 재판서로 하여야 하고, 제75조에 의하면 재판서에는 재판한 재판관이 서명날인하여야 하며(제1항), 재판장 외의 재판관이 서명날인할 수 없을 때에는 재판장이 그 사유를 부기하고 서명날인하여야 하므로(제2항), 이러한 재판관의 서명날인이 없는 재판서에 의한 판결은 군사법원법 제442조 제1호가 정한 '판결에 영향을 미친 법률의 위반이 있는 때'에 해당하여 파기되어야 한다. 이는 서명한 재판관의 인영이 아닌 다른 재판관의 인영이 날인되어 있는 경우에도 마찬가지이다.

[2] 고등군사법원의 판결서에 재판관인 군판사 박○○의 서명 옆에 다른 재판관인 군판사 이△△의 인영이 날인된 경우 판결에 영향을 미친 위법이 있다고 보아 원심판결을 파기환송한 사례(대판 2021.4.29. 2021도2650).

120. 〈재판서의 경정결정의 한계〉★

법원은 '재판서에 잘못된 계산이나 기재, 그 밖에 이와 비슷한 잘못이 있음이 분명한 때'에는 경정결정을 통하여 위와 같은 재판서의 잘못을 바로잡을 수 있다(형사소송규칙 제25조 제1항). 그러나 이미 선고된 판결의 내용을 실질적으로 변경하는 것은 위 규정에서 예정하고 있는 경정의 범위를 벗어나는 것으로서 허용되지 않는다. 그리고 경정결정은 이를 주문에 기재하여야 하고, 판결 이유에만 기재한 경우 경정결정이 이루어졌다고 할 수 없다(대판 2021.1.28. 2017도18536).

121. 〈재판서 경정의 적법 여부가 문제된 사건〉

누범 해당 범죄가 일부임을 간과하고 전부에 대해 누범가중을 한 제1심판결에 대해 원심이 이를 파기하지 않고 이유에서만 경정을 한 후 피고인의 항소를 기각한 것에는 경정의 허용범위와 방식에 관한 법리오해 등 위법이 있다고 보아 원심을 파기환송한 사례(대판 2021.4.29. 2021도26).

[판결이유 중 일부 인용]

(1) 제1심판결의 이유 기재에 비추어 제1심은 이 사건 범행 전부를 누범에 해당하는 것으로 판단한 것으로 보인다.

(2) 원심이 이 사건 범행 중 제1심 판시 제1죄 및 제2의 가.죄, 나.죄만이 누범에 해당하는 것으로 판단하였음에도 제1심판결의 이유 중 법령의 적용 부분을 정정하여 누범에 해당하는 범행의 범위를 변경하는 것으로 경정하는 것은 이미 선고된 제1심판결의 내용을 실질적으로 변경하는 것으로서 경정의 범위를 벗어날뿐더러 판결 이유에서 직권으로 경정결정을 하였다고 하더라도 주문에 이를 기재하지 아니한 이상 경정결정으로서 효력도 생기지 않는다.

(3) 원심이 제1심판결의 잘못된 판단을 적법하게 바로잡는 조치를 취하지 않고 피고인의 항소를 기각한 것에는 경정의 허용범위와 방식에 관한 법리를 오해하는 등 잘못을 저질렀고 이는 판결결과에도 영향을 미쳤다고 보여진다. 이를 지적하는 피고인의 상고이유 주장은 이유 있다(원심으로서는 올바른 누범가중을 거쳐 다시 형을 정한 결과 결론적으로 동일한 양형에 이르더라도 위의 판단과정은 거쳐야 할 것이다).

제2절 | 종국재판

공소기각 관련 판례

122. 〈경범죄처벌법상 통고처분이 이루어진 이후 동일한 범칙행위에 대하여 공소가 제기된 사건〉★

[1] 「경범죄 처벌법」은 제3장에서 '경범죄 처벌의 특례'로서 범칙행위에 대한 통고처분(제7조), 범칙금의 납부(제8조, 제8조의2)와 통고처분 불이행자 등의 처리(제9조)를 정하고 있다. 경찰서장으로부터 범칙금 통고처분을 받은 사람은 통고처분서를 받은 날부터 10일 이내에 범칙금을 납부하여야 하고, 위 기간에 범칙금을 납부하지 않은 사람은 위 기간의 마지막 날의 다음날부터 20일 이내에 통고받은 범칙금에 20/100을 더한 금액을 납부하여야 한다(제8조 제1항, 제2항). 「경범죄 처벌법」 제8조 제2항에 따른 납부기간에 범칙금을 납부하지 않은 사람에 대하여 경찰서장은 지체없이 즉결심판을 청구하여야 하고(제9조 제1항 제2호), 즉결심판이 청구되더라도 그 선고 전까지 피고인이 통고받은 범칙금에 50/100을 더한 금액을 납부하고 그 증명서류를 제출하였을 경우에는 경찰서장은 즉결심판 청구를 취소하여야 한다(제9조 제2항). 이와 같이 통고받은 범칙금을 납부한 사람은 그 범칙행위에 대하여 다시 처벌받지 않는다(제8조 제3항, 제9조 제3항).

[2] 위와 같은 규정 내용과 통고처분제도의 입법 취지를 고려하면, 「경범죄 처벌법」상 범칙금제도는 범칙행위에 대하여 형사절차에 앞서 경찰서장의 통고처분에 따라 범칙금을 납부할 경우 이를 납부하는 사람에 대하여는 기소를 하지 않는 처벌의 특례를 마련해 둔 것으로 법원의 재판절차와는 제도적 취지와 법적 성질에서 차이가 있다. 또한 범칙자가 통고처분을 불이행하였더라도 기소독점주의의 예외를 인정하여 경찰서장의 즉결심판청구를 통하여 공판절차를 거치지 않고 사건을 간이하고 신속·적정하게 처리함으로써 소송경제를 도모하되, 즉결심판 선고 전까지 범칙금을 납부하면 형사처벌을 면할 수 있도록 함으로써 범칙자에 대하여 형사소추와 형사처벌을 면제받을 기회를 부여하고 있다.

[3] 따라서 경찰서장이 범칙행위에 대하여 통고처분을 한 이상, 범칙자의 위와 같은 절차적 지위를 보장하기 위하여 통고처분에서 정한 범칙금 납부기간까지는 원칙적으로 경찰서장은 즉결심판을 청구할 수 없고, 검사도 동일한 범칙행위에 대하여 공소를 제기할 수 없다. 또한 범칙자가 범칙금 납부기간이 지나도록 범칙금을 납부하지 아니하였다면 경찰서장이 즉결심판을 청구하여야 하고, 검사는 동일한 범칙행위에 대하여 공소를 제기할 수 없다. 나아가 특별한 사정이 없는 이상 경찰서장은 범칙행위에 대한 형사소추를 위하여 이미 한 통고처분을 임의로 취소할 수 없다(대판 2021.4.1. 2020도15194).

[사건의 경과]

(1) 상습사기죄로 형사처벌을 받은 전력이 있는 피고인이 2020. 2. 23. 05:30 무렵 저지른 무전취식 범행(①범행)에 대하여 경범죄 처벌법상 통고처분을 받은 이후, 같은 날 11:00 무렵 재차 무전취식 범행(②범행)을 하여 현행범인 체포되었음.

(2) 조사 과정에서 위 통고처분 내역 및 피고인의 범죄전력이 확인되자 경찰은 "통고처분을 취소하고 상습사기죄로 형사입건코자 한다."라는 내용의 수사보고서를 작성한 다음 범행 전부를 상습사기죄로 의율하여 검찰에 송치하였고, 검사가 같은 내용으로 공소제기를 하였음.

(3) 이에 대하여 제1심과 원심은 전부 유죄 판결을 선고하였음.

(4) 대법원은 경범죄처벌법상 통고처분이 이루어진 경우 검사가 동일한 범칙행위에 대하여 공소를 제기할 수 없고, 나아가 경찰서장이 형사소추를 위하여 이미 한 통고처분을 임의로 취소할 수도 없으므로, ①범행 부분에 대한 공소제기는 그 절차가 법률의 규정에 위반하여 무효인 때에 해당한다는 이유로 원심을 파기하였음.

123. 〈이미 통고처분이 이루어진 범칙행위와 동일성이 인정되는 공소사실로 다시 기소한 사건〉★

[1] 「경범죄 처벌법」상 범칙금제도는 범칙행위에 대하여 형사절차에 앞서 경찰서장의 통고처분에 따라 범칙금을 납부할 경우 이를 납부하는 사람에 대하여는 기소를 하지 않는 처벌의 특례를 마련해 둔 것으로 법원의 재판절차와는 제도적 취지와 법적 성질에서 차이가 있다.

[2] 또한 범칙자가 통고처분을 불이행하였더라도 기소독점주의의 예외를 인정하여 경찰서장의 즉결심판 청구를 통하여 공판절차를 거치지 않고 사건을 간이하고 신속·적정하게 처리함으로써 소송경제를 도모하되, 즉결심판 선고 전까지 범칙금을 납부하면 형사처벌을 면할 수 있도록 함으로써 범칙자에 대하여 형사소추와 형사처벌을 면제받을 기회를 부여하고 있다.

[3] 따라서 경찰서장이 범칙행위에 대하여 통고처분을 한 이상, 범칙자의 위와 같은 절차적 지위를 보장하기 위하여 통고처분에서 정한 범칙금 납부기간까지는 원칙적으로 경찰서장은 즉결심판을 청구할 수 없고, 범칙행위에 대한 형사소추를 위하여 이미 한 통고처분을 임의로 취소할 수 없으며, 검사도 동일한 범칙행위에 대하여 공소를 제기할 수 없다고 보아야 한다.

[4] 이때 공소를 제기할 수 없는 범칙행위는 통고처분 시까지의 행위 중 범칙금 통고의 이유에 기재된 당해 범칙행위 자체 및 그 범칙행위와 동일성이 인정되는 범칙행위에 한정된다.

[5] 그리고 형사소송법 제248조에 따라 공소는 검사가 피고인으로 지정한 이외의 다른 사람에게 그 효력이 미치지 아니하는 것이므로 공소제기의 효력은 검사가 피고인으로 지정한 자에 대하여만 미치는 것이고, 따라서 피의자가 다른 사람의 성명을 모용한 탓으로 공소장에 피모용자가 피고인으로 표시되었더라도 이는 당사자의 표시상의 착오일 뿐이고, 검사는 모용자에 대하여 공소를 제기한 것이므로 모용자가 피고인이 되고 피모용자에게 공소의 효력이 미친다고는 할 수 없다. 이와 같은 법리는 「경범죄 처벌법」에 따른 경찰서장의 통고처분의 효력에도 마찬가지로 적용된다고 보아야 한다(대판 2023.3.16. 2023도751).

[사건의 경과]

원심은, 피고인이 무전취식을 하고 출동한 경찰관에게 친형의 인적사항을 모용함에 따라 친형 이름으로 「경범죄 처벌법」상 경찰서장의 통고처분을 받았다가 모용사실이 적발되어 경찰관이 내부적으로 통고처분 오손처리 경위서를 작성하였고, 이후 납부 통고 등 후속절차는 중단된 상태에서 무전취식의 범칙행위와 동일성이 인정되는 사기의 공소사실로 재차 기소된 경우, 이미 발령된 통고처분의 효력이 기소된 사기의 공소사실에도 미쳐 이 부분 공소제기의 절차가 법률의 규정을 위반하여 무효인 때에 해당한다고 보아, 이 부분 공소사실을 유죄로 판단한 제1심판결을 파기하고 이 부분 공소를 기각하였고, 대법원이 관련 법리에 따라 원심 판단을 수긍하며 검사의 상고를 기각함

124. 〈법인에 대한 청산종결 등기가 마쳐진 이후 공소제기가 된 사건〉

[1] 법인에 대한 청산종결 등기가 되었더라도 청산사무가 종결되지 않는 한 그 범위 내에서는 청산법인으로 존속한다. 법인의 해산 또는 청산종결 등기 이전에 업무나 재산에 관한 위반행위가 있는 경우에는 청산종결 등기가 된 이후 위반행위에 대한 수사가 개시되거나 공소가 제기되더라도 그에 따른 수사나 재판을 받는 일은 법인의 청산사무에 포함되므로, 그 사건이 종결될 때까지 법인의 청산사무는 종료되지 않고 형사소송법상 당사자능력도 그대로 존속한다.

[2] 피고인 법인의 대표이사 등이 법인 존속 중 무등록 투자일임업을 함으로써 자본시장과 금융투자업에 관한 법률을 위반하였고, 피고인 법인에 대한 청산종결등기가 마쳐진 이후 피고인 법인에 대한 공소가 제기된 사안에서, 법인 존속 중 위반행위가 있었던 경우에는 청산종결 등기가 마쳐진 이후 위반행위에 대한 수사가 개시되거나 공소가 제기되더라도 그에 따른 수사나 재판을 받는 일은 법인의 청산사무에 포함되므로 그 사건이 종결될 때까지 법인의 청산사무는 종료되지 않고, 형사소송법상 당사자능력도 존속한다는 전제에서 피고인 법인에 대하여 유죄를 인정한 원심의 판단에 형사소송법상 당사자능력에 관한 법리를 오해하거나 형사소송법 제328조 제1항 제2호를 위반한 잘못이 없다고 한 사례(대판 2021.6.30. 2018도14261).

제3절 l 재판의 효력

일사부재리 효력 관련 판례
---

125. 〈포괄일죄 범행 중 일부에 대한 확정판결의 효력이 미치는 범위〉★★

[1] 포괄일죄 관계인 범행의 일부에 대하여 판결이 확정된 경우에는 사실심 판결선고시를 기준으로, 약식명령이 확정된 경우에는 약식명령 발령시를 기준으로, 그 이전에 이루어진 범행에 대하여는 확정판결의 기판력이 미친다.

[2] 또한 상상적 경합범 중 1죄에 대한 확정판결의 기판력은 다른 죄에 대하여도 미친다.

[3] 따라서 포괄일죄 관계인 범행의 일부에 대하여 판결이 확정되거나 약식명령이 확정되었는데 그 사실심 판결선고시 또는 약식명령 발령시를 기준으로 그 이전에 이루어진 범행이 포괄일죄의 일부에 해당할 뿐만 아니라 그와 상상적 경합관계에 있는 다른 죄에도 해당하는 경우에는 확정된 판결 내지 약식명령의 기판력은 위와 같이 상상적 경합관계에 있는 다른 죄에 대하여도 미친다(대판 2023.6.29. 2020도3705).

[사건의 경과]

(1) 피고인이 인스타그램을 통하여 다수의 피해자에게 성적수치심을 유발하는 글을 도달하게 하고, 비방할 목적으로 허위 내용의 글을 작성하여 게시함으로써 명예를 훼손하고, 모욕을 하였다는 이유로, 성폭력범죄의처벌등에관한특례법위반(통신매체이용음란), 정보통신망이용촉진및정보보호등에관한법률위반(명예훼손), 모욕으로 기소됨

(2) 원심은, 피고인이 피해자 A에 대한 성폭력범죄의처벌등에관한특례법위반(통신매체이용음란) 등 범행으로 선행 확정판결, 선행 약식명령을 받았고, 이 사건 공소사실 중 일부가 선행 확정판결 사실심 판결선고시, 약식명령 발령시 이전에 이루어졌으며, 선행 확정판결, 선행 약식명령의 범죄사실과 포괄일죄 관계에 있는 피해자 A에 대한 성폭력범죄의처벌등에관한특례법위반(통신매체이용음란) 등 범행과 상상적 경합관계에 있으므로, 해당 부분 공소사실에 대하여 선행 확정판결, 선행 약식명령의 기판력이 미친다고 보아, 주문 또는 이유에서 면소로 판단하였음

(3) 대법원은 위와 같은 법리를 판시하고, 원심의 면소 판단을 수긍하여 상고를 기각함

126. 〈포괄일죄의 일부이면서 상상적 경합관계인 사건〉

포괄일죄 관계인 범행의 일부에 대하여 판결이 확정된 경우에는 사실심 판결선고 시를 기준으로, 약식명령이 확정된 경우에는 약식명령 발령 시를 기준으로, 그 이전에 이루어진 범행에 대하여는 확정판결의 기판력이 미친다. 또한 상상적 경합범 중 1죄에 대한 확정판결의 기판력은 다른 죄에 대하여도 미친다. 따라서 포괄일죄 관계인 범행의 일부에 대하여 판결이 확정되거나 약식명령이 확정되었는데 그 사실심 판결선고 시 또는 약식명령 발령 시를 기준으로 그 이전에 이루어진 범행이 포괄일죄의 일부에 해당할 뿐만 아니라 그와 상상적 경합관계에 있는 다른 죄에도 해당하는 경우에는 확정된 판결 내지 약식명령의 기판력은 위와 같이 상상적 경합관계에 있는 다른 죄에 대하여도 미친다(대판 2023.6.29. 2020도3705).

일사부재리의 시간적 효력 관련 판례

---

127. 〈제1심판결에 대하여 항소가 된 경우 판결의 확정력이 미치는 시간적 한계〉★

판결의 확정력은 사실심리의 가능성이 있는 최후의 시점인 판결선고시를 기준으로 하여 그때까지 행하여진 행위에 대하여만 미치는 것으로서, 제1심판결에 대하여 항소가 된 경우 판결의 확정력이 미치는 시간적 한계는 현행 형사항소심의 구조와 운용실태에 비추어 볼 때 **항소심 판결선고시**라고 보는 것이 상당하다(대판 2021.2.4. 2019도10999).

128. 〈상고기각결정의 효력발생 시기〉

형사소송법 제42조는 "재판의 선고 또는 고지는 공판정에서는 재판서에 의하여야 하고 기타의 경우에는 재판서등본의 송달 또는 다른 적당한 방법으로 하여야 한다. 단 법률에 다른 규정이 있는 때에는 예외로 한다."라고 규정하고 있는데, 피고인의 상고에 대하여 형사소송법 제380조 본문에 따라 상고기각결정을 한 경우에는 법률에 다른 규정이 있지 않는 한 형사소송법 제42조 본문의 규정에 의하여 그 등본을 피고인에게 송달하거나 다른 적당한 방법으로 고지하였을 때 그 효력이 생긴다(대판 2023.7.13. 2021도15745).

제5편

상소·비상구제절차·특별절차

제1장   상 소

제1절 | 상소 통칙

상소권회복청구 관련 판례

129. 〈기록상 피고인의 집 전화번호 또는 휴대전화번호 등이 나타나 있는 사건〉★

[1] 형사소송법 제345조의 상소권회복청구는 자기 또는 대리인이 책임질 수 없는 사유로 상소 제기기간 내에 상소를 하지 못한 경우에만 청구할 수 있다. 형사피고사건으로 법원에 재판이 계속 중인 사람은 공소제기 당시의 주소지나 그 후 신고한 주소지를 옮길 때 새로운 주소지를 법원에 신고하거나 기타 소송 진행 상태를 알 수 있는 방법을 강구하여야 하고, 만일 이러한 조치를 하지 않았다면 특별한 사정이 없는 한 소송서류가 송달되지 않아서 공판기일에 출석하지 못하거나 판결 선고사실을 알지 못하여 상소 제기기간을 도과하는 등 불이익을 면할 수 없다.

[2] 그러나 위와 같이 피고인이 재판이 계속 중인 사실을 알면서도 새로운 주소지 등을 법원에 신고하는 등 조치를 하지 않아 소환장이 송달불능되었더라도, **법원은 기록에 주민등록지 이외의 주소가 나타나 있고 피고인의 집 전화번호 또는 휴대전화번호 등이 나타나 있는 경우에는 위 주소지 및 전화번호로 연락하여 송달받을 장소를 확인하여 보는 등의 시도를 해 보아야 하고,** 그러한 조치 없이 곧바로 공시송달 방법으로 송달하는 것은 형사소송법 제63조 제1항, 소송촉진 등에 관한 특례법 제23조에 위배되어 허용되지 아니하는데, 이처럼 허용되지 아니하는 잘못된 공시송달에 터 잡아 피고인의 진술 없이 공판이 진행되고 피고인이 출석하지 않은 기일에 판결이 선고된 경우에는, **피고인은 자기 또는 대리인이 책임질 수 없는 사유로 상소 제기기간 내에 상소를 하지 못한 것으로 봄이 타당하다.**

[3] 민사소송과 달리 형사소송에서는, 피고인이 공판기일에 출석하지 아니한 때에는 특별한 규정이 없으면 개정하지 못하는 것이 원칙이고(형소소송법 제276조), 소송촉진 등에 관한 특례법 제23조, 소송촉진 등에 관한 특례규칙 제19조에 의하여 예외적으로 제1심 공판절차에서 피고인 불출석 상태에서의 재판이 허용되지만, 이는 피고인에게 공판기일 소환장이 적법하게 송달되었음을 전제로 하기 때문에 공시송달에 의한 소환을 함에 있어서도 공시송달 요건의 엄격한 준수가 요구된다.

[4] 제1심법원으로서는 피고인의 소재를 확인할 수 없어 공시송달결정을 하고 피고인이 출석하지 아니한 채 공판기일을 진행하면서 증거로 제출받은 서류에 피고인이 송달받을 가능성이 있는 다른 주소나 직장 주소지가 있었다면, 공시송달결정을 취소하고 그 주소나 직장 주소지로 소환장 송달을 실시하는 절차 등을 거쳐 피고인이 송달받을 수 있는 조치를 다하여야 했다는 이유로, 잘못된 공시송달에 터 잡아 피고인의 진술 없이 공판이 진행되고 피고인이 출석하지 않은 기일에 판결이 선고된 이상, 피고인은 자기 또는 대리인이 책임질 수 없는 사유로 상소제기기간 내에 상소를 하지 못한 것으로 봄이 타당하다고 판단하여, 제1심법원의 공시송달결정이 적법함을 전제로 재항고인의 상소권회복청구를 기각한 제1심결정을 유지한 원심을 파기한 사례(대결 2022.5.26. 2022모439).

130. 〈원심이 기록에 나타난 피고인의 다른 주소지에 송달을 실시하는 등의 시도를 하지 않은 사건〉★

[1] 형사소송법 제370조, 제276조에 의하면, 항소심에서도 피고인의 출석 없이는 개정하지 못하고, 다만 같은 법 제365조에 의하면, 피고인이 항소심 공판기일에 출정하지 아니한 때에는 다시 기일을 정하고 피고인이 정당한 이유 없이 다시 정한 기일에도 출정하지 아니한 때에는 피고인의 진술 없이 판결할 수 있도록 되어 있는바, 이와 같이 피고인의 진술 없이 판결할 수 있기 위해서는 피고인이 적법한 공판기일 소환장을 받고도 정당한 이유 없이 출정하지 아니할 것을 필요로 한다.

[2] 그리고 형사소송법 제63조 제1항에 의하면, 피고인에 대한 공시송달은 피고인의 주거, 사무소, 현재지를 알 수 없는 때에 한하여 이를 할 수 있으므로, 기록상 피고인의 집 전화번호 또는 휴대전화번호 등이 나타나 있는 경우에는 위 전화번호로 연락하여 송달받을 장소를 확인하여 보는 등의 시도를 해 보아야 하고, 그러한 조치를 취하지 아니한 채 곧바로 공시송달의 방법에 의한 송달을 하고 피고인의 진술 없이 판결을 하는 것은 형사소송법 제63조 제1항, 제365조에 위배되어 허용되지 아니한다.

[3] 피고인이 **상고권회복결정을 받아 상고하더라도 사실오인이나 양형부당을 상고이유로 주장하지 못하므로 결국 사실오인 등 주장에 관하여 항소심의 판단을 받을 기회를 갖지 못하게 되는바, 원심판결을 파기함으로써 피고인을 구제할 필요도 있다**(대판 2023.2.23. 2022도15288).

[사건의 경과]

제1심에서 피고인에 대하여 일부 유죄, 일부 무죄 판결이 선고되어 피고인은 항소하지 않고 검사만 항소하였는데, 원심이 제1심에서 피고인이 진술한 거소지로 송달을 해보거나 제1심에서 피고인에 대하여 송달이 이루어졌던 주소에 관하여 관할 경찰서장에게 소재탐지촉탁을 하지 않은 채 피고인에 대한 송달을 공시송달로 할 것을 명하고, 피고인 소환장 등을 공시송달하면서 피고인의 출석 없이 개정하여 소송절차를 진행한 후 검사의 항소를 받아들여 제1심판결을 파기하고 피고인에게 유죄 판결을 선고하였음. 이에 피고인이 상고권회복결정을 받아 상고한 사안임.

[대법원의 판단]

(1) 대법원은, 원심이 공시송달결정을 하기 전에 기록에 나타난 피고인의 다른 주소지에 송달을 실시하는 등의 시도를 하지 않은 채 피고인의 주거, 사무소와 현재지를 알 수 없다고 단정하여 곧바로 공시송달의 방법에 의한 송달을 하고 피고인의 진술 없이 판결을 한 것은 형사소송법 제63조 제1항, 제365조를 위반하여 피고인에게 출석의 기회를 주지 않음으로써 소송절차가 법령에 위배된 것이라고 판단함.

(2) 특히, 피고인이 상고권회복결정을 받아 상고하더라도 형사소송법 제383조 제4호의 해석상 사실오인이나 양형부당을 상고이유로 주장하지 못하므로, 원심판결을 파기함으로써 피고인에게 사실심 재판을 받을 기회를 부여할 필요가 있다는 대법원 2015. 6. 25. 선고 2014도17252 전원합의체 판결의 취지를 다시 한 번 확인하였음.

131. 〈상소권회복기각결정에 대한 재항고 사건〉

Q 재판에 대하여 적법하게 상소를 제기한 경우, 다시 상소권회복을 청구할 수 있는가?

[1] 상소권회복은 상소권자가 자기 또는 대리인이 책임질 수 없는 사유로 인하여 상소의 제기기간 내에 상소를 하지 못한 경우에 한하여 청구할 수 있으므로(형사소송법 제345조), 재판에 대하여 적법하게 상소를 제기한 자는 다시 상소권회복을 청구할 수 없다.

[2] 제1심판결에 대하여 피고인 또는 검사가 항소하여 항소심판결이 선고되면 상고법원으로부터 사건이 환송되는 경우 등을 제외하고는 항소법원이 다시 항소심 소송절차를 진행하여 판결을 선고할 수 없으므로, 항소심판결이 선고되면 제1심판결에 대하여 당초 항소하지 않았던 자의 항소권회복청구도 적법하다

고 볼 수 없다. 따라서 항소심판결이 선고된 사건에 대하여 제기된 항소권회복청구는 항소권회복청구의 원인에 대한 판단에 나아갈 필요 없이 형사소송법 제347조 제1항에 따라 결정으로 이를 기각하여야 한다. [3] 상소권회복청구 사건을 심리하는 법원은 상소권회복청구 대상이 되는 재판에 대하여 이미 적법한 상소가 제기되었는지 또는 상소심재판이 있었는지 등을 본안기록 등을 통하여 확인해야 한다(대결 2023.4.27. 2023모350).

상소의 이익 관련 판례

132. 〈무죄판결에 대한 피고인의 상고는 부적법하다는 판례〉

피고인의 상소는 불이익한 원재판을 시정하여 이익된 재판을 청구함을 본질로 하는 것이어서 재판이 자기에게 불이익하지 않으면 이에 대한 상고권을 가질 수 없다. 따라서 피고인에게 가장 유리한 판결인 무죄판결에 대한 피고인의 상고는 부적법하다(대판 2020.12.10. 2020도11186).

일부상소의 심판범위 관련 판례

133. 〈쌍방이 일부상고하였으나 검사의 상고만 이유있는 경우에는 전부파기하여야 한다는 판례〉

수개의 범죄사실에 대하여 항소심이 일부는 유죄, 일부는 무죄의 판결을 하고, 그 판결에 대하여 피고인 및 검사 쌍방이 상고를 제기하였으나, 유죄 부분에 대한 피고인의 상고는 이유 없고, 무죄 부분에 대한 검사의 상고만 이유 있는 경우, 항소심이 유죄로 인정한 죄와 무죄로 인정한 죄가 형법 제37조 전단의 경합범 관계에 있다면 항소심판결의 유죄 부분도 무죄 부분과 함께 파기되어야 한다(대판 2020.9.24. 2020도9801). [COMMENT] 본 판결은 검사만 상고를 제기한 경우와 잘 구별하여야 한다.

134. 〈일부상소와 파기의 범위〉★

[1] 상소는 재판의 일부에 대하여도 할 수 있고, 일부에 대한 상소는 그 일부와 불가분의 관계에 있는 부분에 대하여도 효력이 미친다(형사소송법 제342조). 형법 제37조 전단의 경합범으로 동시에 기소된 수개의 공소사실에 대하여 각기 따로 유무죄, 공소기각 및 면소를 선고하거나 형을 정하는 등으로 판결주문이 수 개일 때에는 그 1개의 주문에 포함된 부분을 다른 부분과 분리하여 일부상소를 할 수 있고 당사자 쌍방이 상소하지 않은 부분은 분리 확정된다. 따라서 **경합범 관계에 있는 공소사실 중 판결주문이 수 개일 때 피고인과 검사가 일부에 대하여만 상소한 경우**, 피고인과 검사가 상소하지 않은 부분은 상소기간이 지남으로써 확정되어 상소심에 계속된 사건은 상소된 부분에 대한 공소뿐이고, 그에 따라 상소심에서 이를 파기할 때에는 그 부분만을 파기하여야 한다.

[2] 반면 **경합범 관계에 있는 공소사실 중 일부 유죄, 일부 무죄를 선고하여 판결주문이 수 개일 때 검사가 판결 전부에 대하여 상소하였는데** 상소심에서 이를 파기할 때에는 유죄 부분과 파기되는 무죄 부분이 형법 제37조 전단의 경합범 관계에 있어 **하나의 형이 선고되어야 하므로, 유죄 부분과 파기되는 무죄 부분을 함께 파기하여야 한다.** 그러나 위와 같이 하나의 형을 선고하기 위해서 파기하는 경우를 제외하고는 경합범의 관계에 있는 공소사실이라고 하더라도 개별적으로 파기되는 부분과 불가분의 관계에 있는 부분만을 파기하여야 한다.

[3] 피해자 학부모들 및 대한민국에 대한 사기로 기소된 피고인에 대하여 제1심법원이 피해자 대한민국에 대한 사기 부분에 대하여 무죄를 선고하고 피해자 학부모들에 대한 사기 부분에 대하여 공소를 기각하자 **검사가 제1심판결 전부에 대하여 항소를 제기한 사안**에서, 제1심은 경합범 관계에 있는 공소사실 중 피해자 대한민국에 대한 사기 부분을 주문 무죄로, 피해자 학부모들에 대한 사기 부분을 주문 공소기각으로 각 판단하였으므로, **검사가 제1심판결 전부에 대하여 항소하였더라도 그 판결 전체가 불가분의 관계에 있다고 볼 수 없고**, 원심으로서는 각 부분에 관한 항소이유를 개별적으로 판단했어야 함에도, 공소사실 전체가 경합범 관계에 있어 불가분의 관계에 있다는 이유로 제1심판결 중 공소기각 부분을 파기하는 이상 제1심판결 중 무죄 부분도 함께 파기하여야 한다고 본 원심판단에 법리오해의 잘못이 있다고 한 사례(대판 2022.1.13. 2021도13108).

135. 〈예비적 공소사실만 유죄로 인정되고 그 부분에 대하여 피고인만 상고한 사건〉

원래 주위적·예비적 공소사실의 일부에 대한 상고제기의 효력은 나머지 공소사실 부분에 대하여도 미치는 것이고, 동일한 사실관계에 대하여 서로 양립할 수 없는 적용법조의 적용을 주위적·예비적으로 구하는 경우에는 예비적 공소사실만 유죄로 인정되고 그 부분에 대하여 피고인만 상고하였다고 하더라도 주위적 공소사실까지 함께 상고심의 심판대상에 포함된다. 이때 상고심이 예비적 공소사실에 대한 원심판결이 잘못되었다는 이유로 원심판결을 전부 파기환송한다면, 환송 후 원심은 예비적 공소사실은 물론 이와 동일체 관계에 있는 주위적 공소사실에 대하여도 이를 심리·판단하여야 한다(대판 2023.12.28. 2023도10718).

[사실관계]

'피고인이 인감증명서를 작성하여 발급하였다'는 동일한 사실관계에 대하여 주위적으로는 형법 제225조(공문서위조), 예비적으로는 형법 제227조(허위공문서작성)로 기소된 사안에서, 환송 전 원심은 '피고인이 인감증명서 발급 권한이 있었던 것으로 보인다'는 이유로 주위적 공소사실은 이유에서 무죄로 판단하고, 예비적 공소사실을 유죄로 판단하였고, 유죄 부분에 대하여 피고인만 상고하자 대법원이 예비적 공소사실에 대한 환송 전 원심판결에 피고인이 형법상 공무원에 해당하는지 등을 심리하지 아니한 위법 등이 있다는 이유로 환송 전 원심판결 전부를 파기·환송하였던 사안임

[원심의 판단]

원심은, 주위적 공소사실에 대하여는 이미 심판대상에서 벗어나 이를 심리·판단하여 유죄를 선고할 수 없다는 이유로 환송 전 원심의 판단을 그대로 유지하고, 예비적 공소사실에 대하여는 범죄가 되지 아니하거나 범죄의 증명이 없다는 이유로 무죄로 판단하였음

[대법원의 판단]

대법원은, 원심으로서는 주위적 공소사실에 대하여 이를 심리·판단한 후, 주위적 공소사실을 유죄로 판단하지 않는 경우에 한하여 예비적 공소사실을 심리·판단하였어야 한다고 보아, 이와 달리 판단한 원심을 파기·환송함

불이익변경금지 판단의 기준 관련 판례

---

136. 〈환송 후 원심이 일부를 무죄로 선고하면서도 동일한 형을 선고한 사건〉★

Q 환송 후 원심이, 환송 전 원심판결에서 인정한 범죄사실 중 일부를 무죄로 판단하고 나머지 부분만 유죄로 판단하면서 이에 대하여 환송 전 원심판결과 동일한 형을 선고하였다면 '불이익변경금지 원칙'에 위반되는가?

[1] '불이익변경의 금지'에 관한 형사소송법 제368조에서 피고인이 항소한 사건과 피고인을 위하여 항소한 사건에 대하여는 **원심판결의 형보다 중한 형을 선고하지 못한다고 규정**하고 있고, 위 법률조항은 형사소송법 제399조에 의하여 상고심에도 준용된다. 이러한 불이익변경금지 원칙은, 상소심에서 원심판결의 형보다 중한 형을 선고받을 수 있다는 우려로 말미암아 피고인의 상소권 행사가 위축되는 것을 막기 위한 정책적 고려의 결과로 입법자가 채택하였다. 위 법률조항의 문언이 '원심판결의 형보다 중한 형'으로의 변경만을 금지하고 있을 뿐이고, 상소심은 원심법원이 형을 정함에 있어서 전제로 삼았던 사정이나 견해에 반드시 구속되는 것이 아닌 점 등에 비추어 보면, 피고인만이 상소한 사건에서 상소심이 원심법원이 인정한 범죄사실의 일부를 무죄로 인정하면서도 피고인에 대하여 **원심법원과 동일한 형을 선고하였다고 하여 그것이 불이익변경금지 원칙을 위반하였다고 볼 수 없다.**

[2] 한편 피고인만의 상고에 의한 상고심에서 원심판결을 파기하고 사건을 항소심에 환송한 경우 불이익변경금지 원칙은 환송 전 원심판결과의 관계에서도 적용되어 환송 후 원심법원은 파기된 환송 전 원심판결보다 중한 형을 선고할 수 없다(대판 2021.5.6. 2021도1282).

[사건의 경과]

(1) 환송 전 원심이 배임 부분과 사기 부분에 대하여 징역 4년을 선고하였고, 이에 대하여 피고인만 상고한 결과 상고심에서 원심판결 중 위 각 부분을 파기하고 그 부분 사건을 항소심에 환송한다는 판결이 선고되었음.

(2) 환송 후 원심은 파기환송의 취지에 따라 배임 부분을 무죄로 판단하고 나머지 사기 부분만 유죄로 판단하면서 이에 대하여 환송 전 원심판결과 동일한 징역 4년을 선고하였음.

(3) 환송 전 원심판결보다 중한 형을 선고하지 않은 이상, 위와 같은 환송 후 원심의 판단에 '불이익변경금지 원칙' 등을 위반한 잘못은 없다고 판단하여 상고기각한 사안임.

제2절 ㅣ 항 소

항소이유서 제출기간 관련 판례

137. 〈항소이유서 제출기간의 말일이 공휴일 또는 토요일에 해당한 사건〉★

[1] 형사소송법 제361조의2와 제361조의3 제1항에 의하면, 항소법원이 기록의 송부를 받은 때에는 즉시 항소인과 그 상대방에게 통지하여야 하고, 이 통지 전에 변호인의 선임이 있는 때에는 변호인에게도 통지를 하여야 하며, 항소인 또는 변호인은 이 통지를 받은 날로부터 20일 이내에 항소이유서를 제출하도록 되어 있다. 그리고 같은 법 제66조 제3항에 의하면, 시효와 구속의 기간을 제외하고는 기간의 말일이 공휴일 또는 토요일에 해당하는 날은 항소이유서 제출기간에 산입하지 아니하도록 되어 있다. 이때 기간의 말일이 공휴일인지 여부는 '공휴일'에 관하여 규정하고 있는 '관공서의 공휴일에 관한 규정' 제2조 각호에 해당하는지에 따라 결정되고, 같은 조 제11호가 정한 '기타 정부에서 수시 지정하는 날'인 임시공휴일 역시 공휴일에 해당한다.

[2] 피고인이 제1심판결에 대해 항소를 제기하여 2020. 7. 27. 원심으로부터 소송기록접수통지서를 송달받고 2020. 8. 18. 항소이유서를 제출하였는데, 원심이 국선변호인을 선정하거나 피고인이 사선변호인을 선임한 바는 없으며, 정부는 2020. 7.경 국무회의의 심의·의결, 대통령의 재가 및 관보 게재를 통해 2020. 8. 17.을 임시공휴일로 지정한 사안에서, 피고인이 소송기록접수통지를 받은 2020. 7. 27.부터 계산한 항소

이유서 제출기간의 말일인 2020. 8. 16.은 일요일이고, 다음 날인 2020. 8. 17. 역시 임시공휴일로서 위 기간에 산입되지 아니하여 그 다음 날인 2020. 8. 18.이 위 기간의 말일이 되므로, 2020. 8. 18. 제출된 피고인의 항소이유서는 제출기간 내에 적법하게 제출되었다는 이유로, 이와 달리 보아 피고인의 항소를 기각한 원심결정에 항소이유서 제출기간에 관한 법리오해의 잘못이 있다고 한 사례

(대결 2021.1.14. 2020모3694).

항소이유서의 제출과 항소심의 심판대상 관련 판례

138. 〈양형부당 사건 - 제361조의5 제15호 위반 사건〉★

Q 검사가 항소장이나 항소이유서에 단순히 '양형부당'이라는 문구만 기재하였을 뿐 그 구체적인 이유를 기재하지 않았다면, 이는 적법한 항소이유의 기재라고 볼 수 있는가?

[1] 형사소송법 제361조의5는 제15호에서 '형의 양정이 부당하다고 인정할 사유가 있는 때'를 항소이유로 할 수 있는 사유로 규정하고 있고, 형사소송규칙 제155조는 항소이유서에 항소이유를 구체적으로 간결하게 명시하도록 규정하고 있다. 위 각 규정에 의하면, 검사가 제1심 유죄판결 또는 일부 유죄, 일부 무죄로 판단한 제1심판결 전부에 대하여 항소하면서, 항소장이나 항소이유서에 단순히 '양형부당'이라는 문구만 기재하였을 뿐 그 구체적인 이유를 기재하지 않았다면, 이는 적법한 항소이유의 기재라고 볼 수 없다.

Q 검사가 항소한 경우 양형부당의 사유는 직권조사사유나 직권심판사항에 해당하는가?

[2] 한편 검사가 항소한 경우 양형부당의 사유는 직권조사사유나 직권심판사항에 해당하지도 않는다. 그러므로 위와 같은 경우 항소심은 검사의 항소에 의해서든 직권에 의해서든 제1심판결의 양형이 부당한지 여부에 관하여 심리·판단할 수 없고, 따라서 제1심판결의 유죄 부분의 형이 너무 가볍다는 이유로 파기하고 그보다 무거운 형을 선고하는 것은 허용되지 않는다(대판 2020.7.9. 2020도2795).

[판결이유 중 일부 인용]

(1) 검사는 제1심판결 유죄 부분에 대하여 항소장이나 항소이유서에 '양형부당'이라고 기재하였을 뿐 구체적인 이유를 기재하지 않았으므로, 제1심판결 유죄 부분에 대하여 적법한 양형부당의 항소이유를 기재하였다고 볼 수 없다. 따라서 원심은 검사의 항소이유에 대한 판단으로든 직권으로든 제1심판결 유죄 부분의 양형이 부당한지 여부를 심리·판단할 수 없으므로, 제1심판결 무죄 부분에 대한 검사의 항소를 기각한 이상, 피고인에 대하여 제1심보다 무거운 형을 선고하는 것은 허용될 수 없다.

(2) 그럼에도 원심은 제1심판결 중 유죄 부분에 대하여 검사가 적법한 양형부당의 항소이유를 제시하였음을 전제로 그 판시와 같은 사정을 들어 제1심판결의 양형이 가벼워 부당하다고 판단하여, 제1심판결을 파기하고 제1심보다 무거운 형을 선고하였다.

(3) 이러한 원심의 판단에는 검사의 적법한 항소이유 기재 방식, 항소심의 심판범위, 불이익변경금지원칙 등에 관한 법리를 오해하여 판결에 영향을 미친 잘못이 있다. 이 점을 지적하는 피고인의 상고이유 주장은 이유 있다.

139. 〈원심이 심판의 대상으로 삼지 않은 약사법위반 사건〉★

[1] 형사소송법 제361조의3 제1항은 항소인 또는 변호인은 소송기록접수통지를 받은 날로부터 20일 이내에 항소이유서를 항소법원에 제출하여야 한다고 규정하고 있고, 형사소송규칙 제155조는 항소이유서 또는 답변서에는 항소이유 또는 답변내용을 구체적으로 간결하게 명시하여야 한다고 규정하고 있다.

[2] 특히 제1심에서 무죄를 선고받은 피고인으로서는 이중 위험에서 조속히 해방되어야 하며, 검사의 항소로부터 자신을 방어하는 데 지장을 받아서는 안되므로 검사가 제1심 무죄판결에 대한 항소장의 '항소의 이유'란에 '사실오인 및 법리오해' 등으로만 기재하고 항소이유서 제출기간 내에 항소이유서를 제출하지 않은 경우 적법한 항소이유의 기재가 있는 것으로 볼 수 없다. 또한 검사가 항소이유서에서 단지 항소심에서 공소장변경을 한다는 취지와 변경된 공소사실에 대하여 유죄의 증명이 충분하다는 취지의 주장만 한 경우도 적법한 항소이유의 기재로 볼 수 없다. 나아가 검사가 일부 유죄, 일부 무죄가 선고된 제1심판결에 대하여 항소하면서 항소장의 '항소의 범위'란에 '전부(양형부당 및 무죄 부분, 사실오인, 법리오해)'라고 기재하였으나 적법한 기간 내에 제출된 항소이유서에는 제1심판결 중 무죄 부분에 대한 항소이유만 기재한 경우 항소장에 '양형부당'이라는 문구를 적법한 항소이유의 기재라고 볼 수 없고 유죄 부분에 대하여는 법정기간 내에 항소이유서를 제출하지 아니한 경우에 해당한다.

[3] 실체적 경합범으로 기소되어 전부 무죄가 선고된 제1심판결에 대하여 검사가 전부 항소한 경우 적법한 항소이유의 주장이 있었는지는 위 법리에 따라 항소장 및 항소이유서의 기재를 해석하여 판단하여야 할 것이다(대판 2022.10.14. 2022도1229).

[사건의 경과]

실체적 경합범으로 기소되어 전부 무죄가 선고된 제1심판결에 대하여 검사가 전부 항소한 사건에서 원심이 피고인에 대한 약사법위반 부분에 대하여는 검사가 항소이유를 제출하였다고 보기 어렵다는 이유로 아무런 판단을 하지 않은 사안에서, 피고인에 대한 사기방조 및 국민건강보험법위반방조 부분 공소사실은 피고인이 약사 면허를 대여한 행위의 구체적인 사정으로서 논리적인 측면과 행위의 측면에서 모두 약사 면허를 대여한 사실을 전제로 하는 점, 검사는 항소장에서 제1심의 피고인에 대한 무죄판결 전부를 항소 범위로 기재하였고, 항소이유서에도 사기 및 국민건강보험법위반 방조 행위뿐만 아니라 '약사 면허를 대여한 행위'가 유죄로 인정되어야 한다고 명시적으로 기재한 다음, 항소이유서에서 제1심판결 무죄 판단의 공통된 주된 근거인 사실인정을 다투는 취지의 주장들을 구체적으로 하면서 사실오인을 항소이유로 하고 있는바, 검사가 전제사실인 약사 면허 대여 사실을 주장하며 사기방조 및 국민건강보험법위반 방조 부분을 다투면서도 약사법위반 부분만을 다투지 않는다는 것은 오히려 이례적으로 보이는 점, 피고인이 약사법위반 부분에 대한 검사의 항소이유에 대하여 변호인 의견서, 공판기일에서의 변론 등을 통해 충분히 방어권을 행사한 것으로 보이고, 달리 검사의 항소이유서 기재가 피고인의 방어권을 침해하였다는 사정은 보이지 않는 점 등에 의하면, 검사가 항소장 및 항소이유서에 그에 관한 항소이유를 적법하게 기재하였다는 이유로 아무런 판단을 하지 않은 채 이 부분 공소사실을 무죄로 판단한 제1심판결을 유지한 원심판결을 파기한 사례

항소심에서의 피고인 출정에 대한 특칙 관련 판례

140. 〈'공판기일 변경명령'을 송달받은 경우도 '적법한 공판기일 통지'에 포함된다는 판례〉★

[1] 항소심에서도 피고인의 출석 없이 개정하지 못하는 것이 원칙이지만(형사소송법 제370조, 제276조), 피고인이 항소심 공판기일에 출정하지 않아 다시 기일을 정하였는데도 정당한 사유 없이 그 기일에도

출정하지 않은 때에는 피고인의 진술 없이 판결할 수 있다(형사소송법 제365조). 이와 같이 피고인이 불출석한 상태에서 그 진술 없이 판결하기 위해서는 피고인이 적법한 공판기일 통지를 받고서도 2회 연속으로 정당한 이유 없이 출정하지 않은 경우에 해당하여야 한다.

[2] 이때 '적법한 공판기일 통지'란 소환장의 송달(형사소송법 제76조) 및 소환장 송달의 의제(형사소송법 제268조)의 경우에 한정되는 것이 아니라 적어도 피고인의 이름·죄명·출석 일시·출석 장소가 명시된 공판기일 변경명령을 송달받은 경우(형사소송법 제270조)도 포함된다.

[3] 적법한 공시송달 결정 후 '공판기일 변경명령'에 따라 제2회 공판기일을 통지받았고 '소환장'에 따라 제3회 공판기일을 통지받았음에도 모두 불출석한 피고인에 대하여, 형사소송법 제365조의 요건에 해당한다고 보아 판결을 선고한 원심의 판단을 수긍하여 상고를 기각한 사례(대판 2022.11.10. 2022도7940).

```
┌─────────────────────────────────────────────────────────────┐
│              항소심의 파기자판 관련 판례                          │
└─────────────────────────────────────────────────────────────┘
```

141. 〈증인 진술의 신빙성을 부정한 제1심의 판단을 항소심이 뒤집을 수 있는 경우〉

[1] 형사소송법이 채택하고 있는 실질적 직접심리주의의 정신에 비추어, 항소심으로서는 제1심 증인이 한 진술의 신빙성 유무에 대한 제1심의 판단이 항소심의 판단과 다르다는 이유만으로 이에 대한 제1심의 판단을 함부로 뒤집어서는 아니되나, **제1심 증인이 한 진술의 신빙성 유무에 대한 제1심의 판단이 명백하게 잘못되었다고 볼 특별한 사정이 있거나, 제1심 증거조사 결과와 항소심 변론종결 시까지 추가로 이루어진 증거조사 결과를 종합하면 제1심 증인이 한 진술의 신빙성 유무에 대한 제1심의 판단을 그대로 유지하는 것이 현저히 부당하다고 인정되는 예외적인 경우**에는 그러하지 아니하다.

[2] 제1심이 피해자를 증인으로 신문한 후 그 진술의 신빙성이 없다는 전제에서 유사강간 부분을 무죄로 판단하였는데, 원심이 추가 증거조사 없이 피해자 진술의 신빙성을 인정하여 제1심의 판단을 뒤집고 유사강간 부분을 유죄로 판단한 사안에서, 제반 사정에 비추어 제1심 증인인 피해자가 한 진술의 신빙성 유무에 대한 제1심의 판단이 명백하게 잘못되었다고 볼 특별한 사정이 있는 경우에 해당한다고 보아 제1심의 판단을 뒤집고 유사강간 공소사실을 유죄로 판단한 원심을 수긍한 사례(대판 2021.6.10. 2021도2726).

142. 〈항소심 변론 종결 후 판결 선고 전 피해자가 사망한 사건〉★

Q 사실심법원의 양형에 관한 재량은 어떠한 내재적 한계를 지니는가?

[1] 양형의 조건에 관한 형법 제51조는 형을 정하는 데 참작할 사항을 정하고 있다. 형을 정하는 것은 법원의 재량사항이므로, 형사소송법 제383조 제4호에 따라 사형·무기 또는 10년 이상의 징역·금고가 선고된 사건에서 양형의 당부에 관한 상고이유를 심판하는 경우가 아닌 이상, 사실심법원이 양형의 기초 사실에 관하여 사실을 오인하였다거나 양형의 조건이 되는 정상에 관하여 심리를 제대로 하지 않았다는 주장은 적법한 상고이유가 아니다. 그러나 사실심법원의 양형에 관한 재량도, 범죄와 형벌 사이에 적정한 균형이 이루어져야 한다는 죄형 균형 원칙이나 형벌은 책임에 기초하고 그 책임에 비례하여야 한다는 책임주의 원칙에 비추어 피고인의 공소사실에 나타난 범행의 죄책에 관한 양형판단의 범위에서 인정되는 내재적 한계를 가진다.

Q 사실심 변론종결 후 검사나 피해자 등에 의해 피고인에게 불리한 새로운 양형조건에 관한 자료가 법원에 제출되었다면, 사실심 법원으로서는 어떠한 조치를 취하여야 하는가?

[2] 헌법은 제12조 제1항 후문에서 적법절차의 원칙을 천명하고, 제27조에서 재판받을 권리를 보장하고 있다. 형사소송법은 이를 실질적으로 구현하기 위하여, 피고사건에 대한 실체심리가 공개된 법정에서 검사와 피고인 양 당사자의 공격·방어활동에 의하여 행해져야 한다는 당사자주의와 공판중심주의, 공소사실의 인정은 법관의 면전에서 직접 조사한 증거만을 기초로 해야 한다는 직접심리주의와 증거재판주의를 기본원칙으로 채택하고 있다. 형사재판에 있어 사실의 인정은 증거에 의하여야 하고(형사소송법 제307조), 증거신청의 권한은 검사, 피고인, 변호인에게 있으며(형사소송법 제294조), 증거신청 시 정상에 관한 증거는 그 취지를 명시하여 신청하여야 한다(형사소송규칙 제132조의2 제2항). 아울러 피고인이 자신에게 유리한 증거조사결과는 이익으로 원용하고 자신에게 불리한 조사결과에 대하여는 반박할 수 있는 기회를 주기 위해 피고인에게 증거조사의 결과에 대한 의견진술의 기회와 증거신청권을 절차적으로 보장하고 있다(형사소송법 제293조 참조). 한편 피해자의 의견진술에 갈음하는 서면은 피고인에게 취지를 통지하여야 하고 공판정에서 서면의 취지를 명확하게 하여야 한다(형사소송규칙 제134조의11 제2항, 제3항). 위와 같은 형사재판의 기본이념과 관련 규정들을 종합하여 볼 때, **사실심 변론종결 후 검사나 피해자 등에 의해 피고인에게 불리한 새로운 양형조건에 관한 자료가 법원에 제출되었다면, 사실심 법원으로서는 변론을 재개하여 그 양형자료에 대하여 피고인에게 의견진술 기회를 주는 등 필요한 양형심리절차를 거침으로써 피고인의 방어권을 실질적으로 보장해야 한다.**

[3] 아동·청소년의 성보호에 관한 법률 위반(강간등치상)죄로 1심에서 유죄가 인정되어 징역 4년을 선고받은 피고인의 항소심에서, 변론종결 후 제출된 피해자의 사망진단서를 근거로 피해자가 피고인의 범행으로 인한 고통 때문에 자살하였다고 단정한 뒤, 변론을 재개하여 새로운 양형조건에 관하여 추가로 심리하지 않은 채 이를 가중적 양형조건의 중대한 변경 사유로 보아 제1심판결을 파기하고 양형기준의 권고형을 넘어 징역 9년을 선고한 사안에서, 원심의 조치에 변론종결 후 피고인에게 불리한 양형자료가 제출된 경우 사실심법원이 취해야 할 양형심리절차에 관한 법리를 오해한 잘못이 있다고 한 사례(대판 2021.9.30. 2021도5777).

항소심의 파기 관련 판례

143. 〈공통파기 규정인 제364조의2에서 정한 '항소한 공동피고인'의 범위〉★

형사소송법 제364조의2는 항소법원이 피고인을 위하여 원심판결을 파기하는 경우에 파기의 이유가 항소한 공동피고인에게 공통되는 때에는 그 공동피고인에 대하여도 원심판결을 파기하여야 함을 규정하였는데, 이는 공동피고인 상호 간의 재판의 공평을 도모하려는 취지이다. 이와 같은 형사소송법 제364조의2의 규정 내용과 입법 목적·취지를 고려하면, 위 조항에서 정한 '항소한 공동피고인'은 제1심의 공동피고인으로서 자신이 항소한 경우는 물론 그에 대하여 **검사만 항소한 경우까지도 포함한다**(대판 2022.7.28. 2021도10579).

144. 〈검사와 피고인 양쪽이 상소를 제기하였으나 일방의 상소만이 이유가 있어 파기하는 사건〉★

Q 검사와 피고인 양쪽이 상소를 제기하였으나 일방의 상소만이 이유가 있어 파기하는 경우, 주문에서 일방의 상소를 기각하는 표시를 하여야 하는가?

[1] 검사와 피고인 양쪽이 상소를 제기한 경우, 어느 일방의 상소는 이유 없으나 다른 일방의 상소가 이유 있어 원판결을 파기하고 다시 판결하는 때에는 이유 없는 상소에 대해서는 **판결이유 중에서 그 이유가 없다**

는 점을 적으면 충분하고 주문에서 그 상소를 기각해야 하는 것은 아니다.

[2] 피고인과 검사가 제1심 판결에 불복하여 항소하였고, 원심은 판결이유 중 '피고인 허○○의 강제추행죄 성립여부에 관한 판단' 부분에서 '피고인이 피해자의 어깨를 주무르듯이 만져 강제추행한 사실이 인정된다. 그런데도 피고인이 피해자의 어깨를 톡톡 쳤다고만 인정한 제1심 판결에는 사실을 오인한 위법이 있다.'고 판단하고, '검사의 성폭력범죄의 처벌 등에 관한 특례법 위반(특수강제추행)의 점에 관한 항소이유에 대한 판단' 부분에서 검사의 이 부분 항소이유를 배척한 다음, 형사소송법 제364조 제6항에 따라 제1심 판결 중 피고인에 대한 부분을 파기하고 다시 판결을 하면서 주문에서 피고인의 항소를 기각한다는 표시를 하지 않은 사안에서, 원심이 명시적으로 피고인의 항소를 이유 없다고 판단하지는 않았으나 검사의 항소가 일부 이유 있다는 원심 판단 속에는 피고인의 항소를 받아들이지 않는다는 판단이 포함되어 있다고 봄이 타당하고, 이러한 경우 원심이 판결 주문에서 피고인의 항소를 기각한다는 표시를 하지 않았다고 하더라도 형사소송법 제364조 제4항을 위반한 잘못이 없다고 한 사례(대판 2020.6.25. 2019도17995).

제3절 ㅣ 상 고

상고의 이유 관련 판례

145. 〈이른바 '국정농단' 사건으로서 피고인 최서원, 안종범에 대한 재상고심 사건〉★★

Q 상고심에서 상고이유의 주장이 이유 없다고 판단되어 배척된 부분은 재상고심에서 상고이유로 삼을 수 있는가?

[1] 상고심에서 상고이유의 주장이 이유 없다고 판단되어 배척된 부분은 그 판결 선고와 동시에 확정력이 발생하여 그 부분에 대하여는 피고인은 더 이상 다툴 수 없고, 또한 환송받은 법원으로서도 그와 배치되는 판단을 할 수 없으므로, 피고인으로서는 더 이상 그 부분에 대한 주장을 상고이유로 삼을 수 없다.

Q 환송 전 원심판결 중 일부분에 대하여 상고하지 않아 상고심에서 상고이유로 삼지 않은 부분을 재상고심에서 상고이유로 삼을 수 있는가?

[2] 환송 전 원심판결 중 일부분에 대하여 상고하지 않은 경우, 상고심에서 상고이유로 삼지 않은 부분은 그 부분에 대한 상고가 제기되지 아니하여 확정된 것과 마찬가지의 효력이 있으므로 피고인으로서는 더 이상 이 부분에 대한 주장을 상고이유로 삼을 수 없다.

[3] 환송심에서 상고이유 주장이 이유 없다고 배척된 부분에 대한 피고인 최서원의 나머지 상고이유와 환송심에서 상고이유로 다투지 않은 부분에 대한 피고인 안종범의 상고이유는 적법한 상고이유가 될 수 없다고 본 사안임(대법원 2020.6.11. 2020도2883).

146. 〈검사는 피고인에게 불리하게 양형부당을 이유로 상고를 제기할 수 없다는 판례〉★★

[1] 형사소송법 제383조 제4호 후단은 '사형, 무기 또는 10년 이상의 징역이나 금고가 선고된 사건에서 형의 양정이 심히 부당하다고 인정할 현저한 사유가 있는 때'를 원심판결에 대한 상고이유로 할 수 있다고 정한다.

[2] 상고심의 본래 기능은 하급심의 법령위반을 사후에 심사하여 잘못을 바로잡음으로써 법령 해석·적용의 통일을 도모하는 것이고, 형사소송법은 상고심을 원칙적으로 법률심이자 사후심으로 정하고 있다. 그런데도 형사소송법이 양형부당을 상고이유로 삼을 수 있도록 한 이유는 무거운 형이라고 할 수 있는 사형, 무기 또는 10년 이상의 징역이나 금고를 선고받은 피고인의 이익을 한층 두텁게 보호하고 양형문제에 관한 권리구제를 최종적으로 보장하려는 데 있다.

[3] 원심의 양형이 가볍다는 이유로 상고를 허용할 필요성은 10년 이상의 징역이나 금고 등의 형이 선고된 사건보다 10년 미만의 징역이나 금고 등의 형이 선고된 사건이 더 클 수 있다. 형사소송법 제383조 제4호 후단에 따르더라도 10년 미만의 징역이나 금고 등의 형이 선고된 사건에서 검사는 원심의 양형이 가볍다는 이유로 상고할 수 없다. 그런데도 그보다 중한 형인 10년 이상의 징역이나 금고 등이 선고된 사건에서는 검사가 위와 같은 이유로 상고할 수 있다고 보는 것은 균형이 맞지 않는다. <u>이러한 사정에 비추어 형사소송법 제383조 제4호 후단이 정한 양형부당의 상고이유는 10년 이상의 징역이나 금고 등의 형을 선고받은 피고인의 이익을 위한 것으로 볼 수 있다.</u>

[4] 따라서 검사는 피고인에게 불리하게 원심의 양형이 가볍다거나 원심이 양형의 전제사실을 인정하는 데 자유심증주의의 한계를 벗어난 잘못이 있다는 사유를 상고이유로 주장할 수 없다(대판 2022.4.28. 2021도16719).

[사건의 경과]

(1) 피고인 1에 대하여 징역 35년을 선고한 원심판결에 대하여 검사가 원심이 선고한 형은 너무 가볍다는 이유로 상고를 제기하면서 <u>10년 이상의 징역형 등이 선고된 사건에서는 검사가 양형부당을 이유로 상고를 제기할 수 없다는 종래 대법원 판결은 변경되어야 한다고 주장함.</u>

(2) 이에 대법원은 형사소송법 제383조 제4호 후단이 정한 양형부당의 상고이유의 취지에 대하여 판시와 같이 상세히 해석하여 종래 대법원 판결을 유지하면서 검사의 피고인 1에 대한 양형부당의 상고이유 주장을 배척하였음.

147. 〈제1심이 불고불리 원칙을 위배하지 않았음에도 원심이 불고불리 원칙에 위배된다고 파기한 사건〉

[1] 불고불리 원칙상 법원은 검사가 공소제기한 사건에 한하여 심판하여야 하고, 검사의 공소제기가 없으면 법원이 심판할 수 없다.

[2] 한편 법원은 '재판서에 잘못된 계산이나 기재, 그 밖에 이와 비슷한 잘못이 있음이 분명한 때'에 한하여 재판서의 경정을 통하여 그 잘못을 바로잡을 수 있다(형사소송규칙 제25조 제1항).

[3] <u>제1심이 불고불리 원칙을 위배하지 않았음에도 원심은 제1심이 불고불리 원칙을 위배하였다고 보아 제1심판결을 파기한 잘못이 있는 사안에서,</u> **제1심과 원심이 판결 이유에 설시한 법령의 적용이 동일하여 처단형의 범위에 차이가 없는 경우**에는 원심의 위와 같은 잘못이 양형에만 영향을 미칠 뿐이므로 결국 검사의 상고이유 주장은 원심의 양형을 다투는 취지로서 적법한 상고이유가 되지 못한다고 보아, 원심판결을 수긍한 사례(대판 2022.7.28. 2022도5388)

상고심 절차 관련 판례
---

148. 〈검사가 상고한 사건과 상고이유서 제출기간〉★

[1] 검사가 상고한 경우에는 상고법원에 대응하는 검찰청 소속 검사가 소송기록접수통지를 받은 날로부

터 20일 이내에 그 이름으로 상고이유서를 제출하여야 한다.

[2] 다만 **상고를 제기한 검찰청 소속 검사가 그 이름으로 상고이유서를 제출**하여도 유효한 것으로 취급되지만, 이 경우 상고를 제기한 검찰청이 있는 곳을 기준으로 법정기간인 상고이유서 제출기간이 **형사소송법 제67조에 따라 연장될 수 없다.**

[3] 이러한 법리는 군검사가 상고한 경우에도 마찬가지로 적용된다(대판 2023.4.21. 2022도16568).

[사건의 경과]

(1) 원심법원에 대응하는 해군검찰단 고등검찰부 소속 군검사가 상고를 제기하였고, 대법원이 대검찰청 소속 검사에게 소송기록접수통지를 하여 2022. 12. 27. 송달되었는데, 상고를 제기한 해군검찰단 고등검찰부 소속 군검사가 상고이유서 제출기간 만료일로부터 하루가 지난 2023. 1. 17. 상고이유서를 제출한 사안임.

(2) 대법원은, 군검사가 상고를 제기한 경우에도 소송기록접수통지의 상대방은 검찰청법에 따라 상고법원인 대법원에 대응하여 설치하도록 규정된 대검찰청 소속 검사이고, 대검찰청 소속 검사가 아닌 군검사가 제출한 상고이유서도 유효한 것으로 취급되나, 상고를 제기한 군검사가 소속된 군 검찰단이 있는 곳을 기준으로 법정기간인 상고이유서 제출기간이 군사법원법 제104조(= 형사소송법 제67조)에 의하여 연장될 수 없다고 판단하여 결정으로 상고를 기각함.

비약적 상고 관련 판례

149. 〈피고인의 비약적 상고에 항소로서의 효력을 인정할 수 있다는 전합 판례〉★★

Q 제1심판결에 대한 피고인의 비약적 상고와 검사의 항소가 경합하여 형사소송법 제373조에 따라 피고인의 비약적 상고에 상고의 효력이 상실되고 검사의 항소에 기한 항소심이 진행되는 경우, 피고인의 비약적 상고에 항소로서의 효력을 인정할 수 있는가?

형사소송법 제372조, 제373조 및 관련 규정의 내용과 취지, 비약적 상고와 항소가 제1심판결에 대한 상소권 행사로서 갖는 공통성, 이와 관련된 피고인의 불복의사, 피고인의 상소권 보장의 취지 및 그에 대한 제한의 범위와 정도, 피고인의 재판청구권을 보장하는 헌법합치적 해석의 필요성 등을 종합하여 보면, 제1심판결에 대하여 피고인은 비약적 상고를, 검사는 항소를 각각 제기하여 이들이 경합한 경우 피고인의 비약적 상고에 상고의 효력이 인정되지는 않더라도, 피고인의 비약적 상고가 항소기간 준수 등 항소로서의 적법요건을 모두 갖추었고, 피고인이 자신의 비약적 상고에 상고의 효력이 인정되지 않는 때에도 항소심에서는 제1심판결을 다툴 의사가 없었다고 볼 만한 특별한 사정이 없다면, 피고인의 비약적 상고에 항소로서의 효력이 인정된다고 보아야 한다(대판 2022.5.19. 2021도17131 전합).

[판결의 정리]

(1) 대법원은 전원합의체 판결을 통하여, 피고인의 비약적 상고와 검사의 항소가 경합하여 피고인의 비약적 상고의 효력이 상실되는 경우 피고인의 비약적 상고에 피고인의 항소로서의 효력을 부정해 오던 대법원 2005. 7. 8. 선고 2005도2967 판결 등 종전 판례를 변경하여, 피고인의 비약적 상고에 항소로서의 효력을 인정할 수 있다고 판시하였음.

(2) 대법원은 위와 같은 법리에 따라 제1심판결에 대한 피고인의 비약적 상고와 검사의 항소가 경합하여 항소심이 진행된 사안에서, 피고인의 비약적 상고가 항소기간 내에 적법하게 제기되는 등 항소로서의

적법요건을 모두 갖추었고, 피고인에게 비약적 상고의 효력이 인정되지 않아 진행되는 항소심에서는 제1심판결을 다툴 의사가 없었다고 볼 만한 특별한 사정도 보이지 아니하므로, 원심으로서는 피고인의 비약적 상고에 항소로서의 효력을 인정하여 피고인이 법정기간 내에 적법하게 제출한 항소이유에 관하여 심리·판단하였어야 했다는 이유로, 위와 같은 조치를 취하지 아니한 채 검사의 항소에 대해서만 판단한 원심을 파기·환송하였음.

(3) 이러한 다수의견에 대하여 ① 대법관 안철상, 대법관 노태악의 반대의견1, ② 대법관 민유숙의 반대의견2, ③ 다수의견에 대한 대법관 오경미의 보충의견이 있음.

(4) 반대의견1의 요지는 다음과 같음

① 다수의견과 같이 법률적 근거 없이 비약적 상고를 항소로 인정하는 해석은 항소와 상고를 준별하는 현행 형사절차의 기본구조를 일탈하는 것임.

② 다수의견은 명확성과 안정성이 엄격하게 요구되는 형사절차 규정에 대하여 문언해석의 범위를 벗어난 법형성에 해당하고 그 정당한 사유를 찾기도 어려우며, 대법원의 확립된 선례를 변경함으로써 이에 근거하여 안정적으로 운영되어 온 현재 재판실무에 혼란을 초래함.

③ 비약적 상고의 효력이 상실되더라도 피고인은 직권조사 내지 직권심판을 촉구하는 의미로 원심의 위법사유에 대해 주장할 수 있고, 현재 해석상 인정되는 상고권 제한 법리를 사안에 맞게 적용함으로써 비약적 상고를 제기한 피고인의 상고권을 보장하는 해석도 가능하므로, 다수의견만이 헌법합치적 해석이라고 할 수 없음.

(5) 반대의견2의 요지는 다음과 같음

① 비약적 상고와 항소가 경합되는 경우의 규율은 입법형성 범위 내의 문제로서 현행 형사소송법 규정이 헌법상 재판청구권을 침해한다고 보기 어려움.

② 다수의견은 피고인의 조건부 또는 추정적 의사를 기초로 항소의 효력을 인정하는 것으로서 이에 동의하기 어렵고, 상고권 제한 법리의 예외를 통하여 피고인은 상고심에서 판단받을 기회를 보장받을 수 있으므로 비약적 상고에 항소로서의 효력을 인정하지 않는 것을 재판청구권의 침해라고 볼 수 없음.

제4절 | 항 고

항고 관련 판례

150. 〈고등법원이 보석취소결정을 고지하면서 재항고 관련 사항을 고지할 필요 없다는 판례〉

형을 선고하는 경우 상소에 관한 사항의 고지를 규정한 형사소송법 제324조는 피고인에 대하여 상소권을 행사할 기회를 놓치지 않도록 하는 입법상 고려에 따른 것이다. 재항고와 관련하여서는 그와 같은 규정이 없고, 달리 고등법원이 보석취소결정을 고지하면서 재항고 관련 사항을 고지하여야 한다고 볼 근거도 찾을 수 없다(대결 2020.10.29. 2020모633).

151. 〈형사소송법 제15조에 따른 관할이전의 신청을 기각한 결정에 대하여는 불복할 수 없다는 판례〉★

법원의 관할 또는 판결 전의 소송절차에 관한 결정에 대하여는 특히 즉시항고를 할 수 있는 경우 외에는 항고를 하지 못한다(형사소송법 제403조 제1항). 그런데 관할이전의 신청을 기각한 결정에 대하여 즉시항고를 할 수 있다는 규정이 없으므로, 원심결정에 대하여 재항고인이 불복할 수 없다(대결 2021.4.2. 2020모2561).

[사건의 경과]

(1) 재항고인이 춘천지방법원에 무고 사건으로 공소제기를 당하자 관할법원이 법률상의 이유 또는 특별한 사정으로 재판권을 행할 수 없는 때이거나 기타 사정으로 재판의 공평을 유지하기 어려운 염려가 있는 때에 해당한다는 이유로 형사소송법 제15조에 따라 관할이전의 신청을 하였으나 원심은 관할이전의 사유에 해당한다고 보기 어렵다는 이유로 이를 기각함.

(2) 관할에 관한 결정에 대하여는 특히 즉시항고를 할 수 있다는 경우 외에는 항고를 하지 못하는데(형사소송법 제403조 제1항), 관할이전의 신청을 기각한 결정에 대하여 즉시항고를 할 수 있다는 규정이 없으므로 재항고를 기각함.

152. 〈재소자 특칙 규정이 집행유예취소 결정에 대한 즉시항고회복청구서의 제출에도 적용된다는 판례〉★

형사소송법은 "교도소 또는 구치소에 있는 피고인이 상소의 제기기간 내에 상소장을 교도소장 또는 구치소장 또는 그 직무를 대리하는 자에게 제출한 때에는 상소의 제기기간 내에 상소한 것으로 간주한다."는 이른바 재소자에 대한 특칙(제344조 제1항)을 두고 이를 상소권회복의 청구에 준용하도록 하고 있다(제355조). 즉시항고도 상소의 일종이므로 위와 같은 특칙은 집행유예취소 결정에 대한 즉시항고회복청구서의 제출에도 마찬가지로 적용된다(대결 2022.10.27. 2022모1004).

[사건의 경과]

(1) 재항고인은 2022. 1. 26. 이 사건 집행유예취소결정에 따른 형 집행으로 구치소에 수감되면서 집행유예취소결정이 확정되어 형이 집행된다는 점과 즉시항고권회복청구를 신청할 수 있다는 점을 고지받음. 그 이후 재항고인은 재소 중이던 ○○구치소에 2022. 1. 27. 및 2022. 2. 9. 두 차례에 걸쳐 즉시항고장(항소장) 및 상소권회복청구서를 제출함.

(2) 그런데 원심은 이 사건 즉시항고권회복청구가 2022. 2. 9.에 제출된 것임을 전제로 기간이 경과한 이후에 제출된 것으로 부적법하다고 판단함.

(3) 그러나 대법원은 재항고인이 2022. 1. 27. 제출한 '즉시항고장' 및 '상소권회복청구서'가 취하된 것인지, 아니면 이를 위 구치소 담당직원이 2022. 2. 9.자로 접수 처리한 것에 불과한 것인지 여부 등을 추가로 심리하였어야 한다는 이유로 원심결정을 취소하고 환송함

153. 〈집행유예 취소 인용결정에 대한 재항고 사건〉

[1] 집행유예의 선고를 받은 다음 집행유예의 선고가 실효되거나 취소되지 않고 유예기간이 지난 때에는 형법 제65조에 따라 형의 선고는 효력을 잃는다. 이와 같이 형의 선고가 효력을 잃은 다음에는 형법 제64조 제2항에서 정한 사유로 집행유예의 선고를 취소할 수 없다.

[2] 이러한 법리는 원결정에 대한 집행정지 효력이 있는 즉시항고 또는 재항고로 말미암아 아직 집행유예의 선고 취소 결정의 효력이 발생하기 전의 상태에서 상소심 절차가 진행되는 중에 유예기간이 지난 경우에도 마찬가지이다(대결 2022.8.31. 2022모1466).

[사건의 경과]

(1) 재항고인은 2020. 7. 2. 대구지방법원 김천지원에서 사기죄로 징역 6월, 집행유예 2년에 보호관찰과 80시간의 사회봉사를 명하는 판결을 선고받았고, 2020. 7. 10. 위 판결이 확정되었다.

(2) 제1심은 2022. 4. 28. 재항고인이 보호관찰대상자로서 준수사항을 위반하고 그 정도가 무겁다는 이유로 집행유예의 선고를 취소하는 결정을 하였고, 이에 대하여 재항고인은 즉시항고를 하였다.

(3) 원심은 2022. 5. 31. 제1심결정이 정당하다는 이유로 이를 그대로 유지하면서 재항고인의 즉시항고를 기각하는 결정을 하였고, 이에 대하여 재항고인은 재항고를 하였다.

[대법원의 판단]

이러한 사실관계를 위 법리에 비추어 살펴보면, 재항고인에 대한 집행유예 선고를 취소한 제1심결정이 재항고인의 즉시항고와 이를 기각한 원심결정에 대한 재항고로 말미암아 미처 확정되기 전에 유예기간이 지났으므로, 재항고인에 대한 형의 선고는 효력을 잃고, 이에 따라 검사의 이 사건 집행유예 취소 청구는 받아들일 수 없게 되었다. 이와 결론을 달리한 제1심과 원심결정은 더 이상 유지될 수 없다.

154. 〈대법원에 재항고기록이 접수된 날 집행유예 기간이 경과 사례/검사가 사회봉사를 명한 집행유예 판결을 선고받은 재항고인에 대하여 집행유예의 선고 취소청구를 한 사건〉

[1] 검사는 보호관찰이나 사회봉사 또는 수강을 명한 집행유예를 받은 자가 준수사항이나 명령을 위반하고 그 정도가 무거운 경우 보호관찰소장의 신청을 받아 집행유예의 선고 취소청구를 할 수 있는데(보호관찰 등에 관한 법률 제47조 제1항, 형법 제64조 제2항), 그 심리 도중 집행유예 기간이 경과하면 형의 선고는 효력을 잃기 때문에 더 이상 집행유예의 선고를 취소할 수 없고 취소청구를 기각할 수밖에 없다. 집행유예의 선고 취소결정에 대한 즉시항고 또는 재항고 상태에서 집행유예 기간이 경과한 때에도 같다. 이처럼 집행유예의 선고 취소는 '집행유예 기간 중'에만 가능하다는 시간적 한계가 있다.

[2] 법원은 집행유예 취소 청구서 부본을 지체없이 집행유예를 받은 자에게 송달하여야 하고(형사소송규칙 제149조의3 제2항), 원칙적으로 집행유예를 받은 자 또는 그 대리인의 의견을 물은 후에 결정을 하여야 한다(형사소송법 제335조 제2항). 항고법원은 항고인이 그의 항고에 관하여 이미 의견진술을 한 경우 등이 아니라면 원칙적으로 항고인에게 소송기록접수통지서를 발송하고 그 송달보고서를 통해 송달을 확인한 다음 항고에 관한 결정을 하여야 한다

[3] 이와 같이 집행유예 선고 취소 결정이 가능한 시적 한계와 더불어 제1심과 항고심 법원은 각기 당사자에게 의견 진술 및 증거제출 기회를 실질적으로 보장하여야 한다는 원칙이 적용되는 결과, 법원은 관련 절차를 신속히 진행함으로써 당사자의 절차권 보장과 집행유예 판결을 통한 사회 내 처우의 실효성 확보 및 적정한 형벌권 행사를 조화롭게 달성하도록 유의할 필요가 있다(대결 2023.6.29. 2023모1007).

[사실관계]

검사는 사회봉사를 명한 집행유예를 선고받은 재항고인이 사회봉사명령 대상자의 준수사항이나 명령을 위반하였고 그 위반의 정도가 무겁다는 이유로 재항고인에 대한 위 집행유예 취소 청구를 하였고, 제1심은 검사의 청구를 받아들여 집행유예의 선고를 취소하는 결정을 하였는데, 제1심결정이 재항고인의 즉시항고와 이를 기각한 원심결정에 대한 재항고로 인하여 아직 확정되기 전에 대법원에 재항고기록이 접수된 날 위 집행유예 기간이 경과하였음

[대법원의 판단]

대법원은, 집행유예 기간이 경과하였으므로 재항고인에 대한 형의 선고가 효력을 잃게 되어 이 사건 집행유예취소 청구를 더 이상 받아들일 수 없게 되었다는 이유로, 원심결정을 파기하고 직접 제1심결정을 취소하며 이 사건 집행유예 청구를 기각함

155. 〈고등법원이 한 보석취소결정에 대하여 재항고한 사건〉★★

Q 고등법원이 한 보석취소결정에 대하여 재항고하였다면 집행정지효가 인정되는가?

[1] 제1심 법원이 한 보석취소결정에 대하여 불복이 있으면 보통항고를 할 수 있고 (형사소송법 제102조 제2항, 제402조, 제403조 제2항), 보통항고에는 재판의 집행을 정지하는 효력이 없다(형사소송법 제409조). 이는 결정과 동시에 집행력을 인정함으로써 석방되었던 피고인의 신병을 신속히 확보하려는 것으로, 당해 보석취소결정이 제1심 절차에서 이루어졌는지 항소심 절차에서 이루어졌는지 여부에 따라 그 취지가 달라진다고 볼 수 없다.

[2] 즉시항고는 법률관계나 재판절차의 조속한 안정을 위해 일정한 기간 내에서만 제기할 수 있는 항고로서, 즉시항고의 제기기간 내와 그 제기가 있는 때에 재판의 집행을 정지하는 효력이 있다(형사소송법 제410조). 그러나 보통항고의 경우에도 법원의 결정으로 집행정지가 가능한 점(형사소송법 제409조)을 고려하면, 집행정지의 효력이 즉시항고의 본질적인 속성에서 비롯된 것이라고 볼 수는 없다.

[3] 형사소송법 제415조는 "고등법원의 결정에 대하여는 재판에 영향을 미친 헌법 · 법률 · 명령 또는 규칙의 위반이 있음을 이유로 하는 때에 한하여 대법원에 즉시항고를 할 수 있다."라고 규정하고 있다. 이는 재항고이유를 제한함과 동시에 재항고 제기기간을 즉시항고 제기기간 내로 정함으로써 재항고심의 심리부담을 경감하고 항소심 재판절차의 조속한 안정을 위한 것으로, 형사소송법 제415조가 고등법원의 결정에 대한 재항고를 즉시항고로 규정하고 있다고 하여 당연히 즉시항고가 가지는 집행정지의 효력이 인정된다고 볼 수는 없다. 만약 고등법원의 결정에 대하여 일률적으로 집행정지의 효력을 인정하면, 보석허가, 구속집행정지 등 제1심 법원이 결정하였다면 신속한 집행이 이루어질 사안에서 고등법원이 결정하였다는 이유만으로 피고인을 신속히 석방하지 못하게 되는 등 부당한 결과가 발생하게 되고, 나아가 항소심 재판절차의 조속한 안정을 보장하고자 한 형사소송법 제415조의 입법목적을 달성할 수 없게 된다(대결 2020.10.29. 2020모633).

156. 〈형사소송법 제417조에서 규정한 준항고 절차의 취지와 내용〉

[1] 형사소송법은 수사기관의 압수 · 수색영장 집행에 대한 사후적 통제수단 및 피압수자의 신속한 구제절차로 준항고 절차를 마련하여 검사 또는 사법경찰관의 압수 등에 관한 처분에 대하여 불복이 있으면 처분의 취소 또는 변경을 구할 수 있도록 규정하고 있다(제417조). 피압수자는 준항고인의 지위에서 불복의 대상이 되는 압수 등에 관한 처분을 특정하고 준항고취지를 명확히 하여 청구의 내용을 서면으로 기재한 다음 관할법원에 제출하여야 한다(형사소송법 제418조). 다만 준항고인이 불복의 대상이 되는 압수 등에 관한 처분을 구체적으로 특정하기 어려운 사정이 있는 경우에는 법원은 석명권 행사 등을 통해 준항고인에게 불복하는 압수 등에 관한 처분을 특정할 수 있는 기회를 부여하여야 한다.

[2] **형사소송법 제417조에 따른 준항고 절차는 항고소송의 일종**으로 당사자주의에 의한 소송절차와는 달리 대립되는 양 당사자의 관여를 필요로 하지 않는다. 따라서 준항고인이 불복의 대상이 되는 압수 등에 관한 처분을 한 수사기관을 제대로 특정하지 못하거나 준항고인이 특정한 수사기관이 해당 처분을 한 사실을 인정하기 어렵다는 이유만으로 준항고를 쉽사리 배척할 것은 아니다(대결 2023.1.12. 2022모1566).

157. 〈수사기관의 압수물의 환부에 관한 형사소송법 제417조 준항고의 제기기간과 요건〉

Q 공소제기 이후의 단계에서는 검사의 압수물에 대한 처분에 관하여 형사소송법 제417조의 준항고로 다툴 수 있는가?

[1] 수사기관의 압수물의 환부에 관한 형사소송법 제417조의 준항고는 검사 또는 사법경찰관이 수사 단계에서 압수물의 환부에 관하여 처분을 할 권한을 가지고 있을 경우에 그 처분에 관하여 제기할 수 있는 불복절차이다(대법원 1974. 5. 30. 자 74모28 결정, 대법원 1984. 2. 6. 자 84모3 결정 참조). 공소제기 이전의 수사 단계에서는 압수물 환부·가환부에 관한 처분권한이 수사기관에 있으나 공소제기 이후의 단계에서는 위 권한이 수소법원에 있으므로 검사의 압수물에 대한 처분에 관하여 형사소송법 제417조의 준항고로 다툴 수 없다. 또한 형사소송법 제332조에 따라 압수물에 대한 몰수의 선고가 포함되지 않은 판결이 확정된 때에는 압수가 해제된 것으로 간주되므로 이 경우 검사에게는 압수물 환부에 대한 처분을 할 권한이 없다.

Q 형사소송법 제417조의 준항고의 제기기간은 언제까지인가?

[2] 한편 형사소송법 제417조의 준항고에 관하여 같은 법 제419조는 같은 법 제409조의 보통항고의 효력에 관한 규정을 준용하고 있다. 따라서 형사소송법 제417조의 준항고는 항고의 실익이 있는 한 제기기간에 아무런 제한이 없다(대결 2024.3.12. 2022모2352).

[사건의 경과]
수사기관은 피고인으로부터 물건을 압수하여 피해자에게 가환부하였음. 피고인은 압수물에 대한 몰수의 선고가 포함되지 않은 유죄판결이 선고된 후 압수물 가환부처분에 대하여 이 사건 준항고를 제기하였고, 이후 유죄판결이 확정되었음

[원심의 판단]
원심은, 가환부된 압수물에 대하여 몰수의 선고가 포함되지 않은 판결이 선고되어 확정되었으므로 환부의 선고가 있는 것으로 간주되는데 그로부터 7일이 지나서야 청구된 준항고는 청구기간을 도과하였고, 형사소송법 제332조에 따라 압수가 해제된 압수물에 대하여 검사가 가환부 내지 환부 신청을 불허하였다고 하더라도 더 이상 준항고의 방법으로 불복할 수 없다는 이유로 준항고를 기각하였음

[대법원의 판단]
대법원은 위와 같은 법리를 설시하면서, 형사소송법 제417조의 준항고 제기기간에 관한 원심결정의 이유 설시에 일부 적절하지 아니한 부분이 있으나, 압수물에 대한 몰수의 선고가 포함되지 않은 판결이 선고된 이후에 준항고가 제기되었고 위 판결이 확정된 점에 비추어 준항고를 기각한 원심을 수긍할 수 있다고 보아 재항고를 기각함

158. 〈준항고 대상 특정에 관한 법리 – 손준성 검사 사건〉

Q 준항고인이 참여의 기회를 보장받지 못하였다는 이유로 압수·수색 처분에 불복하였으나 그 불복의 대상을 구체적으로 특정하기 어려운 사정이 있는 경우 법원이 취해야 할 조치는 무엇인가?

[1] 형사소송법은 수사기관의 압수·수색영장 집행에 대한 사후적 통제수단 및 피압수자의 신속한 구제 절차로 준항고 절차를 마련하여 검사 또는 사법경찰관의 압수 등에 관한 처분에 대하여 불복이 있으면

처분의 취소 또는 변경을 구할 수 있도록 규정하고 있다(제417조). 피압수자는 준항고인의 지위에서 불복의 대상이 되는 압수 등에 관한 처분을 특정하고 준항고취지를 명확히 하여 청구의 내용을 서면으로 기재한 다음 관할법원에 제출하여야 한다(형사소송법 제418조). 다만 준항고인이 불복의 대상이 되는 압수 등에 관한 처분을 구체적으로 특정하기 어려운 사정이 있는 경우에는 법원은 석명권 행사 등을 통해 준항고인에게 불복하는 압수 등에 관한 처분을 특정할 수 있는 기회를 부여하여야 한다.

Q 준항고인이 불복의 대상이 되는 압수 등에 관한 처분을 한 수사기관을 제대로 특정하지 못하거나 준항고인이 특정한 수사기관이 해당 처분을 한 사실을 인정하기 어렵다는 이유만으로 준항고를 배척할 수 있는가?

[2] 형사소송법 제417조에 따른 준항고 절차는 항고소송의 일종으로 당사자주의에 의한 소송절차와는 달리 대립되는 양 당사자의 관여를 필요로 하지 않는다. 따라서 준항고인이 불복의 대상이 되는 압수 등에 관한 처분을 한 수사기관을 제대로 특정하지 못하거나 준항고인이 특정한 수사기관이 해당 처분을 한 사실을 인정하기 어렵다는 이유만으로 준항고를 쉽사리 배척할 것은 아니다(대결 2023.1.12. 2022모1566).

[사실관계]

준항고인은 언론 보도나 수사 과정을 통하여 수사처 검사가 준항고인을 피의자로 하여 대검찰청 감찰부 등에 대한 압수·수색영장을 집행한 것으로 알고 있지만, 수사처 검사의 압수·수색 당시 압수·수색영장을 제시받지 못하였고 참여를 위한 통지조차 받지 못하였다고 주장하면서, 법원에 "수사처 소속 검사가 2021. 9. 초순경부터 2021. 11. 30.까지 사이에 피의자(준항고인)를 대상으로 실시한 압수·수색 처분 중 피의자에 대한 통지절차를 거치지 아니하여 피의자의 참여권을 보장하지 아니한 압수·수색 처분을 모두 취소해 달라."는 내용의 준항고를 제기한 사안임

[원심의 판단]

원심은, "준항고인이 사용하던 검찰 내부망인 이프로스 쪽지·이메일·메신저 내역, 형사사법정보시스템의 사건검색조회, 판결문검색조회 부분" 자료 부분과 관련하여서는, 압수·수색영장을 집행한 주체가 수사처 검사라는 전제 하에 그 압수·수색 처분의 취소를 구하는 준항고인의 주장에 대하여, 위 자료는 서울중앙지방검찰청 검사가 발부받은 압수·수색영장의 집행으로 압수한 것이라는 이유만으로 기각하고, "그 외 나머지 처분" 부분에 관련하여서는 준항고인을 압수·수색영장 대상자로 하여 어떠한 물건에 대한 압수·수색 처분을 하였다고 인정할 자료가 없거나 부족하다고 보고 기각함

[대법원의 판단]

대법원은, 법원의 취해야 할 조치를 제시하고, 그와 같은 조치를 취하지 아니한 채 준항고인이 압수·수색 처분의 주체로 지정한 수사처 검사가 압수·수색 처분을 한 사실이 없다거나 준항고인을 압수·수색영장 대상자로 하여 어떠한 물건에 대한 압수·수색 처분을 하였다고 인정할 자료가 없거나 부족하다는 이유만으로 준항고인의 이 부분 청구를 기각한 원심의 판단에는 준항고 대상 특정에 관한 법리를 오해하고 필요한 심리를 다하지 않아 재판에 영향을 미친 잘못이 있다는 이유로 원심결정을 취소·환송함

제1절 | 재 심

유죄의 확정판결에 대한 재심이유 관련 판례

159. 〈면소판결을 대상으로 한 재심청구는 부적법하다는 판례〉★

형사재판에서 재심은 형사소송법 제420조, 제421조 제1항의 규정에 의하여 유죄 확정판결 및 유죄판결에 대한 항소 또는 상고를 기각한 확정판결에 대하여만 허용된다. 면소판결은 유죄 확정판결이라 할 수 없으므로 면소판결을 대상으로 한 재심청구는 부적법하다(대결 2021.4.2. 2020모2071).

[사건의 경과]

(1) 재항고인은 대통령긴급조치 제9호로 구속기소되었다가 위 긴급조치 제9호가 해제되어 범죄 후 개폐로 형이 폐지된 경우에 해당한다는 이유로 면소판결을 선고받았고 그 무렵 위 판결이 확정됨.

(2) 원심은 위헌 · 무효인 긴급조치 제9호 위반으로 기소되었고 판결선고 전에 위 긴급조치 제9가 해제되어 면소판결을 받아 확정된 경우에는 예외적으로 면소판결을 재심의 대상으로 할 수 있다고 판단하였음.

(3) 대법원은 위와 같은 원심의 판단은 형사소송법 제420조에 관한 법리를 오해하여 재판에 영향을 미친 잘못이 있다는 이유로 파기환송함.

160. 〈제1심 유죄판결이 아니라 항소기각 판결을 재심대상으로 삼아 재심을 청구한 사건〉★

[1] 형벌에 관한 법률조항에 대하여 헌법재판소의 위헌결정이 선고되어 헌법재판소법 제47조에 따라 재심을 청구하는 경우 그 재심사유는 형사소송법 제420조 제1호, 제2호, 제7호 어느 것에도 해당하지 않는다. 즉 형벌조항에 대하여 헌법재판소의 위헌결정이 있는 경우 헌법재판소법 제47조에 의한 재심은 원칙적인 재심대상판결인 제1심 유죄판결 또는 파기자판한 상급심판결에 대하여 청구하여야 한다. **제1심이 유죄판결을 선고하고, 그에 대하여 불복하였으나, 항소 또는 상고기각판결이 있었던 경우에 헌법재판소법 제47조를 이유로 재심을 청구하려면 재심대상판결은 제1심판결이 되어야 하고, 항소 또는 상고기각판결을 재심대상으로 삼은 재심청구는 법률상의 방식을 위반한 것으로 부적법하다.**

[2] 민사항소심은 속심제를 취하고 있고, 민사소송법은 "항소심에서 사건에 관하여 본안판결을 하였을 때에는 제1심판결에 대하여 재심의 소를 제기하지 못한다."라고 규정하고 있다(제451조 제3항). 그러나 형사항소심은 속심이면서도 사후심으로서 성격을 가지고 있고, 헌법재판소법 제47조에 따라 '유죄 확정판결'에 대하여 재심을 청구하는 경우 준용되는 형사소송법은 원칙적인 재심대상판결을 '유죄 확정판결'로 규정하고 있는데(제420조), **항소 또는 상고기각판결은 그 확정으로 원심의 유죄판결이 확정되는 것이지 그 자체가 유죄판결은 아니기 때문에, 민사재심에서와 달리 보아야 한다.**

[3] 한편 민사소송법은 원칙적으로 재심의 소 제기에 시간적 제한을 두고 있으나(제456조), 형사소송법은 재심청구 제기기간에 제한을 두고 있지 않으므로(형사소송법 제427조 참조), **법률상의 방식을 위반한 재심청구라는 이유로 기각결정이 있더라도, 청구인이 이를 보정한다면 다시 동일한 이유로 재심청구를 할 수 있다.**

[4] 피고인이 제1심에서 도로교통법위반(음주운전)죄 등으로 유죄를 선고받고, 항소하여 항소기각판결을 선고받아 판결이 확정되었는데, 도로교통법위반(음주운전)죄 부분에 관하여 피고인에게 적용된 형벌 조항이 헌법재판소에서 위헌으로 결정되었다는 재심청구이유(헌법재판소법 제47조 제4항에서 정한 재심사유)

로 위 항소기각 판결에 대하여 재심을 청구하자, 피고인의 재심청구이유는 항소기각 판결에 대한 재심사유로서 형사소송법 제420조 제1호, 제2호, 제7호에 정한 재심사유 중 어느 것에도 해당하지 아니한다는 이유로 재심청구를 기각한 원심을 유지한 사례(대결 2022.6.16. 2022모509).

161. 〈제420조 제5호의 '명백한 증거가 새로 발견된 때'의 의미〉

형사소송법 제383조 제3호는 '재심청구의 사유가 있는 때'에는 원심판결에 대한 상고이유로 할 수 있도록 규정하고 있고, 제420조 제5호는 '유죄의 선고를 받은 자에 대하여 무죄 또는 면소를, 형의 선고를 받은 자에 대하여 형의 면제 또는 원판결이 인정한 죄보다 경한 죄를 인정할 명백한 증거가 새로 발견된 때'를 재심사유의 하나로 규정하고 있다. 여기서 '명백한 증거가 새로 발견된 때'란 **확정된 원판결의 소송절차에서 발견되지 못하였거나 또는 발견되었다고 하더라도 이를 제출할 수 없었던 증거로서 그 증거가치가 확정판결이 그 사실인정의 자료로 한 증거보다 논리와 경험의 법칙상 객관적으로 우위에 있다고 보이는 증거를 의미한다**(대판 2020.6.25. 2020도4685).

재심의 공판절차 관련 판례

162. 〈재심청구에 대한 재판에서 소송당사자에게 사실조사 신청권이 없다는 판례〉★

[1] 재심의 청구를 받은 법원은 필요하다고 인정한 때에는 형사소송법 제431조에 의하여 직권으로 재심청구의 이유에 대한 사실조사를 할 수 있으나, 소송당사자에게 사실조사신청권이 있는 것이 아니다. 그러므로 당사자가 재심청구의 이유에 관한 사실조사신청을 한 경우에도 이는 단지 법원의 직권발동을 촉구하는 의미밖에 없는 것이므로, 법원은 이 신청에 대하여는 재판을 할 필요가 없고 설령 법원이 이 신청을 배척하였다고 하여도 당사자에게 이를 고지할 필요가 없다.

[2] 재항고인들이 원심에서 문서송부촉탁신청을 하였는데 원심은 이에 대한 기각결정을 한 후 재항고인들에게 별도의 통지 없이 재항고인들의 즉시항고를 기각한 사안에서, 재심청구에 대한 재판에서는 형사본안절차와는 달리 소송당사자에게 사실조사신청권이 없으므로 위 기각결정을 통지하지 않더라도 위법하지 않으므로, 재항고인들의 주장을 배척한 원심결정을 수긍하고 재항고인들의 재항고를 기각한 사례(대결 2021.3.12. 2019모3554).

제2절 Ⅰ 비상상고

비상상고의 이유인 법령위반 관련 판례

163. 〈피고인이나 변호인에게 최종의견 진술의 기회를 주지 아니한 사건〉★

Q 피고인이나 변호인에게 최종의견 진술의 기회를 주지 아니한 채 변론을 종결하고 판결을 선고하는 것은 소송절차의 법령위반에 해당하는가? 그리고 이러한 사유는 상고이유가 되는가?

[1] 형사소송법 제303조는 "재판장은 검사의 의견을 들은 후 피고인과 변호인에게 최종의 의견을 진술할 기회를 주어야 한다."라고 정하고 있으므로, 최종의견 진술의 기회는 피고인과 변호인 모두에게 주어져야 한다. 이러한 최종의견 진술의 기회는 피고인과 변호인의 소송법상 권리로서 피고인과 변호인이 사실관계의 다툼이나 유리한 양형사유를 주장할 수 있는 마지막 기회이므로, 피고인이나 변호인에게 최종의견 진술의 기회를 주지 아니한 채 변론을 종결하고 판결을 선고하는 것은 소송절차의 법령위반에 해당한다.

Q 피고인이나 변호인에게 최종의견 진술의 기회를 주지 아니한 채 변론을 종결하고 판결을 선고한 경우에 이러한 사유는 상고이유가 되는가?

[2] 피고인에게 최종의견 진술의 기회를 주지 아니한 채 변론을 종결하고 판결을 선고하였다고 할 것이므로, 이러한 원심판결에는 소송절차에 관한 법령을 위반함으로써 판결 결과에 영향을 미친 잘못이 있다. 이 점을 지적하는 상고이유 주장은 이유있다(대판 2018.3.29. 2018도327).

164. 〈상급심의 파기판결에 의해 효력을 상실한 재판은 비상상고의 대상이 될 수 없다는 판례〉★

형사소송법 제441조는 "검찰총장은 판결이 확정한 후 그 사건의 심판이 법령에 위반한 것을 발견한 때에는 대법원에 비상상고를 할 수 있다."라고 규정하고 있다. 상급심의 파기판결에 의해 효력을 상실한 재판의 법령위반 여부를 다시 심사하는 것은 무익할 뿐만 아니라, 법령의 해석·적용의 통일을 도모하려는 비상상고 제도의 주된 목적과도 부합하지 않는다. 따라서 상급심의 파기판결에 의해 효력을 상실한 재판은 위 조항에 따른 비상상고의 대상이 될 수 없다(대판 2021.3.11. 2019오1).

165. 〈단순히 법령 적용의 전제사실을 오인함에 따라 법령위반의 결과를 초래한 사건〉★★

[1] 비상상고 제도는 이미 확정된 판결에 대하여 법령 적용의 오류를 시정함으로써 법령의 해석·적용의 통일을 도모하려는 데에 그 목적이 있다. 형사소송법이 확정판결을 시정하는 또 다른 절차인 재심과는 달리, 비상상고의 이유를 심판의 법령위반에, 신청권자를 검찰총장에, 관할법원을 대법원에 각각 한정하여 인정하고(제441조), 비상상고 판결의 효력이 일정한 경우를 제외하고는 피고인에게 미치지 않도록 규정한 것도(제447조) 이러한 제도 본래의 의의와 기능을 고려하였기 때문이다.

[2] 이와 같은 비상상고 제도의 의의와 기능은 적법한 비상상고이유의 의미가 무엇인지, 그 범위가 어디까지인지를 해석·판단하는 때에도 중요한 지침이 된다. 형사소송법이 정한 비상상고이유인 '그 사건의 심판이 법령에 위반한 때'란 확정판결에서 인정한 사실을 변경하지 아니하고 이를 전제로 한 실체법의 적용에 관한 위법 또는 그 사건에서의 절차법상의 위배가 있는 경우를 뜻한다. 단순히 그 법령을 적용하는 과정에서 전제가 되는 사실을 오인함에 따라 법령위반의 결과를 초래한 것과 같은 경우에는 이를 이유로 비상상고를 허용하는 것이 법령의 해석·적용의 통일을 도모한다는 비상상고 제도의 목적에 유용하지 않으므로 '그 사건의 심판이 법령에 위반한 때'에 해당하지 않는다고 해석하여야 한다(대판 2021.3.11. 2018오2).

[사건의 경과]

(1) 검찰총장은 원판결 법원(2차 환송심)이 위헌·무효인 이 사건 훈령(내무부 훈령)을 근거로 삼아 피고인에 대한 공소사실 중 특수감금 부분에 대해 형법 제20조를 적용하여 무죄로 판단한 것이 법령위반에 해당한다고 주장하면서 이 사건 비상상고를 신청하였음.

(2) 대법원은 원판결 법원이 피고인의 특수감금 행위의 위법성이 조각된다고 판단하면서 적용한 법령은 이 사건 훈령이 아니라 정당행위에 관한 형법 제20조나 상급심 재판의 기속력에 관한 법원조직법 제8조이고, 이 사건 훈령의 존재는 그 중 위 형법 제20조를 적용하기로 하면서 그 적용의 전제로 삼은 여러

사실 중 하나일 뿐이므로, 비상상고 신청인이 비상상고이유로 들고 있는 사정은 형법 제20조의 적용에 관한 전제사실을 오인하였다는 것에 해당하고, 그로 말미암아 피고인의 특수감금 행위에 형법 제20조를 적용한 잘못이 있더라도 이는 형법 제20조의 적용에 관한 전제사실을 오인함에 따라 법령위반의 결과를 초래한 경우에 불과하다고 보아, 형사소송법이 정한 비상상고이유가 인정되지 않는다고 판단하였음.

제3장 특별절차

제1절 | 약식절차

약식명령 관련 판례

166. 〈정식재판청구서에 청구인의 기명날인이나 서명이 없었던 사건〉★

[1] 약식명령에 대한 정식재판의 청구는 서면으로 제출하여야 하고(형사소송법 제453조 제2항), 공무원 아닌 사람이 작성하는 서류에는 연월일을 기재하고 기명날인 또는 서명하여야 하고, 인장이 없으면 지장으로 한다(형사소송법 제59조). 따라서 정식재판청구서에 청구인의 기명날인 또는 서명이 없다면 법령상의 방식을 위반한 것으로서 그 청구를 결정으로 기각하여야 한다. 이는 정식재판의 청구를 접수하는 법원공무원이 청구인의 기명날인이나 서명이 없음에도 불구하고 이에 대한 보정을 구하지 아니하고 적법한 청구가 있는 것으로 오인하여 청구서를 접수한 경우에도 마찬가지이다. 그러나 법원공무원의 위와 같은 잘못으로 인하여 적법한 정식재판청구가 제기된 것으로 신뢰한 피고인이 그 정식재판청구기간을 넘기게 되었다면, 이때 피고인은 자기가 '책임질 수 없는 사유'로 청구기간 내에 정식재판을 청구하지 못한 때에 해당하여 정식재판청구권의 회복을 구할 수 있다.

[2] 약식명령을 송달받은 피고인의 모(母) 갑이 피고인을 위하여 정식재판청구서를 제출하면서 피고인과 갑의 성명만 기재하고 인장 또는 지장을 날인하거나 서명을 하지 않았음에도 법원공무원이 아무런 보정을 구하지 않은 채 이를 접수함에 따라 4개월여 후 정식재판청구사건의 공판기일이 지정되었는데, 담당판사가 피고인 불출석으로 변론을 연기하면서 법정에 출석한 변호인과 갑에게 정식재판청구서가 법령상의 방식을 위반하였음을 설명하자, 갑이 같은 날 '적법한 정식재판청구가 제기된 것으로 알고 정식재판청구기간을 넘겼으므로, 피고인 또는 대리인이 책임질 수 없는 사유로 청구기간 내에 정식재판청구를 하지 못한 때에 해당한다.'는 취지로 주장하며 피고인을 위하여 정식재판청구권회복청구를 한 사안에서, 피고인과 갑은 청구인의 날인 또는 서명이 없는 정식재판청구서를 적법한 것으로 오인하여 접수한 법원공무원의 잘못으로 적법한 정식재판청구가 제기된 것으로 신뢰한 채 정식재판청구기간을 넘긴 것이고, 이는 '피고인 또는 대리인이 책임질 수 없는 사유로 정식재판청구기간 내에 정식재판청구를 하지 못한 경우'에 해당하는데, 갑이 정식재판청구사건 담당판사의 설명으로 위와 같은 사정을 알게 된 날 정식재판청구권회복청구를 함으로써 '책임질 수 없는 사유가 해소된 날로부터 정식재판청구기간에 해당하는 기간 내'에 적법하게 정식재판청구권회복청구를 하였다는 이유로, 이와 달리 보아 정식재판청구권회복청구를 기각한 제1심의 결론을 그대로 유지한 원심결정에 법리오해의 잘못이 있다고 한 사례(대결 2023.2.13. 2022모1872).

[사건의 경과]

(1) 약식명령을 송달받은 피고인의 어머니 甲이 피고인을 위하여 정식재판청구서를 제출하면서 피고인과

甲의 성명만 기재하고 인장 또는 지장을 날인하거나 서명을 하지 않았음에도 법원공무원이 아무런 보정을 구하지 않은 채 이를 접수하여 정식재판청구사건의 공판기일이 지정되었음.

(2) 담당판사는 피고인 불출석으로 변론을 연기하면서 법정에 출석한 변호인과 甲에게 위 정식재판청구는 법령상의 방식을 위반하였음을 설명하고 다음 날 같은 이유로 정식재판청구 기각결정을 하였음.

(3) 甲이 담당판사로부터 설명을 들은 당일 '법원공무원이 위 정식재판청구서에 대하여 아무런 보정을 구하지 않고 그대로 접수하여 피고인과 甲은 적법한 정식재판청구가 제기된 것으로 알고 정식재판청구기간을 넘겼으므로, 피고인 또는 그 대리인이 책임질 수 없는 사유로 청구기간 내에 정식재판청구를 하지 못한 때에 해당한다'는 취지로 주장하며 피고인을 위하여 이 사건 정식재판청구권회복청구를 한 사안임.

[원심의 판단]

원심은, 일단 약식명령에 대한 정식재판청구가 받아들여져 정식재판청구사건이 진행된 이상 정식재판청구권회복청구를 하는 것은 허용되지 않는다고 보아, 정식재판청구권회복청구를 기각한 제1심의 결론을 유지하였음

[대법원의 판단]

대법원은, 기존 정식재판청구서에 청구인의 날인 또는 서명이 없는데도 적법한 청구서로 오인하여 아무런 보정을 구하지 않고 이를 접수한 법원공무원의 잘못으로 인하여 피고인과 甲이 적법한 정식재판청구가 제기된 것으로 신뢰한 채 정식재판청구기간을 넘긴 것이므로 '피고인 또는 대리인이 책임질 수 없는 사유로 청구기간 내에 정식재판청구를 하지 못한 경우'에 해당한다고 보아 원심결정을 파기하고 자판(제1심결정 취소, 정식재판청구권 회복결정)함.

167. 〈약식명령에 대하여 피고인만 정식재판을 청구하자 징역형을 선고한 사건〉*

[사실관계]

피고인 A가 절도죄 등으로 벌금 300만 원의 약식명령을 발령받은 후 이에 대해 정식재판을 청구하자, 제1심 법원이 위 정식재판청구 사건을 통상절차에 의해 공소가 제기된 다른 점유이탈물횡령 등 사건들과 병합한 후 각 죄에 대해 모두 징역형을 선택한 다음 경합범 가중하여 피고인 A에게 징역 1년 2월을 선고하였다.

Q 위와 같은 사실관계를 전제로 할 때 제1심 법원의 판단은 적법한가?

[1] 형사소송법 제457조의2 제1항은 "피고인이 정식재판을 청구한 사건에 대하여는 약식명령의 형보다 중한 종류의 형을 선고하지 못한다."라고 규정하여, 정식재판청구 사건에서의 형종 상향 금지의 원칙을 정하고 있다.

[2] 피고인이 절도죄 등으로 벌금 300만 원의 약식명령을 발령받은 후 정식재판을 청구하였는데, 제1심법원이 위 정식재판청구 사건을 통상절차에 의해 공소가 제기된 다른 점유이탈물횡령 등 사건들과 병합한 후 각 죄에 대해 모두 징역형을 선택한 다음 경합범으로 처단하여 징역 1년 2월을 선고하자, 피고인과 검사가 각 양형부당을 이유로 항소한 사안에서, 형사소송법 제457조의2 제1항은 "피고인이 정식재판을 청구한 사건에 대하여는 약식명령의 형보다 중한 종류의 형을 선고하지 못한다."라고 규정하여 정식재판청구 사건에서의 형종 상향 금지의 원칙을 정하고 있는데, 제1심판결 중 위 정식재판청구 사건 부분은 피고인만이 정식재판을 청구한 사건인데도 약식명령의 벌금형보다 중한 종류의 형인 징역형을 선택하여 형을 선고하였으므로 여기에 형사소송법 제457조의2 제1항에서 정한 형종 상향 금지의 원칙을 위반한 잘못이 있고, 제1심판결에 대한 피고인과 검사의 항소를 모두 기각함으로써 이를 그대로 유지한 원심판결에도 형사소송법 제457조의2 제1항을 위반한 잘못이 있다고 한 사례(대판 2020.1.9. 2019도15700).

168. 〈정식재판 청구 사건에서 형종 상향 금지 원칙의 위반 여부가 문제된 사건〉★

[사실관계]

(1) 서울중앙지방법원은 2019. 9. 5. 피고인에 관한 위 법원 2019고단1760 사건(이하 '제1사건'이라고 한다)에서 각 사기죄, 상해죄, 업무방해죄에 대하여 유죄로 인정하고 징역 1년 2월을 선고하였다.

(2) 서울중앙지방법원은 2018. 11. 26. 피고인에 대하여 폭행죄, 모욕죄로 벌금 300만 원의 약식명령을 하였고 이후 피고인의 정식재판회복청구가 받아들여진 위 법원 2019고정1468 사건(이하 '제2사건'이라고 한다)에서 2019. 9. 26. 위 각 죄에 대하여 유죄로 인정되어 벌금 300만 원이 선고되었다.

(3) 원심은 2019. 12. 12. 제1사건의 항소사건과 제2사건의 항소사건이 병합되었음을 이유로 위 제1심판결들을 모두 파기한 다음, 위 각 죄에 대하여 유죄로 인정하고 징역형을 각 선택한 후 누범가중과 경합범가중을 하여 그 처단형의 범위 안에서 피고인에게 징역 1년 2월을 선고하였다.

Q 위와 같은 사실관계를 전제로 할 때 원심의 판단은 적법한가?

형사소송법 제457조의2 제1항은 "피고인이 정식재판을 청구한 사건에 대하여는 약식명령의 형보다 중한 종류의 형을 선고하지 못한다."라고 규정하여, 정식재판청구 사건에서의 형종 상향 금지의 원칙을 정하고 있다. 위 형종 상향 금지의 원칙은 피고인이 정식재판을 청구한 사건과 다른 사건이 병합·심리된 후 경합범으로 처단되는 경우에도 정식재판을 청구한 사건에 대하여 그대로 적용된다(대판 2020.3.26. 2020도355).

[판결 이유 중 일부 인용]

위 사실관계를 앞서 본 법리에 비추어 살펴보면, 제2사건은 피고인만이 정식재판을 청구한 사건이므로 형종 상향 금지의 원칙에 따라 그 각 죄에 대하여는 약식명령의 벌금형보다 중한 종류의 형인 징역형을 선택하지 못하고, 나아가 제2사건이 항소심에서 제1사건과 병합·심리되어 경합범으로 처단되더라도 제2사건에 대하여는 징역형을 선고하여서는 아니 된다. 그런데도 원심은 제2사건의 항소심에서 각 죄에 대하여 약식명령의 벌금형보다 중한 종류의 형인 징역형을 선택한 다음 경합범가중 등을 거쳐 제1사건의 각 죄와 제2사건의 각 죄에 대하여 하나의 징역형을 선고하고 말았다. 이러한 원심판결에는 형사소송법 제457조의2 제1항에서 정한 형종 상향 금지의 원칙을 위반한 잘못이 있다.

제2절 I 즉결심판절차

합격을 꿈꾼다면, 해커스변호사
law.Hackers.com

부록

판례색인

[기타 판결]

MEMO

MEMO

MEMO